Enquête

לשאיון סופיאן

הבלתי
חד
נפסק

יום ירושלים
ה' סיון תשמ"ח
15 . 5 . 1988

הירושלמי /3

Jutta Radel
Zu Gast in Israel

בס״ד

לשושין
תודה והוקרה עבור העזרה ושעות העיון
שהבאתי לפגישת היחיד לציון ארבעים שנות מדינת ישראל
בידידות וברכה
הניה ברסלר

ברלין, יום ירושלים תשמ״ח
15.5.1988

Jutta Radel

Zu Gast in Israel

Eine kulinarische Reise

Jüdische und orientalische Spezialitäten,
alte und neue Eßgewohnheiten

Mit Bildern von Dan Rubinstein

Weingarten

Dank

Herzlich danken möchte ich allen, die zur Entstehung dieses Buches beigetragen haben. Edja Shai, Shiboleth Köhler, Tilli Jeshurun, Sarah Auslaender, Anna Maline, Julia Jacoby, Jona Teiber für ihre Rezepte. Meinem Mann, Joseph Auslaender, für die vielen anregenden Gespräche, für seine Übersetzungen und für die gemeinsamen Reisen in Israel.

CIP-Kurztitelaufnahme der Deutschen Bibliothek

Radel, Jutta:
Zu Gast in Israel: e. kulinar. Reise; jüd. u. oriental. Spezialitäten, alte u. neue Eßgewohnheiten / Jutta Radel. Mit Bildern von Dan Rubinstein. – Weingarten: Kunstverlag Weingarten, 1984.
 ISBN 3-921617-80-4
2. Auflage 1986

© 1984 by Kunstverlag Weingarten GmbH & Co.
Satz: Fotosatz F. Riedmayer GmbH, Weingarten
Satz der hebräischen Texte: Meier Filmsatz, Freiburg-St. Georgen
Reproduktionen: repro-team gmbh, Weingarten
Gesamtherstellung: Gerstmayer + Co., Ravensburg
Printed in Germany
ISBN 3-8170-0004-9

Inhalt

Und daraus wurde ein Kochbuch	10
Das alles ist israelische Küche	14
Wasser ist mehr als nur Wasser	16
Kalte Getränke Eis-Tee 18 Avocadogetränk mit Eis 18 Orangenmilch 19 Zitrusmilch 19 Erdbeer-Shake 19 Borschtsch 19 Kalter Milchkaffee 20	18
…und Brot mehr als nur Brot	21
Brotsorten Pitah 23 Jemenitische Pitah 25 Mazza 25 Challah 25 Sesam-Ringe 26	23
Ein Frühstücksbuffet	27
Jüdische Feste nach dem Alten Testament Latkes 34 Hamantaschen 35 Charoset 37	29
Salate und Dips als Vorspeise, als Mahlzeit, als Beilage, für kalte Buffets Türkischer Auberginensalat 39 Auberginen-Maissalat 39 Auberginensalat mit Eiern 40 Auberginensalat mit Tomatenmark 40 Türkischer Salat 40 Avocado-Salat 40 Avocadodip 42 Israelischer Salat 42 Zucchini-Salat 42 Salat aus Zucchinischalen 42 Rote-Bete-Salat 43 Burghul-Salat 43 Orangen-Eier-Salat 43 Weißkohlsalat 45 Marokkanischer Karottensalat 45 Karotten-Nuß-Salat 45	39

Karotten-Sellerie-Salat 45   Orangen-Radieschen-Salat 45
Tomaten- und Gurkensalat 46   Salat aus weißen Bohnen 46
Grüner Salat mit Mandelscheiben 46   Zwiebeldip 46
Labane 46

Salatsaucen 47
Kräutersauce 47   Ketchupsauce 47   Kefir-Sauce 49   Joghurt-Sauce 49

Eingelegte Gemüse 50
Oliven 51   Marokkanische Oliven 51   Eingelegte Gurken 51
Marinierte Auberginen 51   Pikant eingelegte Auberginen 52
Eingelegter Weißkohl 52   Eingelegte Zitronenscheiben 52

Koscher ist höchstes Gebot 54

Das kalte Buffet 57
Avocadowürfel 57   Artischockenböden 58   Gefüllte Champignons 58
Eingehacktes 58   Gebratene Leberstückchen 58   Lebercreme 59
Hühnermägen 59   Nuß-Creme 59   Anschovis-Aufstrich 59
Marokkanische Zigarren 61   Féta-Bällchen 61   Sardinen-Aufstrich 61

Koscheres Buffet in einem Hotel in Arad 62

Die Menschen, ihre Herkunft, ihre Religion 63

Typische jüdische und orientalische Spezialitäten 69
Tahina 69   Hummus 69   Hummus mit Tahina 70
Auberginenpüree mit Tahina 70   Auberginenscheiben mit Joghurt 71
Pirogen 71   Falafel 73   Blintzen 74   Burekas 76   Kugel 76
Fritathas 77

Eierspeisen 79
Schakschouka 79   Chaminados 80   Omelette à la Jossi 80
Katschkaval-Omelette 80   Gemüse-Omelette 81   Sardinen-Omelette 81
Eggah mit Zucchini 81   Pochierte Eier mit Joghurt 82

Suppen 84
Goldene Joich 84   Hühnersuppe mit Zitronensaft 85   Fleischsuppe 85
Süß-saure Kohlsuppe 85   Avocadocremesuppe 86   Maissuppe 86
Kalte Joghurt-Suppe 86   Warme Gurkensuppe 87

Viehmarkt in Beer Sheva 88

Tscholent und orientalische Eintöpfe — 91
Tscholent mit Bohnen und Gerste 91   Tscholent mit Hühnermägen 92
Hühnereintopf mit Spinat 92   Lamm-Bohneneintopf 93
Marokkanischer Bohneneintopf 93   Lamm-Pilaw 93
Rindfleisch-Eintopf mit Hummus 95   Pilaw mit Huhn 95
Burghul-Pilaw mit Lamm 96   Kalbslenden-Topf 96

Die Kibbuzim und ihre landwirtschaftliche Bedeutung — 97

Gemüse — 99
Auberginen 99   Gebackene Auberginenscheiben 100
Auberginenauflauf mit Hummus 100   Mussaka 102
Zucchiniauflauf mit Quark 102   Mais 103   Gegrillte Maiskolben 103
Gebackene Maiskolben 103   Maisauflauf 103   Gamba als Gemüsebeilage 104
Bamia 104   Bamia mit Tomaten 104   Bamia auf jemenitische Art 106
Spinat mit Pinienkernen 106   Zimmet aus Karotten 106
Lauchauflauf 106   Lauch mit Knoblauch 107   Blumenkohl mit Fleisch 107
Kürbiseintopf 107   Weiße Bohnen mit Tomaten 108

Gefüllte Gemüse — 109
Gefüllte Auberginen 109   Überbackene gefüllte Auberginen 110
Gefüllte Paprikaschoten mit Reis 110   Gefüllte Paprikaschoten mit Fleisch 110
Gefüllte Tomaten mit Reis 110   Gefüllte Tomaten mit Fleisch 111
Gefüllte Zucchini nach marokkanischer Art 111   Gefüllte Zucchini mit Tahina 112
Gefüllte Zucchini mit Fleisch und Reis 112   Gefüllte Zucchini mit Käse 112
Gefüllte Selleriescheiben 112   Gefüllte Weinblätter 114   Hollischkes 114

Gemüsefüllungen aus Hackfleisch, Reis und Hummus — 115
Kräftig gewürzte Hackfleischfüllung 115   Reis-Hummus-Füllung 115
Hackfleischfüllung mit Nüssen 115   Scharfe Hackfleisch-Reis-Füllung 116
Hackfleisch-Reis-Füllung mit Kräutern 116

Fleisch — 118

Geflügel — 121
Gehackte Hühnerleber 121   Hühnerleber in Weinsauce 122
Hühnerschenkel in Sojasauce 122   Hühnerbrust-Schnitzel 122
Berber-Huhn 122   Gefülltes Huhn mit Reis und Joghurt 123
Gefülltes Huhn mit Früchten 123   Huhn mit Orangensauce 124
Truthahnschnitzel mit Pilzsauce 124   Truthahnschnitzel mit Pfirsichen 124
Ente mit Mango 126

Kalb und Milchkalb 129
Marinierte Kalbsleber 129   Milchkalbsteak in Wein 129
Kalbsbraten mit Orangen 130   Gefüllte Kalbsschulter 130

Rind 131
Israelisches Steak 131   Rinderzunge in Weinsauce 131   Kalte Rinderzunge 133
Rinderbraten in Weinaspik, kalt serviert 133

Lammfleisch 134
Schaschlik 134   Schaschlik auf jemenitische Art 134
Lammkoteletts in Tomatensauce 135
Gegrillte Lammkoteletts auf Auberginen 135   Lammhirn mit Minzesauce 135
Gefüllte Lammbrust 136   Lammfleisch mit Nudeln 136

Hackfleisch 138
Sini'ye 138   Kabab 138   Armenische Hackfleischbällchen 139
Fleischbällchen mit Minze 139   Kubeh in der Form 140

Ein fischreiches Land 141

Fische 143
Gebratener Fisch 143   Gegrillter Fisch mit Tahina 143   Gefüllter Fisch 143
Gefilte Fisch 144   Gebackener Karpfen 146   Karpfen mit Lauch 146
Fischauflauf mit Gemüse 146   Forellensuppe 146   Forelle mit Olivenfüllung 146
Matjessalat 146

Saucen für gebratenen und gegrillten Fisch 149
Sellerie-Sauce 149   Mango-Schaum 149   Meerrettich-Sauce 149
Tahina-Sauce 149

Hülsenfrüchte, Getreide und nahrhafte Gerichte 150
Bohnensalat 153   Hülsenfrüchte-Salat 153   Bohnensuppe 153
Linsensuppe 153   Linsen mit Reis 154   Reis mit Pinienkernen 154
Reis mit Nüssen und Datteln 154   Grüner Reis 154   Pilaw aus Burghul 155
Marokkanischer Couscous 155

Die sieben symbolischen Früchte 157

Früchte 159
Sabre-Frucht 159   Zitrusfrucht-Salat 159   Gefüllte Grapefruits 160
Orangenscheiben 160   Orangen-Sahne-Creme 160   Fruchtsuppe 160
Avocados 162   Avocados gefüllt mit Früchten 162   Gefüllte Avocados 162

Avocadopüree 163   Melonen 164   Gekühlte Melonenwürfel 164
Melonen mit Eiscreme 164   Gefüllte Melone 166   Datteln 166
Gefüllte Datteln 166   Bananen-Dattel-Salat 166   Gefüllte Feigen 166
Pfirsichsalat 167   Gefüllte Aprikosen 167   Pflaumen in Honigsahne 167
Quittenkompott 167   Erdbeeren-Eiscreme 169   Mango mit Eiscreme 169
Süß-sauer eingelegter Kürbis 169

Orientalische Süßigkeiten 170
Baklava 171   Schirkurma 171   Muhalabiyah 172

Gebäck, Kuchen und Torten 174
Channukakrapfen 174   Biskuchos 175   Sesam-Gebäck 175   Dattelgebäck 175
Sephardischer Orangenkuchen 176   Schokoladentorte mit Aprikosenkonfitüre 176
Amnons Schokoladentorte 176   Meringue-Nuß-Kuchen 178   Fluden 178
Mandeltorte 179   Kaffee und Tee 181   Türkischer Kaffee 181
Beduinen-Kaffee 181   Jemenitischer Kaffee 182   Marokkanischer Tee 182
Irakischer Tee 182

Kräuter, Gewürze, Gewürzmischungen und womit man noch in der israelischen Küche würzt 183

Mengen, Maße, Küchengeräte und Einkaufsmöglichkeiten 191

Zur Schreibweise 192

Biographische Notizen 193

Verzeichnis der Abbildungen 194

Literatur 195

Register 196

Und daraus wurde ein Kochbuch

Seit meiner Kindheit hatte ich den sehnlichen Wunsch, Israel kennenzulernen. Durch die Befangenheit jedoch, mit der ich nach dem Krieg groß wurde, verstrich viel Zeit, bis es dann endlich soweit war. 1971 reiste ich zum ersten Mal nach Israel. Eine zweite Reise folgte acht Jahre später. Seither gehören ein paar Tage jährlich diesem Land. Längst nicht mehr als Touristin, als Besucherin bin ich beteiligt am Leben der Menschen, an ihren Schicksalen, ihren alltäglichen Sorgen und an jenen Problemen, die das Tagesgeschehen kennzeichnen: an ihrem Land.
Inzwischen weiß ich mehr über Israel und etwas über die Juden. Die ersten Erfahrungen im Land waren geprägt von einer naiven Religiosität meiner Mädchenjahre im evangelisch-reformierten Hamburg. Auf den Spuren der Bibel reiste ich zwischen Bethlehem, Nazareth und Jerusalem, dorthin, wo die Evangelisten ihre Geschichten um Jesus ansiedelten. Ich war betroffen und beteiligt. Die Kirchen, die Geburtsbasilika mit ihrem Kitsch, die übergroße und kalte Verkündigungskirche, die von Konfessionen aufgeteilte Grabeskirche mit ihrem Kult und Pomp entsetzten mich. Doch die Plätze waren zauberhaft. Der See Genezareth strahlte tiefen Frieden aus, und die Zeit des Neuen Testaments schien plötzlich gegenwärtig. In Capernaum und in Tabgha, dem Ort der Brotvermehrung, auf dem Weg hinauf zum Berg Tabor, die Straße entlang dem ausgetrockneten Jordan – überall schien die Zeit stehengeblieben zu sein. Nur die drahtmarkierte, parallel verlaufende Grenze zu Jordanien irritierte. In der Judäischen Wüste weilten Hirten mit ihren Schafen wie in biblischen Zeiten. Freundlich lag Bethlehem da mit seinen weißen Häusern, den Wein- und Oliventerrassen über dem Feld der Hirten.
Ich lernte den Garten Gethsemane lieben, eine grüne Oase am Fuße des Ölbergs, flüsternd und ruhig noch am Morgen, ehe die Busse mit Touristen kamen. Ich werde die tiefe Gläubigkeit der Pilgerweiblein aus Griechenland nie vergessen, wie sie sich am Karfreitag durch die Via Dolorosa drängten und weinend und betend und kniend die Marmorsäule in der Grabeskirche küßten.
Die ersten Erfahrungen schließen noch mehr ein: die Begegnung mit Jerusalem, mit dem wirklich Biblischen und dem wirklichen Heute. Welch unvergleichliche Ausstrahlung

besitzt Jerusalem, und wieviel trifft hier auf engstem Raum zusammen! Die drei großen Heiligtümer der drei großen Weltreligionen im Umkreis von wenigen hundert Metern, umschlossen von einer uralten Mauer. König David schon sang vor 3000 Jahren ein Preislied auf Jerusalem. Das Alte Testament, heiliges Buch der Juden, nennt die Stadt 656 mal. An der Klagemauer, dem schmalen erhaltenen äußeren Teil ihres heiligen Tempels, beten inbrünstig fromme Juden aus aller Welt. Einen Steinwurf nebenan warten gläubige Moslems vor der goldbekuppelten Al-Aksa-Moschee auf das Mittagsgebet. Von den Dächern der Häuser rundherum bewachen junge israelische Soldaten den scheinbaren Frieden.

Kontraste solcherart öffnen den Blick für die israelische Wirklichkeit; auch die gespannte Atmosphäre in der Moschee von Hebron, in der Juden, Moslems und Christen gleichermaßen die Gräber der Erzväter Abraham, Isaak und Jakob sowie ihrer Frauen Sara, Rebekka und Lea verehren. In diesem Land trifft sich die alte und die neue Zeit, treffen sich Menschen aus aller Herren Länder, prallen Religionen und Kulturen aufeinander wie vielleicht nirgendwo anders. So unterschiedlich wie das Land zwischen fruchtbaren Äckern im Norden und Wüstenlandschaft im Süden, so verschieden sind auch die Menschen, die dort leben. Das mag die wichtigste Erfahrung sein, zu begreifen, daß das israelische Volk aus vielen Völkern besteht: eingewanderten, emigrierten, alt eingesessenen, dort geborenen. Man sagt, daß allein in Jerusalem über 80 Sprachen gesprochen werden, eine Stadt mit 450 000 Einwohnern.

Als ich Joel, einen jungen Lehrer, während der Busfahrt von Tel Aviv nach Haifa kennenlernte, begannen mich die Menschen zu beschäftigen. Joel lud mich zu seinen Eltern nach Hause ein, auf den Carmel, dem Domizil vieler ausgewanderter deutscher Familien. Dort saß ich am Kaffeetisch bei einer Frankfurter Familie, die 1936 aus meinem Land geflohen war. Ihre Gastfreundschaft, das zaghafte, halb verstohlene, halb neugierige Gespräch war problematisch für uns. Die Vergangenheit läßt sich nicht wegschieben. Noch betroffener machten mich die Besuche bei Katharina S., deren Tochter Hanna als Widerstandskämpferin in Budapest von den Nazis umgebracht wurde. Jossi und ich hatten einige von Hannas Briefen ins Deutsche übersetzt. Die greise Mutter war zufrieden, stolz, ihr Leben ist der Erinnerung an die heldenhafte Tochter gewidmet. Daß Shalom und Rachel den Lagern von Transnistrien entkommen sind, wird immer zwischen uns liegen, so häufig ich auch bei ihnen in der bescheidenen Wohnung am Rande von Bat Jam sitze. Das trostlose Häusermeer bis hin nach Tel Aviv, über das wir vom Balkon aus schauen, unterstreicht die befangene Stimmung vieler Emigranten, denen Israel nie richtig Heimat geworden ist.

Auf der anderen Seite habe ich Freunde gewonnen, deren Herzlichkeit vom ersten Moment an ansteckend war. Ich denke an Asher und Hanna, die beiden Studenten aus Jerusalem, die in der glühenden Sonne des Sinai unermüdlich dafür sorgten, daß jeder unserer kleinen Expeditionsgruppe immer genügend Wasser trinke. Ich möchte an dieser Stelle Edja nennen, meine Freundin mit dem bewundernswerten Gedächtnis für Kochkreationen aus anderen Küchen. Ich denke an Shiboleth, die mit ihren Eltern aus dem Irak kam, an Sarah, an Tilli, Debby, auch an Dani und Nina in Tel Aviv. Ich möchte

Abu Daud nicht vergessen, wie er uns, strahlend und herzlich, am späten Vormittag in sein Haus einlud, frische Feigen aus seinem Garten anbot, und von „seinen Kindern" in der Dorfschule von Majd Al Chroum erzählte. Der entscheidende Mensch aber, der mir Israel nahe brachte, ist Jossi. Ihm, den Wanderer zwischen zwei Welten, in Österreich geboren, in Israel aufgewachsen und tief im Innern beheimatet, in der Schweiz niedergelassen, habe ich meine Beziehung zum Land zu verdanken. Seine klare Kenntnis der Bibel, sein historisches Wissen, sein starkes Gefühl für jüdische Kultur, seine Verbundenheit mit dem jungen Staat Israel bewundere ich. Ich fühle mich, auch als seine Partnerin, ein wenig beteiligt.

Was das alles mit einem Kochbuch zu tun hat? Nun, wäre ich ein Maler, so hätte ich Land und Leute mit den Augen des Künstlers in Bildern festgehalten. Anders formulierte ich als Schriftsteller meine Erfahrungen und Eindrücke. Als Journalist ginge ich dem Alltag nach und den fortdauernden Auseinandersetzungen in Politik und Religion. Als Historiker bemühte ich mich einmal mehr um eine Sichtung aller Zusammenhänge. Einer Kochbuchautorin bleibt der Blick in die Küchen; sie kann das Land durch seine Speisen erzählen lassen. Daß in diesem Land nicht nur Milch und Honig fließen, der Speisezettel vielmehr bunt gemischt aussehen muß, liegt auf der Hand. Vielgestaltig wie die Menschen spiegeln sich auch ihre Eß- und Kochgewohnheiten wider.

Neben der europäischen Küche spielen die arabische, die orientalische und die Mittelmeerküche wesentliche Rollen. Überall Einflüsse vieler kochbegabter Völker! Durch die Küche gesprochen habe ich an ein Buch gedacht, daß sich Israel in genüßlicher Form nähert: derjenigen, die durch den Magen geht.

Ich habe mein Buch für alle geschrieben, denen Israel am Herzen liegt. Für diejenigen, die noch nicht dort waren, denen die Menschen und ihre Speisen fremd sind. Vielleicht regen die farbigen Gegensätze dazu an, Israel zu besuchen. Und denjenigen, die Israel kennen, möchte ich das Land in Erinnerung bringen, das Besondere in ihm, das niemanden losläßt, der es einmal besucht hat.

Das alles ist israelische Küche

Israels Küche ist so international wie seine Bewohner. Höchstens der Fremde wird sich wundern, auf ein und derselben Speisekarte so verschiedene Gerichte wie Hummus, gefüllten Fisch, Steak und Auberginensalat zu finden. Die Juden lebten verstreut in der ganzen Welt: Als Einwanderer brachten sie aus aller Welt ihre heimischen Gerichte mit, ihre Eßgewohnheiten und die ihnen vertrauten Zutaten. Salcia Landmann beschreibt ihre Jahrtausende dauernde Reise mit Blick in andere Kochtöpfe[1]: Im Exil lernten die Juden, die üppigen Speisen der mediterranen Völker bekömmlich zu würzen. Die Zwiebel hatten sie dort zu verwenden gelernt und den Knoblauch. Aus Byzanz brachten sie das Schnitzel über Italien nach Spanien, von wo es durch Kriegswirren wieder gen Osten nach Wien kam und fortan als Wiener Schnitzel weiterlebt. Den Italienern verdanken sie die Liebe zu Ravioli und auch die Art und Weise, wie man Kalbfleisch zubereitet und feine Saucen aus Knochen kocht. In Spanien erfanden sie herrliche Suppen und Speisen aus Fisch. Während ihrer Wanderschaft durch den slawischen Osten machten sie mit zahlreichen Gerichten Bekanntschaft, die zu ihren liebsten Speisen wurden: das langgekochte Gulasch der ungarischen Hirten, zarte und süße Mehlspeisen aus Böhmen, Geflügel aus Galizien. Von den Polen lernten sie das Gemüse säuerlich zu bereiten, vor allem aber den üppigen Gebrauch von saurem Rahm zu Kugel und Nudeln, im Strudel und über Pirogen.
Salcia Landmann verweilt mit Vorliebe bei der jüdischen Küche der alten Donaumonarchie; hier war ihre Heimat. Die Juden in Persien und in Indien, diejenigen in Tunesien, Algerien und Marokko kochten natürlich anders als diejenigen in Europa oder gar in Amerika. Einmal nach Palästina zurückgekehrt, hatten sich alle den Möglichkeiten in einer gemeinsamen Heimat anzupassen, die wiederum auf einem anderen Teil der Erde liegt.

Israel liegt, und das müssen wir uns vor Augen halten, im Vorderen Orient. Der Staat Israel wurde 1948 in einem Land gegründet, in dem eine arabische, vorwiegend moslemische Bevölkerung zu Hause ist. Israel ist auch ein Land, das von lauter kochbegabten Völkern umgeben ist. Es ist Abendland und Orient zugleich. Die arabische

Küche ist ebensowenig wegzudenken wie die jemenitische, die türkische, die nordafrikanische, die ukrainische, die polnische oder die sephardische.

Wenn der Reisende durch Tel Aviv schlendert, wenn er nach *dem* typisch israelischen Restaurant sucht, wie in Griechenland nach *der* griechischen Küche und in Frankreich nach *der* französischen, so wird er sich vergebens bemühen. Dafür kann er sich auf kulinarische Entdeckungsreise begeben ganz internationaler Couleur. Er entdeckt Kaffeehäuser bester Wiener Tradition und unweit davon schmale arabische Restaurants voller orientalischer Köstlichkeiten. Gegenüber befindet sich eine Imbißstube mit Falafel und Hummus, wenige Schritte weiter eine italienische Pizzeria mit dem besten Espresso weit und breit. Typisch sind unzählige Kioske mit frisch gepreßten Fruchtsäften, solche mit den herrlichsten Milchshakes und andere mit Coca Cola und Hamburgern. Kleine Eisdielen verlocken mit riesigen Coups voller Eiscreme, garniert mit Erdbeeren und Pfirsichen. Und schon duftet es von der anderen Straßenseite her nach gefüllten Burekas und gegrillten Hähnchen.

Typisch ist vor allem die Vielzahl von Restaurants, in denen man sich niederlassen kann; die speziell russischen, die französischen, die polnischen, die argentinischen, die chinesischen, die rumänischen und marokkanischen, die Blintzen-Stuben und die Fischrestaurants, die vornehmen Restaurants mit amerikanischer und kontinentaler Küche, die Steakhäuser, die vegetarischen und milchigen Restaurants; solche, in denen man deutsch essen kann und andere, in denen man garantiert koscher ißt. Und das sind viele, leicht zu entdeckende, weil sie immer mit einem „k" signalisiert sind.

Die *Sabre-Küche,* wie ich sie nenne, diejenige, die sich in den vergangenen 40 Jahren aufgrund ihrer mannigfaltigen Einflüsse entwickelt hat, ist aus der ganzen Welt zusammengetragen. Ich nenne sie *Sabre-Küche,* weil sie an die Frucht des Kaktus erinnert, an *Sabre,* die außen stachelig und innen süß ist, und die zugleich Synonym ist für die im Lande geborenen Israelis. Die *Sabre-Küche* ist grundverschieden und gerade deshalb so typisch für Israel. Die Israelis haben eine starke gefühlsmäßige Beziehung zu ihrer Küche: Sie erinnert an ihr Zuhause, an ihre Heimatländer von gestern, an Tradition und auch an Glauben, an Kindheit und an Verbundenheit, an Aufbau und an Erneuerung. In ihrer Natürlichkeit, ihrer Einfachheit und ihrer Vielseitigkeit spiegelt die israelische Küche durchaus eigene Besonderheiten wider, deren Ausstrahlung man sich kaum entziehen kann.

Wasser ist mehr als nur Wasser

In Israel weiß man, wie kostbar Wasser ist. Wasser bedeutet Leben. Wasser ist entscheidend für wirtschaftliche Existenz und für Fortschritt. Den Spuren der Geschichte nachgegangen, entdeckten Wissenschaftler, daß einst weite Teile der Negev-Wüste fruchtbar und belebt waren. Wo heute Sand und Trockenheit herrschen, standen vor mehr als 2000 Jahren prachtvolle Paläste inmitten ausgedehnter Anlagen, gab es großzügige Karawansereien und ein hochentwickeltes Bewässerungssystem für Ackerbau – so erzählen es die Ausgrabungen der alten Nebatäer-Stadt Avdat.
Israel möchte seine Wüste wieder beleben, möchte den Trockenteppich aufrollen und durch grüne Felder ersetzen. Dank neuer Methoden der Bewässerung, dank eines modernen Systems von Wüstenbewirtschaftung, das die Kibbuzim leisten, entstanden Dattelplantagen, Blumenfelder und Ackerland, Farmen für Tomatenanbau, Avocados, Erdbeeren und Pfefferschoten. Der Ort Ein Avdat ist eine solche Oase, eine natürliche Wasserquelle schon zur Zeit der Nebatäer, in deren Nähe um 1950 das erste Kibbuz im zentralen Negev gegründet wurde: Sde Boker. Im stillen, grünen Gärtchen plätschert leise ein Rinnsal aus umliegendem Wasserschlauch. Sogar Schatten genießen wir unter den Bäumen, die das bescheidene Holzhaus Ben Gurions umstellen. Hier nahm der populäre Ministerpräsident Israels seinen letzten offiziellen Wohnsitz, als Exempel für seine Behauptung, in der Wüste könne man leben. In Sde Boker treffen Trockenheit und lebensspendende Wasserquellen unmittelbar aufeinander. Hier gedeihen junge Pflanzenkulturen, die mit tropfenweise zugeführtem Wasser genährt werden. Olivenhaine säumen die Einfahrt zum Kibbuz, Ländereien kennzeichnen die Umgebung. Wandert der Blick weiter in Richtung Osten zur „kleinen Senke", zeigt sich nur noch die bizarre Bergwelt einer ausgedörrten Wüstenlandschaft.
Einer anderen Oase begegnet man unmittelbar am Toten Meer, 409 m unter dem Meeresspiegel. Auch Ein Gedi ist ein Kibbuz: mit großen Ländereien, mit einer Geflügelfarm und mit kleinen Gästehäusern, die inmitten grüner Anlagen erbaut wurden. Ein Gedi wird mit Vorliebe als Erholungsstätte in der Wüste besucht. Zu Ausflügen an die grünen Adern der Wüste laden zwei naheliegende Wadis ein: Nahal Arugot, entlang felsigen Berghängen und mit eiskalten, herrlichen Wasserfällen; Nahal

David inmitten eines Naturparks mit lieblichen kleinen Wasserfällen zum Baden. „Man sollte euch ein wenig Wasser bringen und eure Füße waschen, und lehnt euch unter den Baum", lädt Abraham die drei vorüberziehenden Engel ein. Dem Wasser gilt in dieser Gegend seit biblischen Zeiten größte Aufmerksamkeit. Auch die Römer hinterließen sichtbar Zeichen ihrer Wasserversorgung. Das monumentale Aquädukt nördlich von Caesarea brachte vor allem Wasser von den Carmelhöhen. Vom Wasser weiß man, daß es Leben bedeutet und Heilung, Reinigung, Erfrischung, Gesundheit. Ich kenne keinen Israeli, der nicht auf seiner Reise in den Süden einen Wasserbehälter mit sich führt. Ganz im Gegensatz zu den Regeln, die bei uns gelten, bei Hitze wenig zu trinken, raten die Ärzte in Israel, bei Hitze besonders viel zu trinken. Mehr als normalerweise! In jedem *Frigidaire* (Kühlschrank), jedem normalen israelischen Haushalt, gibt es immer eine Flasche mit eisgekühltem Wasser, und zu jedem Essen steht gutes frisches Trinkwasser auf dem Tisch. Wasser ist das Getränk aller, überall und selbstverständlich. Es ist auch fast überall gefahrlos zu genießen.

Kalte Getränke

An frischen Säften mangelt es im Obstgarten Israel nicht. Köstliche, frisch gepreßte Grapefruit- und Orangensäfte erhält der Durstige fast überall an offenen Ständen, an Kiosken oder in Imbißstuben. Eisgekühlte *Miz*, Säfte, sind so beliebt wie Sodawasser mit einem Schuß Limonade in Rot, Gelb oder Grün, wie Coca Cola und andere weltweit übliche Erfrischungsgetränke.

Alkoholische Getränke hingegen nehmen eine weit unwichtigere Stelle ein. Die Israeli wissen einzuschätzen, wie unbekömmlich Alkohol in einem heißen Land ist. Den Moslems ist jeder Alkohol ohnehin verboten. Natürlich trinkt man in Restaurants, in Bars und zu Hause sein kühles Bier. Auch trinkt man zu einem guten Essen gern einmal einen der schmackhaften eigenen Weine mit Namen wie Avdat, Rosé of Carmel und Ben Ami. Meist aber wird Wein in Maßen getrunken und zu besonderen Anlässen an einem der zahlreichen jüdischen Feiertage.

תה עם קרח   Eis-Tee

Man brüht starken, schwarzen Tee, siebt ihn in ein Porzellan- oder Steingutgefäß, süßt ihn und läßt ihn abkühlen. Er wird in Gläsern mit Eiswürfeln, etwas Zitronensaft, mit Zitronen- oder Orangenscheiben serviert. Man kann den kalten Tee auch mit Traubensaft, mit Kirsch- oder Erdbeersaft abschmecken.

משקה אבוקדו עם קרח   Avocadogetränk mit Eis

Für 3–4 Gläser benötigt man
1 große weiche Avocado, 1 hohes Glas
frisch gepreßten Orangensaft, 1 hohes
Glas Milch, kleine Kugeln Eiscreme oder
Portionen Eis, Schokoladenstreusel,
2 Orangenscheiben

Das Avocadofleisch mit einem Löffel aus den Fruchthälften schaben. Zusammen mit Saft und Milch in einem Mixer pürieren. Das Getränk in Gläser verteilen, Eiscremekugeln obenauf setzen, mit Schokoladenstreusel und halben Orangenscheiben garnieren.

Orangenmilch

Alle Zutaten in einem Mixer gut mischen, ins Glas umgießen und mit Orangenschale garnieren.

חלב תפוזים

Pro Glas benötigt man
3/4 Glas Milch, Saft von 1 Orange,
1/2 TL Zitronensaft, 1 Kugel Orangen-
sorbet oder Zitroneneis, Orangenschale

Zitrusmilch

Zitronen- und Orangensaft mit Zitronenschale und Zucker mischen und unter tüchtigem Schlagen zu der Milch geben.

חלב פרי הדר

Pro Glas benötigt man
3/4 Glas Milch, 1 EL Zitronensaft,
2 EL Orangensaft, etwas Zucker, wenig
Zitronenschale

Erdbeer-Shake

Alle Zutaten in einen Mixer geben und eine Minute rotieren lassen.

שייק תות שדה

Für 3–4 Gläser benötigt man
1/2 l Milch, 250 g Erdbeeren, nach
Geschmack etwas Zucker, kleine Kugeln
Erdbeereiscreme oder Eiswürfel

Borschtsch

Daß Borschtsch nicht nur eine kräftige russische Suppe sein muß, vielmehr auch ein erfrischendes Getränk sein kann, habe ich von Sarah gelernt. Sarah ist mit ihrer Familie 1938, von Österreich kommend, nach Palästina eingewandert. Vieles in ihrer Küche erinnert an das Küchenreich meiner Großmutter, die eine Meisterin darin war, Essen so lange zu strecken, bis alle am Tisch satt wurden. Ihren Borschtsch-Saft bereitet Sarah so zu:

Sie schält die roten, gut gereinigten Rüben (Rote Bete) und schneidet sie, je nach Größe, ein bis zweimal durch. In kochendem, leicht gesalzenen Wasser gart sie die Knollen weich, wobei diese viel von ihrem dunkelroten Saft verlieren. Den Saft gibt sie durch ein Sieb und schmeckt ihn mit Zucker, Zitronensaft und einer Prise Salz ab. Sie verquirlt den Saft mit Sauerrahm – pro Glas 1–2 Eßlöffel – und stellt ihn einige Stunden in den Kühlschrank. Wie alle erfrischenden Säfte schmeckt auch dieser eiskalt am allerbesten.
Zurück bleibt die ausgekochte Rote Bete. Sarah schneidet sie in hauchdünne Scheiben und bereitet daraus einen Salat.

בורשט

קפה חלב קר Kalter Milchkaffee

*Für ein hohes Glas benötigt man:
2 TL löslichen Kaffee (Nescafé),
1 TL Zucker, Milch*

Jossis Lieblingsgetränk, wenn er an heißen Tagen durstig nach Hause kommt und naschen möchte.
Er löst Kaffee und Zucker in wenig heißem Wasser im Glas auf und füllt es mit eiskalter Milch. Dann rührt er lange um und trinkt das Glas in einem Zug leer.

Ich führte ihn zum Wasserhahn, und er wusch sich das Gesicht, während ich ihm die Seife und Handtuch bereithielt. Dann breitete ich die Matte im Schatten der Bäume aus und brachte Brot, Oliven, Käse, Tomaten und einen Krug frisches Wasser aus der Hütte. Ich sprang geschäftig hin und her, ohne zu bedenken, daß der Bursche einen falschen Eindruck von der übertriebenen Gastfreundschaft im Land erhalten könnte. Der Gast ließ sich im Schneidersitz nieder und begann herzhaft zu schmausen, während ich ihm gegenübersaß und pausenlos daherredete, als wäre ich der Neuankömmling und er der älteste Pionier.[2]

…und Brot mehr als nur Brot

Beim Anblick der Beduinenzelte im Negev fühlt man sich wie in einer anderen Welt angekommen. Schwarz sind sie, und verloren wirken sie in der Julihitze, einsame Zeugen einer Zeit, die abläuft. Nur unweit der Wanderzelte wachsen kleine Ansiedlungen mit Hütten aus Asbestpappe, hin und wieder Häuschen aus Stein. Am Rande der Wüstenstadt Arad bilden gar Wohnblocks die Kulisse, in die viele Beduinen, einmal seßhaft geworden, einziehen. Neben den Wüstenzelten aus Ziegenhaar weiden Kamele, Schafe und Ziegen. Autos schieben sich ins Bild, auch Fernsehantennen, die aus Zelten und Hüttendächern hervorlugen. Daneben spielen Kinder. Allein auf ihrem staubigen Weg durch die gelblich-braune Landschaft ziehen zwei Frauen, eingehüllt in ihre schwarzen Abaya, vielleicht in Richtung der Hauptstraße.
Für die Beduinen hat sich vieles geändert in den vergangenen vierzig Jahren. Ihr Lebensraum ist geschrumpft. Fast alle sind seßhaft geworden, haben sich weitgehend angepaßt an die moderne Technologie und leben größtenteils von Lohnarbeit. Und doch haben sie sich kulturelle Eigenständigkeit bewahrt. Sie leben meist in Stammesverbänden, sie haben ein gemeinsames Brauchtum, sie sind Moslems. Im Zelt, dem Reich der Frauen, wird auf dem Feuer gekocht. Auch ihr Fladenbrot backt die Beduinenfrau über dem Feuer, wie es schon zu Noahs Zeiten gebacken wurde. Und neben den Häuschen, in denen die Frauen einen Herd benützen, findet sich fast immer ein kleiner angebauter Verschlag, der zum Brotbacken dient: direkt auf der Glut des schwelenden Feuers.
Viele schöne Quellen über die Bedeutung des Brotes finden wir in der Bibel. Sie erzählt davon, wie sehr Brot zum elementaren Lebensbedarf des Menschen in allen Zeiten gehörte. Allein im Alten Testament soll *lechem* (hebräisch), das bald mit Brot, dann wieder mit Speise übersetzt wird, über 200 mal genannt sein. Als Abraham um 2000 v. Chr. nach Kanaan kam, war auch er Nomade und Viehzüchter. Mit seiner Herde zog er von einem Weideplatz zum anderen, betrieb Ackerbau, pflanzte Weizen und anderes Getreide an. Und als Mose mit seinem Volk durch die Wüste zog und die Menschen vor Hunger murrten, lag eines Morgens das Brot wie Reif am Boden. Mose konnte die Leute beruhigen: „Es ist das Brot, das euch der Herr zu essen gegeben hat."

Die Menschen in biblischen Zeiten bereiteten ihr Fladenbrot auf eine Weise zu, wie sie bis heute von den Beduinen gepflegt wird: Mehl, Wasser und Salz wurden zu einem Teig vermischt. Manchmal kam ein bißchen Öl hinzu. Aus dem Teig formten die Frauen hauchdünne Fladen, legten diese auf heiße Steine und bedeckten sie mit glühender Asche. Man nannte die Brote auch *Aschenbrote,* und unter diesem Namen brachten die jemenitischen Juden sie mit ins Land, als diese 1949 nach Israel einflogen.

Die Ägypter kannten zu der Zeit, da die Israelis in ihrem Land lebten, längst Backöfen und Brote im heutigen Sinne. Ihre Öfen waren bienenstockartig aus Ton und Stein gebaut, ähnlich den Pizzaöfen in Italien. Während das Feuer glühte, lagen die Brotlaibe nahe dabei. Die hitzige Luft ließ die Brotoberflächen hart und fest werden, während der Teig im Laib aufgehen konnte. Die Bäcker im antiken Ägypten waren wahre Brotbackmeister. Sie wußten, daß Brotteig von selber zu gären beginnt, wenn man ihm nur lange genug Zeit ließ. Das israelische Volk nahm diese Brotbackkunst mit sich, als es aus Ägypten zog. Es gewöhnte sich daran, gesäuertes Brot zu essen. Es lernte, das Brot auf vielfältige Weise herzustellen. Über Jahrtausende bürgerte sich ein, jeweils von einem heute angerührten Teig ein Stücklein abzuzwacken für das Brot von morgen. Auch Jossis Großmutter hat mit dem Stücklein vom Vortag gebacken, von dem die Enkel ach so gern ein Pröbchen stibitzten. Und das liegt keine fünfzig Jahre zurück. Heute wird „gesäuertes" Brot natürlich mit Hefe gebacken. Das Brot der Urväter findet seine symbolische Aussage in der *Mazza*. Das im ganzen Land beliebte Fladenbrot, zu dem auch die *Pitah* gehört, obliegt den arabischen Bäckern.

Brotsorten

Pitah   פיתה

Pitah ist ein sehr populäres Brot in Israel, wie überhaupt im ganzen Vorderen Orient. Am besten schmeckt sie direkt vom Bäcker und noch ein bißchen warm. Pitah ist in jedem Supermarkt zu haben, meist zu fünf oder zu zehn in hauchdünnen Plastiksäckchen abgepackt. Sie ist kaum wegzudenken aus dem alltäglichen Speisezettel, darüber ist man sich einig, in jedem Haushalt, in Imbißstuben und Restaurants. Pitah wird zum Frühstück gegessen, als Beilage zur Hauptmahlzeit, mit Vorliebe pikant gefüllt als Snack oder auch als kleine Mahlzeit.
Pitah ist ein rundes, flaches Fladenbrot, das in der Mitte ein Luftloch hat. Schneidet man das Brot durch, entsteht eine Tasche, ideal zum Füllen mit Falafel und Tahina, mit Fleisch, mit Salaten, Käse und Pickles. Pitah wird von den arabischen Bäckern gebacken. Aus dem häuslichen Ofen, in dem sie übrigens selten gelingen, können sie nicht besser schmecken als aus den dampfenden Öfen der vielen kleinen Pitah-Bäckereien.
Es gibt zahllose Pitah-Rezepte, je nach ihrer Herkunft mit kleinen Nuancen in den Zutaten. Nachfolgendes Rezept beschreibt einen einfachen Pitahteig, der sich am besten zum Ausprobieren eignet.

Hefe und Zucker mit der Hälfte des Wassers verrühren, einige Minuten stehen lassen, bis sich Blasen bilden. Mehl, einen Eßlöffel Öl, Salz und restliches Wasser hinzufügen, die Zutaten gut vermengen. Einen glatten, elastischen Teig kneten; daraus eine Kugel formen, in Öl wälzen. Eine Stunde in einer Schüssel ruhen lassen.
Den Teig durchkneten, daraus acht Kugeln formen. Die Teigkugeln eine halbe Stunde ruhen lassen. Derweil den Backofen auf hoher Stufe vorheizen.
Die Teigkugeln mit Mehl bestäuben, dünn ausrollen und auf zwei warme, mit Öl gefettete Backbleche verteilen. Nicht zu nahe beieinander, weil der Teig aufgeht!
Die Bleche mit Tüchern bedecken, eine halbe Stunde zur Seite stellen.
Die Fladenbrote werden kurz in sehr heißem Ofen auf der unteren Schiene gebacken,

Die Zutaten für 8 Pitah
20 g frische Hefe, 1/2 TL Zucker,
1 1/2 Tassen lauwarmes Wasser, 5 Tassen Roggenmehl, 1/2 TL Salz, 2 EL Öl

bis sie aufgehen und hellbraun aussehen. Aus dem Ofen nehmen, jede Pitah in Alufolie einschlagen. Nach 15 Minuten ist das Brot abgekühlt und zusammengefallen; im Innern ist eine flache Luftblase entstanden.

Jemenitische Pitah   פיתה תימנית

Diese Pitah wird in der Pfanne in Öl gebacken. Sie ist immer Bestandteil einer Mahlzeit, eignet sich jedoch nicht zum Füllen.
Mehl, Wasser, Salz mischen; mit den Händen zu einem glatten Teig kneten. Den Teig in zwei Hälften teilen. Jedes Teil etwa auf 45 / 45 cm ausrollen. Beide Teile wiederum vierteln. Auf alle Teile die Margarine in Flöckchen verteilen. Jedes Teigteil zusammenschlagen und Teigbälle formen; diese zwei Stunden in den Kühlschrank legen. Anschließend zu kleinen runden Teigplatten ausrollen.
Etwas Öl in die Pfanne geben, die Pitah nach und nach – und jede von beiden Seiten – goldbraun backen. Dabei die Pfanne mit einem Deckel schließen.

Die Zutaten für 8 Pitah
4 Tassen Mehl, 1 1/4 Tasse Wasser,
1/2 TL Salz, 200 g Margarine, Öl

Mazza   מצה

Mazza ist jenes ungesäuerte Brot, das bei den Juden in seiner flachen Form an das ursprüngliche Fladenbrot erinnert. Mazza wird vor allem während der acht Tage des Pessachfestes gegessen, an dem sich die Juden an den Auszug ihres Volkes aus Ägypten erinnern. Mazza symbolisiert einerseits einen Verzicht der Vorfahren auf hohen Lebensstandard, um ihre Freiheit zu erreichen. Andererseits steht es für eine Erneuerung des Volkes, wonach die Juden zu den Lebensgewohnheiten ihrer Urväter zurückkehrten.

Die Mazzot (Plural) werden in speziellen Bäckereien hergestellt und sind, fein säuberlich abgepackt, in jedem Laden und in jedem Supermarkt zu kaufen. Ihre Herstellung unterliegt strengen religiösen Vorschriften, denn Mazzateig darf niemals mit Sauerteig in Berührung kommen. Der Teig besteht aus Weizen, Wasser und Salz. Er wird gut durchgeknetet und hauchdünn ausgewalzt. Dann schneidet man ihn in Vierecke, hin und wieder auch in Kreise, und versieht diese mit vielen kleinen Löchern. Die rohen Mazzot kommen in den Ofen und backen während kurzer Zeit hellbraun und knusprig. Sie sind in ihrem Charakter ähnlich wie Knäckebrot.
In bestimmten jüdischen Gerichten ist die Rede von *Mazzamehl*. Es handelt sich um zerriebene Mazza, die, ähnlich wie Semmelmehl, zum Panieren, zum Einbröseln und zum Backen verwendet wird.

Challah   חלה

Challah, das Zopfbrot für den Abend vor Schabbat, führt auf die „Hebe" zurück, jenen Teil vom Brotteig, der nach religiösem jüdischen Gesetz beim Brotbacken weggenommen und geopfert werden muß.

25

Am Freitagabend, zu Beginn des Schabbat (S. 29), liegen in jedem jüdischen Haushalt eine Challah oder zwei Challot auf dem Tisch. In strenggläubigen Familien erinnern die *zwei* Brote an das Manna, das in der Wüste an jedem Vortag eines Festes vom Himmel fiel. Challah-Rezepte sind vielfältig. Immer aber handelt es sich um einen Hefeteig, wie wir ihn für den sonntäglichen Zopf kennen.

40 g frische Hefe, 1 EL Zucker,
1 1/2–2 Gläser lauwarmes Wasser,
8–9 Gläser Mehl, 2–3 Eier, 1 TL Salz,
2 EL Öl, 1–2 Eigelb, verrührt mit ein
paar Tropfen Wasser
Zum Bestreuen
Sesam oder Mohn

Hefe und Zucker in wenig Wasser auflösen. Mehl in eine große Schüssel geben, auch Eier, Salz und Öl. Alle Zutaten vermengen. Die Hefe-Zucker-Lösung zur Masse gießen, nach und nach auch Wasser. Einen Teig kneten und ihn bearbeiten wie jeden guten Hefeteig. Aus dem geschmeidigen Teig eine Kugel formen und sie in eine mit wenig Öl ausgefettete Schüssel legen. Mit einem Tuch bedecken, eine Stunde aufgehen lassen.

Den Teig nochmals durchkneten, ihn jetzt in drei gleich große Stücke schneiden, diese auf einer bemehlten Tischplatte mit den Händen zu gleich langen Rollen formen. Aus den Teigrollen einen Zopf flechten. Die Enden gut unter den Zopf schieben.

Ein Backblech einölen, den Zopf darauf legen, mit dem Eigelb bepinseln, reichlich mit Sesam oder Mohn bestreuen. Der Zopf sollte nochmals eine kleine Weile ruhen, bevor er in den vorgeheizten Backofen geschoben wird. Bei mittlerer Hitze wird er 45–60 Minuten gebacken, bis er gar ist und goldbraun aussieht.

Varianten
Den Zucker weglassen. Zwei Zwiebeln sehr fein hacken und beim Knetvorgang unter den Teig arbeiten. Daraus entsteht ein wohlschmeckendes Zwiebelbrot.
Mehr Zucker und eine Tasse Rosinen verwenden. Daraus entsteht ein süßes Purimbrot (S. 34).

טבעות שומשום

Sesam-Ringe

Pitahteig (S. 23), 2 Eigelb, 1 Tasse Sesam

Den Pitahteig herstellen, ein bis zwei Stunden ruhen lassen. Gut durchkneten.
Den Teig in 1–2 cm dicke Würste rollen, die ca. 20 cm lang sind. Jedes Stück zu einem Ring formen. Die Ringe mit verquirltem Eigelb (mit etwas Wasser verdünnen) bestreichen. Sesam in einen flachen Teller schütten und die Brotringe in den Sesam tauchen. Sofort auf ein gefettetes Backblech legen. Das Blech mit einem Tuch bedecken und an einen warmen Platz stellen. Die Ringe sollen auf das doppelte Volumen aufgehen. Im vorgeheizten Ofen backen sie bei 225 Grad rund 15 Minuten. Dann die Hitze auf etwa 150 Grad reduzieren und die Brotringe nochmals 15 Minuten im Ofen trocknen. Sie müssen hohl klingen, wenn man mit dem Fingernagel darauf klopft.

Einer stand da und hielt ein Brot in der Hand. Da gesellte sich ein zweiter zu ihm, und auch dieser hatte ein Brot in der Hand. Der erste Mann betrachtete das Brot des zweiten. Da sagte der Zweite: »Warum schaust du so zu mir hin? Du selbst hast doch auch ein Brot?«[3]

Ein Frühstücksbuffet

Für seine reichen Frühstücksbuffets wird Israel weltweit gerühmt. Zu dem vorzüglichen Frühstück in einem Mittelklassehotel in Tel Aviv gehören

Speisequark – Quark mit Paprika – Quark mit Dill – Cottagekäse

———

Fétakäse in Scheiben – Schnittkäse – Käseecken zum Streichen

———

Fischsalat in Joghurtsauce – Sardinen mit Zwiebelringen – marinierte Lakerda – sauer eingelegte Fischfilets

———

Türkischer Salat

———

Tomatenviertel – Gurkenscheiben – Paprikaringe – Oliven

———

Hartgekochte Eier – Rührei

———

Halbierte Grapefruits – Ananasstückchen

———

Zitronenmarmelade – Orangenmarmelade – Dattelmus – Feigenmus

———

Joghurt

———

Orangensaft – Grapefruitsaft

———

Milch und Kaffee

———

Allerlei Brotsorten und Butter

Jüdische Feste nach dem Alten Testament

Schabbat

Der siebente Tag der Woche, an dem der Mensch nach dem Gebot Gottes ausruhen soll, ist der vornehmste aller jüdischen Feiertage: der Schabbat. Wie jeder jüdische Feiertag beginnt Schabbat (Samstag) am Vorabend bei Sonnenuntergang, und er endet am Schabbatabend mit Einbruch der Dunkelheit. Gottesdienste in der Synagoge und häusliche Feiern gestalten diesen Tag festlich. Das strenge Arbeitsverbot und selbst das des Feuermachens garantieren in religiösen, traditionsgebundenen Familien bis heute die absolute Schabbatruhe.
So erklärt sich auch der Einzug einer Anzahl von guten Eintopf-Gerichten in die jüdische Küche, die viele Stunden, ja über Nacht, auf kleiner Hitze schmoren und warm gehalten werden: Tscholent (S. 91), Fleisch- oder Gemüsetöpfe, gekonnt mit Eiern variiert, bestimmen das mittägliche Schabbatessen.
Für den Freitagabend hat die Hausfrau ein reichliches Essen vorbereitet. Es besteht in der Regel aus vier Gängen:

Vorspeise aus Fisch
Hühnersuppe
Fleisch, Gemüse, Kartoffeln
Obst oder Kompott

Auf den Tisch gehört die Challah (S. 25), ein Weißbrot, zum Zopf geflochten und meist mit Mohn bestreut. Der Hausherr segnet das Brot und er segnet den Wein, von dem die erwachsenen Tischgäste ein sparsames Gläschen trinken.
Auch am Schabbat-Abend segnet der Familienvater seine Kinder, und im Kreise der Familie und seiner Gäste spricht er die *Hawdala,* den „Segen der Trennung zwischen Schabbat und Wochentag". Dazu benutzt er eine Kerze mit mehreren geflochtenen Dochten und eine Büchse mit wohlriechenden Gewürzen, die *Besamim-Büchse.*

Rosch Haschana

Mit *schana towa* wurden wir begrüßt, als wir am Vorabend des jüdischen Neujahrsfestes im Tel Aviver Flughafen Ben Gurion ankamen. „Gutes neues Jahr" heißt es, und ein Gläschen Wein für jeden ankommenden Gast besiegelte den Willkommensgruß. Rosch Haschana, das Neujahrsfest, fällt meist in die zweite Hälfte des Septembers, und es führt zurück auf die Kalenderrechnung des Alten Testaments. Es ist einerseits ein ernstes Fest, das an das göttliche Gericht erinnert, und daran, daß an diesem Tag die Welt erschaffen worden sei. So soll auch der Mensch seine Seele erneuern, indem er sich seinem Schöpfer hinwendet. Nach dem Gottesdienst in den Synagogen wünscht man einander ein gutes Jahr im Buch des Lebens.
Andererseits basiert Rosch Haschana auf dem Jahreszyklus im Orient: Im September und Oktober, wenn sich die große Sommerhitze gelegt hat, lebt die Natur wieder auf. Der Winter mit seiner milden Wärme und mit seinen Regenperioden bedeutet für Pflanzen und Kreatur einen Neubeginn.
In diesem Sinne ist Rosch Haschana ein fröhliches und ein geselliges Fest, das sich über zwei Tage hin entfaltet. Es beginnt am Vorabend bei Sonnenuntergang mit einem festlichen Essen. Die Tage werden mit Spaziergängen und Ausflügen gestaltet. Der zweite Abend gehört den Freunden, mit denen man auf gemütlichen Parties zusammentrifft.

In der Eßkultur sieht Rosch Haschana seit alters her einen süßen symbolischen Bissen vor. Zu Beginn einer jeden Mahlzeit ißt man ein Stückchen Apfel (oder Brot), in Honig getaucht. Es drückt jene Hoffnung auf ein „süßes", ein gutes neues Jahr aus, das man sich gegenseitig gewünscht hat. Das Brot für das jüdische Neujahr ist rund, ein Ring oder ein runder Laib, harmonisch und vollkommen in seiner Form, wie das neue Jahr harmonisch und vollkommen sein möge.

Yom Kippur

Zehn Tage nach Rosch Haschana findet das Versöhnungsfest statt: Yom Kippur. Während 24 Stunden, von Abend zu Abend, gilt für jeden Juden ab dem 12. Lebensjahr die strenge Pflicht, zu fasten, weder zu essen noch zu trinken, und sich aller Genüsse zu enthalten. Yom Kippur ist ein ernster Feiertag, an dem die gläubige Gemeinde ihrer Toten gedenkt, an dem sie sich zum Gebet versammelt, so wie es in der Thora steht:
> Des zehnten Tages in diesem siebenten Monat ist der Versöhnungstag. Der soll bei euch heilig heißen, daß ihr zusammenkommt; da sollt ihr euren Leib kasteien und dem Herrn opfern. (3. Mose 23, 27)

Am Yom Kippur wird das Arbeitsverbot im ganzen Land am fühlbarsten beachtet. Jeder öffentliche Verkehr und privates Autofahren ruhen. Die Straßen, die Strände, die Ausflugsorte sind leer, die Kinder tummeln sich vor den Synagogen. Kein Telefon, kein Radio, kein Fernsehen.

Wie jedes jüdische Fest, so beginnt auch Yom Kippur mit einer ausgiebigen Mahlzeit. Es gilt sogar das Gebot, viel zu essen, damit das Fasten nachher um so leichter fällt. An diesem Abend jedoch, am *Kol Nidre,* wird es bereits vor Sonnenuntergang eingenommen. Als wir den Abend bei meiner Freundin Edja verbrachten, tafelten wir kulinarisch. Auf den Tisch kamen

Apfelscheiben mit Honig
Blintzen, gefüllt mit Leber
Kugel aus Nudeln und Rosinen
Feine, gepökelte Zunge
Pilaw mit Pilzen und Zwiebeln
Karottengemüse mit Mazzastreuseln
Gelber Bohnensalat mit Nüssen
Leicht säuerlich gewürzter Auberginen-Salat
Amnons Schokoladentorte

Auch Getränke gehörten dazu:
Sangria aus einer israelischen Kellerei
Frisches Wasser
Orangensaft mit Eiswürfeln
Türkischer Kaffee mit Hel (Kardamom)

Am Yom Kippur 1973 brach der Krieg mit Ägypten und Syrien aus. Er ist als „Yom Kippur-Krieg" in die Geschichte Israels eingangen.

Sukot

Das große Laubhüttenfest wird im Herbst, 15 Tage nach dem jüdischen Neujahr Rosch Haschana, gefeiert. Es dauert sieben Tage, und es erinnert an die vierzigjährige Wanderschaft der Juden durch den Sinai, während der sie nicht in festen Häusern, sondern in Hütten gewohnt haben.
Das jüdische Jahr ist voller Feste, keines aber zeigt sich dem Nichtjuden so anschaulich wie Sukot. Auf den Straßen eilen Groß und Klein mit Palmenzweigen unter den Armen vorbei. Vor aller Augen bauen sie ihre Hütten: aus Leintüchern, Holzlatten und Laub. In Höfen und Gärten entstehen sie, angeschmiegt an Häuserwände, selbst auf Balkonen; und in religiösen Gegenden stehen sie sogar auf dem Gehsteig vor der Haustür.
Die Laubhütten werden mit Palmenzweigen und Bachweiden ausgeschmückt. Die sieben symbolischen Früchte weisen auf die Ernte des Sommers hin: Feigen, Datteln, Trauben, Granatäpfel, Oliven, Mandeln und Johannisbrot.
Während der sieben Tage des Laubhüttenfestes essen und beten die frommen Juden in ihren Laubhütten. Viele Familien aber nützen die Zeit für einige Ferientage am Roten Meer, am Mittelmeer oder am See Genezareth.

Am letzten Tag von Sukot herrscht fröhliche Atmosphäre in der Synagoge. Symbolische Handlungen, Gebete, Gesänge und ein Umzug drücken die Freude darüber aus, daß die Thora während des vergangenen Jahres durchgelesen wurde.
David und Rachel wohnen in einer Siedlung am Carmel in Haifa. Ihre Laubhütte stand im Hof, und alle Nachbarn waren am ersten Abend eingeladen zu kommen. Es war wie auf einer Gartenparty, auf der gesungen und geplaudert wurde. David las aus dem Gebetsbuch den Segen über die Früchte, das Brot und den Wein. Dann schenkte er uns allen ein Schlückchen seines selbst gekelterten Weins ein, und man wünschte sich gegenseitig ein fruchtbares, erfolgreiches Jahr. Es lag eine fröhliche und verbindende Stimmung über dem Abend, der warm war und feucht, wie so häufig in Haifa.

Chanukka

Chanukka, das Tempelweihfest, ist ein Fest des Lichtes. Es fällt in den Dezember und dauert acht Tage. Sein schöner Brauch des Kerzenanzündens läßt einen vergleichenden Gedanken mit der Adventszeit zu.
Chanukka erinnert an die Tempelreinigung unter Jehuda Makkabäus im Jahr 167 v. Chr. und an ein damit verbundenes Ölwunder:
Als Jehuda den Tempel von Jerusalem aus griechischer Herrschaft zurückerobert hatte, gedachte er ihn mit dem Licht der Menorah zu erleuchten und einzuweihen. Das geweihte Öl aber, das im Tempel geblieben war, reichte nur für eine kurze Zeit. Jehuda zündete ein Flämmchen an, und das Wunder ereignete sich: es brannte acht Tage lang. Dieses Chanukkalicht spendete genügend Frist, um neues geweihtes Öl herzustellen. Neben dem siebenarmigen Leuchter, der Menorah, entstand ein achtarmiger: der Chanukkaleuchter.
Chanukka ist ein fröhliches und ein strahlendes Fest. In den Fenstern stehen die Leuchter und erzählen von der Zeit, da einst die Unterdrückten siegten. Während acht Abenden werden Kerzen angezündet, jeden Tag eine mehr. In ganz Israel brennen die acht Flammen, auch auf allen öffentlichen Gebäuden.
Für die Kinder bedeutet Chanukka ein besonderes Fest, in mancher Hinsicht mit Weihnachten zu vergleichen. Sie werden beschenkt mit Chanukkageld und mit allerlei Süßigkeiten.
Chanukka ist auch ein üppiges Fest mit reichlichem Essen, an dem es nicht an traditionellen Speisen fehlt: Die *Latkes* stammen aus der osteuropäischen Küche, sind schlichte Kartoffelpuffer und werden mit verschiedenen Beilagen gegessen. Populär sind besonders die *Chanukkakrapfen,* in Hebräisch *Sufganiot,* unseren „Berlinern" zum Verwechseln ähnlich. Mit Erdbeer- oder Aprikosenmarmelade gefüllt sind sie *das* klassische Chanukkagebäck.

לטקס Latkes

Auf 1 kg Kartoffeln
1 große Zwiebel für den Teig, 1 kleine
Zwiebel zum Mitbraten, etwa 1 Tasse
Mazzamehl, 1 Eigelb, 1 EL Öl;
auch zum Ausbacken Öl; Salz und Pfeffer

Die Kartoffeln und die große Zwiebel schälen und in eine Schüssel reiben. Die entstehende Flüssigkeit abgießen. Mehl, Eigelb und Öl zu den rohen Kartoffeln rühren, so daß ein sehr dicker Brei entsteht. Mit Salz und Pfeffer abschmecken.
Wenig Öl in der Pfanne erhitzen, die kleine Zwiebel als Geschmacksnote darin bräunen. Aus je zwei bis drei EL Kartoffelteig kleine Puffer ins Fett drücken, diese von beiden Seiten goldbraun braten. Auf einem Gitter abtropfen lassen.

Übliche Beilagen:
Apfelmus oder Kohlsalat oder süß-sauer eingelegte Gemüse.

Häufig werden Latkes als Nachspeise gegessen. Dann wird der Teig selbstverständlich ohne Zwiebel und Pfeffer zubereitet. Als Beilagen gibt es Aprikosenmarmelade, Kompott oder Zucker mit Zimt.

Purim

Das Purimfest erinnert an die Zeit um 500 v. Chr., da Palästina als eine Provinz zum persischen Großreich gehörte. Im Alten Testament wird im Buch Esther vom jüdischen Volk berichtet, wie es durch den Wesir des Perserkönigs, durch Haman, gequält und in die Vernichtung getrieben werden sollte. König Xerxes hatte die Jüdin Esther zur Frau genommen, die nicht nur eine besonders schöne Königin war, sie galt auch als klug und aufrichtig. Ihr Einfluß auf den König rettete die Juden vor dem Tod, das bittere Schicksal der Menschen wandelte sich in eine wunderbare Rettung.
Seither wird am 14. Adar (an einem Tag im März, aber jedes vierte Jahr im April) das Fest der Esther, das Purimfest, gefeiert. Es ist fröhlich und ausgelassen. Spiele sowie Festmahlzeiten wollen die Freude über die Befreiung ausdrücken. In jüngster Zeit hat Purim gar karnevalistische Züge angenommen, allerdings nicht zur wahren Freude vieler Juden im Land Israel. In den Städten finden Maskenbälle und Straßenumzüge statt. Die Kinder kostümieren sich und haben ihren Spaß an wilden Schießereien mit ihren Spielpistolen.
In den Familien lebt die schönere Tradition fort, sich gegenseitig mit Geschenken zu bedenken. Man bringt oder schickt sich köstliche Süßigkeiten, Sesamkonfekt, Honigkuchen. Vor allem aber gehören *Hamantaschen* zu Purim, ein Gebäck meist aus Hefeteig, das lecker gefüllt und zu Dreiecken oder Rondellen geformt wird. In Israel nennt man sie vorzugsweise *Hamanohren,* auf hebräisch *Osney Haman;* und fragt man ein Kind, warum denn das, so weiß es mit Sicherheit von den Ohren des bösen Haman zu erzählen.

Hamantaschen אוזני המן

Man verwendet einen Hefe- (S. 26) oder einen Mürbeteig und füllt diesen mit Mohn, Früchten oder Schokoladencreme.

Die Zutaten für einen Mürbeteig
250 g Mehl, 2 TL Backpulver,
100 g Zucker, 1 Prise Salz,
100 g Margarine, 2 Eier, 1 TL Vanilleextrakt (Mark), 1–2 EL Milch, 2 Eigelb

Mehl und Backpulver zusammen sieben, mit Zucker und Salz in eine Schüssel geben. Die weiche Margarine in Flöckchen obenauf setzen. Aus den Zutaten mit den Händen Streusel mischen. Eier und Vanilleextrakt beifügen, unter die Streusel rühren. Wiederum mit den Händen einen geschmeidigen Teig kneten. Falls nötig, etwas Milch zugeben. Den Teig eine halbe Stunde im Kühlschrank ruhen lassen.

Den Teig, egal ob Mürbe- oder Hefeteig, am besten in zwei Hälften teilen. Eine Hälfte dünn ausrollen; die andere Hälfte weiterhin kühl stellen. Aus dem ausgerollten Teig Dreiecke schneiden oder mit einem Glas Kreise ausstanzen. Die Teigteile mit Füllung belegen, zur Hälfte umklappen. Die Ränder mit einer Gabel gut aufeinanderdrücken, und jedes Stück mit Eigelb bestreichen. Auf ein gefettetes Blech legen. Die Ofentemperatur der Art des Teiges anpassen, etwa 20 Minuten backen, bis die Hamantaschen goldgelbe Farbe angenommen haben.

Die zweite Hälfte Teig ausrollen und Hamantaschen für das zweite Blech zubereiten.

Mohnfüllung
1 Glas Mohnsamen, 1 Stückchen Butter,
1/2 Glas gehackte Nüsse, 1/2 Glas gehackte Rosinen, 1 Glas Milch,
2 EL Honig – in der Milch aufgelöst –,
Schale von 1 Zitrone oder Orange

Mohn, Butter, Nüsse und Rosinen vermischen, in einen Topf geben, die Honigmilch darübergießen, umrühren, langsam dicklich kochen lassen. Mit Zitronenschale abschmecken.

Pflaumenfüllung
250–300 g Dörrpflaumen,
1–2 TL Zitronensaft, Schale von 1 Zitrone, evtl. etwas Zucker

Die Pflaumen einen Tag oder eine Nacht einweichen. Im Weichwasser kochen. Abkühlen lassen, entkernen und in kleine Stücke schneiden, eventuell mit einer Gabel zu Mus drücken. Mit Zitronensaft oder Zitronenschale, vielleicht auch ein wenig Zucker abschmecken.

Pessach

Pessach ist das Fest der Befreiung des jüdischen Volkes aus ägyptischer Sklaverei. Es ist auch das Fest der ungesäuerten Brote, nicht zuletzt ein Frühlingsfest, das um die Osterzeit während sieben Tagen begangen wird.

In der Familie verlangt Pessach mancherlei Vorbereitungen. Alles Gesäuerte ist verboten. Das Haus, jedes Geschirr, jede Ecke muß rein sein: koscher für Pessach, was vielfach einem eigentlichen Frühlingsputz gleichkommt. Anstelle des Brotes werden während der sieben Tage nur *Mazzot* gegessen, jenes knäckebrotähnliche Gebäck, das den ungesäuerten Teig symbolisiert, aus dem die Juden während ihres Exodus das Brot backten.

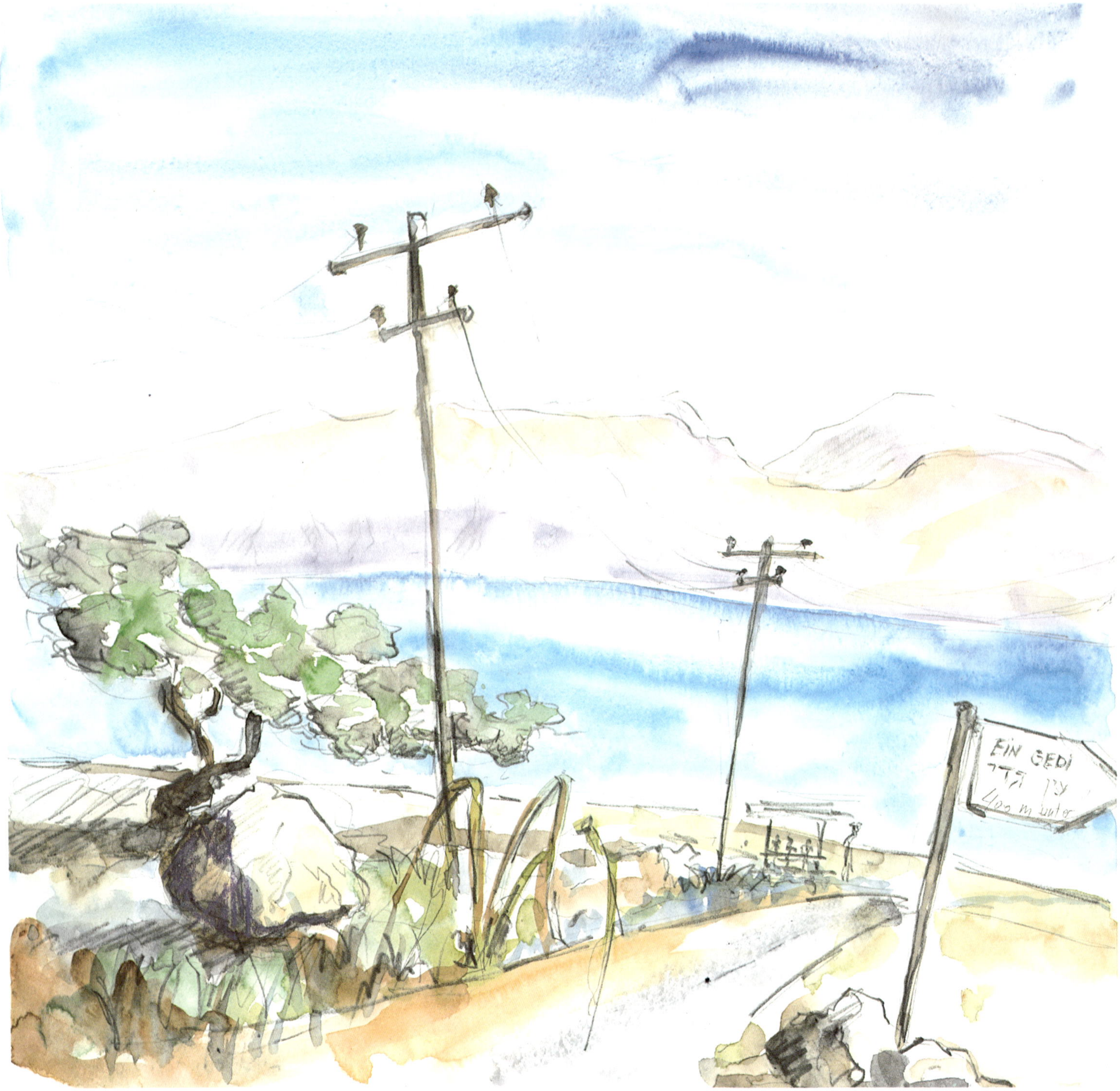
EIN GEDI
עין גדי
400 m unter

Pessach beginnt mit dem *Seder-Abend.* Familie und Gäste kommen zu einem festlichen Essen zusammen, heißt es doch in der Pessachgeschichte: „Jeder, der hungrig ist, komme und esse." Der Hausherr liest aus der Pessachsage vor, die von ernsten und heiteren Ereignissen während der vierzigjährigen Wanderung durch den Sinai erzählt. Der Seder-Abend ist reich an Geschichten, Gesängen, an symbolischen Handlungen und an Essen. In traditionsgebundenen Familien serviert man

gefüllten Fisch
Hühnersuppe mit Mazzaklößen
Tscholent und Kugel
Blintzen oder Pessachtorte
süßen Wein und frisches Wasser.

Die orientalischen Juden bereiten ein Lamm, das Pessachlamm, zu.
Auf dem Seder-Tisch liegen die Mazzot, noch mit einem weißen Tuch bedeckt. Sie werden mit Gesang und Wein enthüllt.
Bittere Kräuter, zumeist ein Löffel Meerrettich, erinnern an die Bitternis während der Sklaverei.
Der *Charoset,* ein süßer Brei, versinnbildlicht jenen Mörtel, den die Juden zum Bau der pharaonischen Städte verarbeiten mußten.
Ein gebratener Knochen ist das Zeichen des Pessachlamms: Als die zehnte Plage über Ägypten kam, die alle Erstgeborenen im Land dahinraffen sollte, opferte jede jüdische Familie ein Lamm. Mit seinem Blut markierten sie die Türen ihrer Wohnstätten und wurden somit von der Plage verschont (2. Mose 12).

Charoset

חרוסת

Die Äpfel schälen und reiben, mit Mandeln, Nüssen, Rosinen sowie Zucker und Zimt mischen. Ein wenig Rotwein oder Saft dient zum Anfeuchten, damit ein dicklicher Brei entsteht. Charoset schmeckt süß und köstlich und wird vielfach als Belag auf Mazza gestrichen.

2–3 weiche, saftige Äpfel, 1 Tasse gemahlene Mandeln, 1 Handvoll gehackte Walnüsse, 1 Handvoll gehackte Rosinen, 1–2 EL Zucker, etwas Zimt, wenig Rotwein oder Zitronensaft

Schawuot

Schawuot ist das Erntefest der Erstlingsfrüchte, das parallel zum Pfingstfest Ende Mai bis Anfang Juni stattfindet, sieben Wochen nach Pessach. Es geht zurück auf das 2. Buch Mose, in dem das „Fest der Kornernte, der Erstlinge vom Ertrag deiner Aussaat auf dem Felde" erwähnt wird. Im heutigen Israel wird diese landwirtschaftliche Bedeutung des Festes betont. Der alte Brauch, einen Festkorb mit den Erstlingsfrüchten in den Tagen von Schawuot herbeizubringen, kommt vor allem in den Dörfern und Kibbuzim zu Ehren.

Schawuot hat aber auch eine zweite historische Bedeutung, die sich mit der landwirtschaftlichen die Waage hält. Die Juden gedenken der Offenbarung am Sinai, als Gott Mose die zehn Gebote auf den ersten Tafeln übergab. Es ist das Fest der Übergabe der Thora.
Der Reichtum der Felder und die Zeit der Gesetzgebung schreiben vor, zu Schawuot die koscheren Essensgesetze streng einzuhalten. Es ist untersagt, Fleisch und Milchspeisen gleichzeitig zu genießen. Die *milchigen* Gerichte stehen auf dem Speisezettel. Sie spiegeln sich wider in vielfältigen Aufläufen aus Weizen, Nudeln und mit Früchten. Man ißt gefüllte Blintzen und gefüllte Pirogen, gebackene Krapfen und Pfannkuchen, die ihren Ursprung in der osteuropäischen Küche haben.

Anders als die alten Bewohner Jerusalems feiern die polnischen Juden ihre Hochzeiten an einem gewöhnlichen Werktag. Sie laden auch richtige Musikanten ein mit Geigen, Trompeten, Pauken und Tschinellen. Da sie nicht in der Nähe der Klagemauer geboren sind, belastet sie anscheinend die Trauer um die Zerstörung Jerusalems nicht, und wenn sie sich freuen, lieben sie es, sich mit Leib und Seele der Freude hinzugeben.[4]

Salate und Dips als Vorspeise, als Mahlzeit, als Beilage, für kalte Buffets

Israel ist ein heißes Land. Es ist reich an Gemüse und reich an Früchten. Vieles spricht für die köstlichen frischen Salate aus rohem und aus gekochtem Gemüse, kombiniert mit Früchten, wie sie in der israelischen Küche zu Hause sind. Die Salate sind ein Vergnügen, ein ausgeprägter kulinarischer Charakterzug. Salate werden mit viel Sorgfalt angerichtet und mit ebensolchem Sinn für Farbigkeit. Salate begleiten den ganzen Tag: Schon am Morgen stehen Tomaten- und Gurkensalate auf dem Frühstückstisch. Sie werden als Beilage serviert. Man stellt sie in kleinen Schüsseln für Parties zusammen. In größerer Auswahl bereichern und vervollkommnen sie jedes abendliche Buffet. Viele Salate machen gar eine Mahlzeit aus. Und wie so häufig in diesem Land spielen orientalische Genußfreude und südländische Gewürze mit europäischen Gaumenfreuden zusammen.

Türkischer Auberginensalat

Die Auberginen schwarz brennen, backen oder grillen (S. 99). In einem Sieb ausdrücken; zerkleinern. In eine Schüssel geben, mit Öl, Zitronensaft, zerdrücktem Knoblauch und Salz mischen. Mit einer Gabel cremig schlagen oder im Mixer pürieren. Abschmecken.

סלט חצילים טורקי

Die Zutaten für eine kleine Schüssel
2–3 Auberginen (300–400 g),
2–3 EL Sesamöl, reichlich Zitronensaft,
1–2 Knoblauchzehen, Salz

Auberginen-Maissalat

Die Aubergine schälen, in feine Würfel schneiden, eine halbe Stunde in Salzwasser ziehen lassen, gut abspülen und abtrocknen. In Öl von allen Seiten braun braten, bis sie weich sind. Auf ein Stück Küchenkrepp legen, von dem überschüssiges Öl aufgesaugt wird.
Die Zwiebeln hacken und im Öl goldgelb braten. Die Champignons gut abtropfen lassen, zu den Zwiebeln geben und bräunlich braten.
Auch den Mais abtropfen lassen. Paprika in kleine Würfel schneiden. Alle Zutaten miteinander mischen und abschmecken, eine Weile durchziehen lassen.

סלט חצילים עם תירס

Die Zutaten für eine kleine Schüssel
1 große Aubergine, 3 große Zwiebeln, Öl,
1 kleine Dose Champignons, 1 kleine
Dose Mais, Salz, Pfeffer, evtl. 1/2 grüne
Paprika

סלט חצילים עם ביצה

Die Zutaten für eine kleine Schüssel
2–3 mittelgroße Auberginen (300–400 g),
etwas Mehl, Öl, 2 grüne Zwiebeln,
3 hartgekochte Eier, 1 Knoblauchzehe,
etwa 1 TL Salz, Pfeffer
Zum Garnieren
schwarze Oliven

Auberginensalat mit Eiern

Auberginen schälen, in 1/2 cm dicke Scheiben schneiden. Mit Salz bestreuen, eine halbe Stunde einwirken lassen. Mit kaltem Wasser abspülen und gut abtrocknen.
Die Auberginen leicht in Mehl wälzen. In heißem Öl von beiden Seiten dunkelbraun und weich braten. Auf einem Küchenkrepp abtropfen lassen. Die Auberginenscheiben in schmale Streifen schneiden.
Zwiebeln hacken, in Öl goldgelb rösten. Knoblauch zerdrücken. Eier hacken. Auberginen mit allen Zutaten mischen und würzen. Der Salat hat einen leichten Lebergeschmack und wird deshalb gern als Vorspeise gegessen. Gut schmecken schwarze Oliven dazu, die man entweder in einem Schüsselchen extra reicht oder auf dem Salat garniert.

סלט חצילים עם רסק עגבניות

Die Zutaten für eine kleine Schüssel
2–3 mittelgroße Auberginen (300–400 g),
Öl, 3 große Zwiebeln, 2–3 Knoblauchzehen, 1 kleine Dose Tomatenmark,
1 Tasse Wasser, Aromat, Knoblauchpulver, Salz, schwarzer Pfeffer,
Chilipulver, gemahlener Kümmel, etwas Kurkuma

Auberginensalat mit Tomatenmark

Die Auberginen in Scheiben schneiden, schälen, salzen und eine halbe Stunde einwirken lassen. Mit kaltem Wasser gut abspülen und abtrocknen. Im heißen Öl von beiden Seiten kräftig anbraten, bis sie fast schwarz und weich sind. Auf Küchenkrepp abtropfen lassen, anschließend in eine größere feuerfeste Schüssel schichten.
Zwiebeln und Knoblauchzehen fein hacken und über die Auberginen verteilen. Tomatenmark und Wasser verrühren, alle Gewürze wohl dosiert hinzugeben und gut verrühren. Diese Würzmischung über das Gemüse verteilen. Das Ganze eine halbe Stunde sanft kochen. Abschmecken.
Der Salat wird kalt serviert: als Gemüse, als Vorspeise, als Dip oder als Beilage zu Brot.

סלט טורקי

Die Zutaten für eine kleine Schüssel
2–3 große Zwiebeln, 2–3 Knoblauchzehen, Öl zum Anbraten, 2 feste Tomaten,
1 große rote Paprika, 1 kleine scharfe Peperoni, 1 kleine Dose (Glas) Tomatensaft, etwas Ketchup, 1/2–1 TL S'chug,
Salz, Pfeffer

Türkischer Salat

Zwiebeln und Knoblauch hacken, im Öl goldgelb rösten. Das Gemüse ebenfalls sehr fein hacken, zu den Zwiebeln geben und 10 Minuten schmoren. Tomatensaft und Ketchup zum Gemüse geben. Würzen. Den Topf nicht verschließen, damit die Flüssigkeit einkochen kann. Der Türkische Salat hat die Konsistenz eines fast flüssigen Breis. Er ist sehr scharf und treibt uns Europäern gern Tränen in die Augen. Er wird kalt gegessen: zu Pitah oder als Sauce über gefüllte Pitah, als Beigabe zu vielen kleinen Gerichten orientalischer Prägung.

סלט אבוקדו

Die Zutaten für 4–6 Portionen
2 weiche Avocados, Saft von 1/2 Zitrone,
1 Tasse gekochtes Hühnerfleisch,
2 hartgekochte Eier, 1 Tomate, 1/2 grüne Paprika, 1/2 Glas Kräutersauce (S. 47),
1 Handvoll Petersilie

Avocado-Salat

Die Avocados halbieren, entkernen. Mit einem Teelöffel Streifen aus der Schale schaben, diese mit Zitronensaft beträufeln.
Hühnerfleisch, Eier, Tomate würfeln, Paprika in schmale Streifen schneiden. Alle Zutaten mischen. Die Sauce darüber gießen, den Salat eine Weile in den Kühlschrank stellen und durchziehen lassen. Vor dem Servieren mit gehackter Petersilie bestreuen.

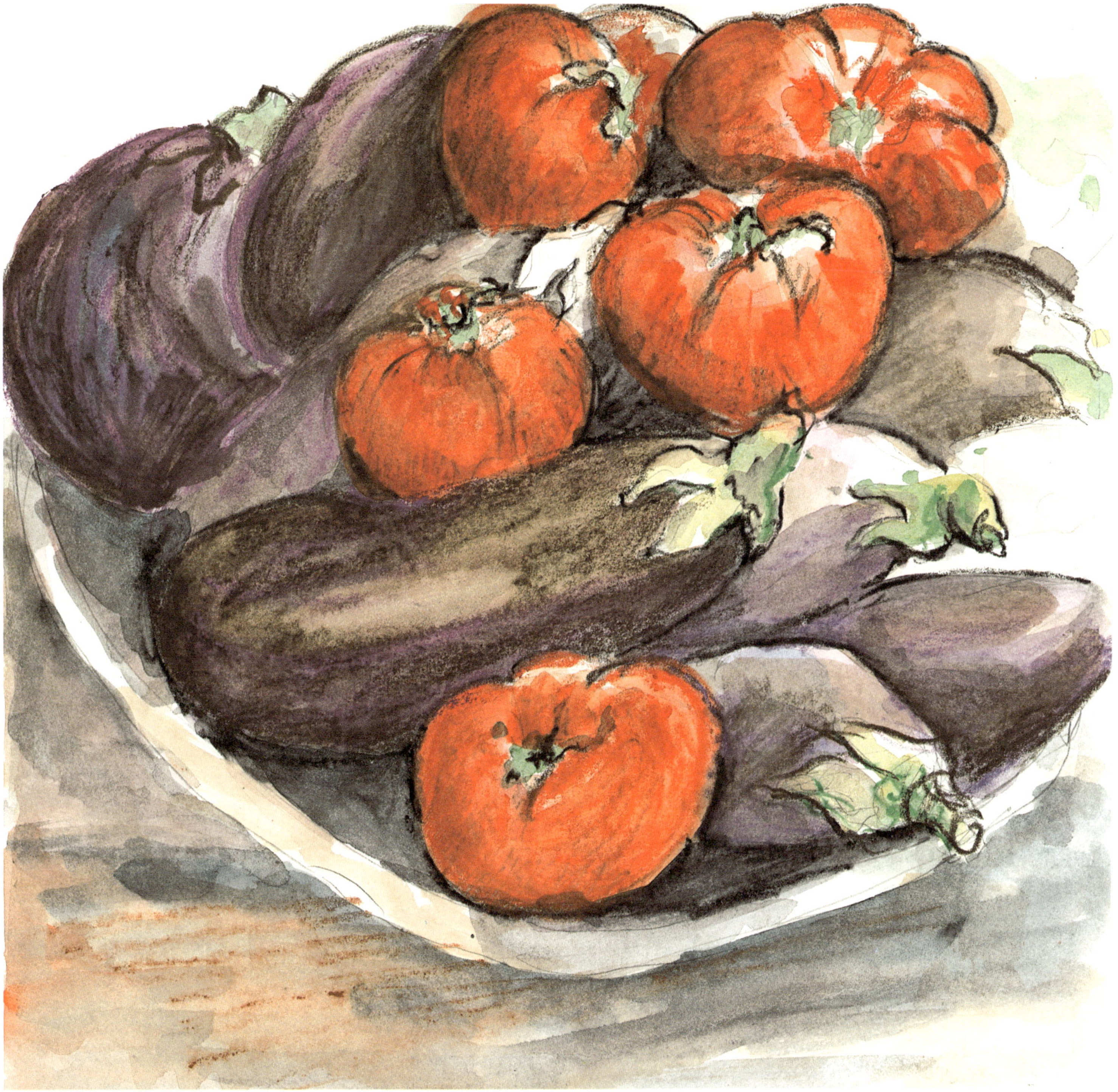

מתאבן אבוקדו

Die Zutaten für eine kleine Schüssel
1 große weiche Avocado, 1/2 – 3/4 Becher saurer Rahm, 1 grüne Zwiebel,
1/2 TL Salz, Pfeffer, etwas Zucker,
2 – 3 EL Zitronensaft, 1 hartgekochtes Ei,
1 Handvoll Dill

Avocadodip

Die Avocado halbieren, Stein herausnehmen, Fruchtfleisch aus der Schale schaben. Das Fruchtfleisch mit der Gabel oder im Mixer pürieren und wohl dosiert mit den angegebenen Zutaten mischen und abschmecken: Zwiebel sehr fein hacken. Das Püree in die Avocadoschalen füllen. Mit gehacktem Ei und Dill garnieren. Die Früchte luftdicht abgedeckt bis zum Servieren in den Kühlschrank legen.

Variante
Anstelle von saurem Rahm wird auch gern Mayonnaise verwendet, die man, wenn nötig, mit wenig Milch verdünnt.

סלט ישראלי

Die Zutaten für 4 Portionen als Mahlzeit
2 Tomaten, 2 – 3 kleine Gemüsegurken,
2 gekochte Kartoffeln, 1 reife Avocado,
3 grüne Zwiebeln, 1 rote Paprikaschote oder Gamba, 2 hartgekochte Eier, schwarze oder grüne Oliven, Salz, Pfeffer, Zitronensaft, 1 kleines Glas Tahina,
1 Handvoll Petersilie

Israelischer Salat

Tomaten, Gurken, Kartoffeln, Avocado würfeln. Zwiebeln grob würfeln, die grünen Zwiebelschläuche in Ringe schneiden, Paprika in Streifen. Eier hacken. Oliven ganz verwenden. Alle Zutaten mischen. Mit Salz und Pfeffer und mit wenig Zitronensaft würzen und abschmecken. Zum Schluß Tahina unter den Salat ziehen. Den Salat in den Kühlschrank stellen und eine Weile durchziehen lassen. Vor dem Servieren mit gehackter Petersilie bestreuen.

Varianten
Israelischer Salat wird mit den verschiedensten Gemüsen variiert. Er ist sozusagen ein Querschnitt durch den Gemüsegarten des Landes. Häufig schneidet man eine kleine Knolle gekochte Rote Bete in Scheiben und gibt sie zum Salat. Man kann ihn statt mit Tahina auch mit saurem Rahm oder mit einer Joghurt-Sauce anrichten.

סלט קישואים

Die Zutaten für eine kleine Schüssel
3 große Zwiebeln, Öl, 6 – 8 mittlere, eher kleine Zucchini, Salz, Pfeffer, wenig Aromat, 3 – 4 hartgekochte Eier,
2 EL Mayonnaise

Zucchini-Salat

Die Zwiebeln fein hacken und im Öl goldgelb anbraten. Die Zucchini schälen, grob raspeln und zu den Zwiebeln geben. Würzen, alles zusammen etwa 15 Minuten in der Pfanne dünsten, bis die Zucchini braun und weich sind. Das Gemüse kalt werden lassen. Die Eier hacken, mit Mayonnaise mischen, eventuell wenig würzen, dann locker unter die Zucchini mischen. – Eine Vorspeise, zu der Pitah oder Crackers gegessen werden.

סלט קליפות קישואים

Die Zutaten für eine Kostprobe
Schalen von mindestens 3 – 4 mittelgroßen Zucchini, wenig Öl, sehr wenig Wasser, Zitronensaft, Salz

Salat aus Zucchinischalen

Die dünn abgeschälten, sehr gut gewaschenen Zucchinischalen 1 – 2 cm kleinschneiden. In Öl kurz andünsten. Sehr wenig Wasser hinzufügen und weitere 6 – 8 Minuten dünsten. Während dieser Zeit häufig rühren, damit die Schalen nicht anbrennen. Sie sollen weich, aber noch knackig sein. Kräftig mit Zitronensaft, sparsam mit Salz abschmecken. Der säuerlich und leicht bitter schmeckende Salat wird kalt als Beilage zu Kabab oder Lammkotelett gegessen.

Rote-Bete-Salat

Für Rote Bete gibt es eine stattliche Anzahl von Rezepten, denn wie kaum eine andere Knolle gehört sie zum festen Bestandteil der osteuropäischen jüdischen Küche. So wird die Rote Bete auch meist nach slawischem oder östlichem Vorbild zubereitet: Die gekochten Knollen werden geschält, in Scheiben geschnitten oder geraspelt. Die Salatsauce besteht aus Essigwasser, Öl, Salz, Pfeffer, Kümmel und wenig Zwiebeln. Man gießt die Sauce über das Gemüse und läßt den Salat eine Weile durchziehen.

Die Zutaten (bis auf die Petersilie) gut verquirlen. Rote Bete und Sauce mischen, eine Weile durchziehen lassen. Salat vor dem Servieren mit gehackter Petersilie bestreuen.

Die Kapern halbieren. Mit allen Zutaten zu einer erfrischenden Sauce mit einem leicht süßen Geschmack rühren. Rote Bete und Sauce mischen, eine Weile durchziehen lassen.

סלט סלק

Joghurt-Sauce
3 EL Öl, 2 EL Zitronensaft, 2 Becher Joghurt natur, Salz, weißer Pfeffer, 1/2 TL Zucker, 1 Handvoll gehackte Petersilie

Kapernsauce
1 EL Kapern, 1 1/2–2 Becher saurer Rahm, Zitronensaft, weißer Pfeffer, Salz, wenig Zucker

Burghul-Salat

Burghul mit kochendem Wasser übergießen, 5 Minuten quellen lassen. Wasser abgießen und die letzten Tropfen ausdrücken. Paprika, Tomaten, Zwiebeln, Gurke klein würfeln und unter den Burghul mischen. Mit Petersilie oder wenig Minze, Öl, Zitronensaft und Salz abschmecken. Auf Salatblättern servieren.
Das Rezept hat mir Tilli gegeben. Sie bereitet den Salat als Mahlzeit an Tagen zu, die ihr wenig Zeit zum Kochen lassen. Sie serviert Pitah dazu oder dunkles Brot, außerdem Melone oder Trauben.

סלט בורגול

*Die Zutaten für eine Mahlzeit
1/2 Glas mittelfeiner Burghul (S. 151), 1 grüne Paprikaschote, 1–2 Tomaten, 1 große Zwiebel, 1 kleine Gemüsegurke, gehackte Petersilie oder Minze, 1–2 EL Olivenöl, Zitronensaft, Salz, einige Salatblätter*

Orangen-Eier-Salat

Wein, Essig, Wasser, Kurkuma, Salz in einem hohen Topf aufkochen. Die Hitze zurückschalten. Ein Ei nach dem anderen in eine Tasse oder Suppenkelle schlagen und in das siedende Wasser gleiten lassen („verlorene Eier"). Die Eier während 5 Minuten im leicht brodelnden Wasser kochen und fest werden lassen.
Währenddessen die Orangen schälen, die weißen Häutchen entfernen, Früchte in dünne Scheiben schneiden. Die Gurke gut waschen, ungeschält in dünne Scheiben schneiden.
Früchte und Gemüse in einer flachen Schüssel auf den gewaschenen Salatblättern anrichten und die Eier darauf verteilen.
Aus Zitronensaft, Öl, Safran, einer Prise Zucker, Salz eine Marinade anrühren und diese über den Salat gießen. Ein Weilchen durchziehen lassen.

סלט תפוזים וביצים

*Die Zutaten für 4 Portionen
je 1 Glas Weißwein, Essig, Wasser, 1/2 TL Kurkuma, 1 TL Salz, 4 Eier, 3 Orangen, 1 kleine Gemüsegurke, 1–2 Zitronen, 1 EL Öl, 1 Briefchen Safran, Zucker, Salz, einige Salatblätter*

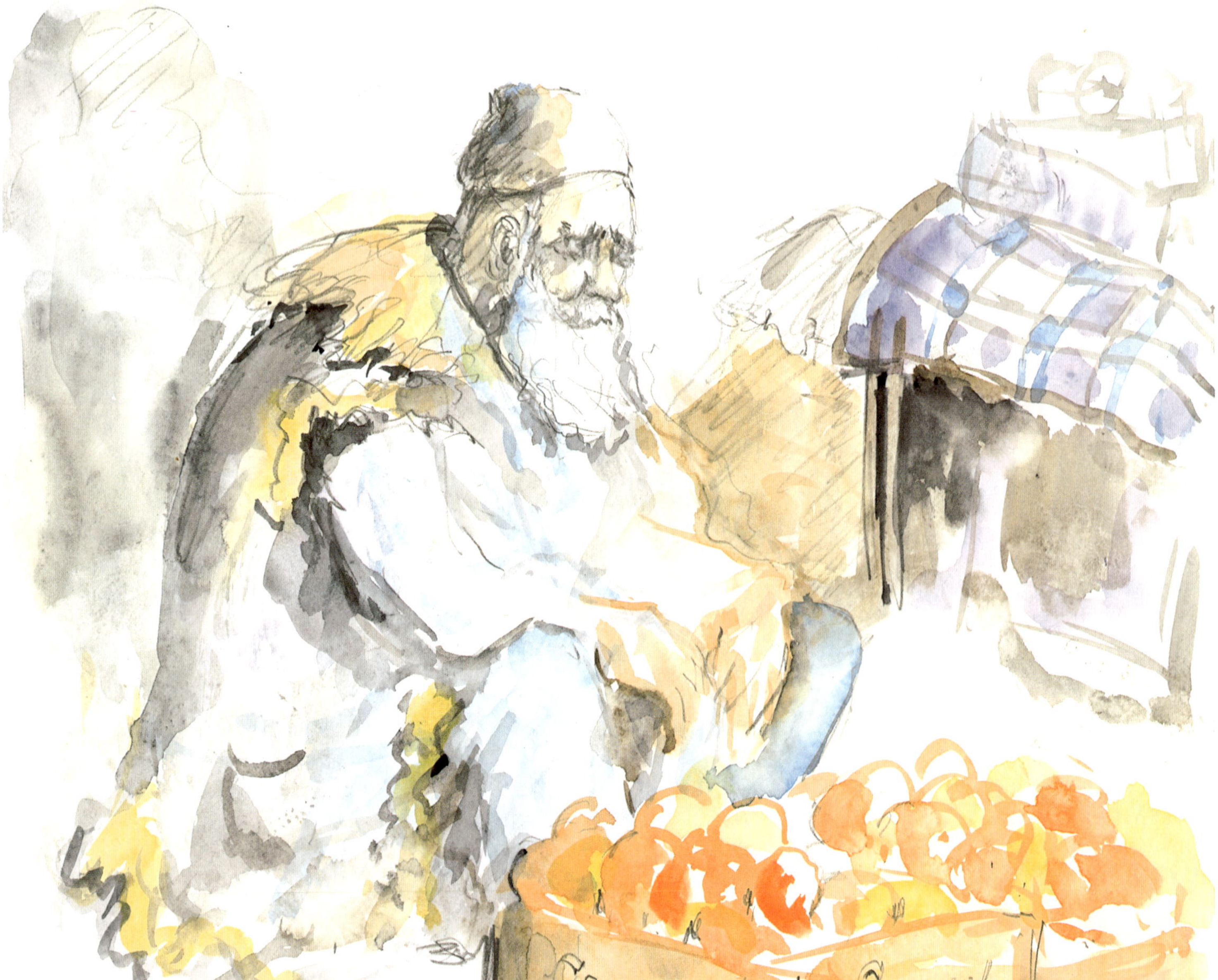
Carmel
Carmel

Weißkohlsalat

Den Kohl raspeln oder in feine Streifen schneiden. Die harten Innenstrunke nicht verwenden.
Aus Öl, Zitronensaft, zerdrückter Knoblauchzehe, Salz, Pfeffer, Zucker und Minze eine herzhafte Marinade anrühren. Über den Kohl gießen und ein paar Stunden durchziehen lassen.

Variante
Eine Handvoll Granatäpfelkerne unter den Salat mischen.

סלט כרוב

Die Zutaten für eine mittelgroße Schüssel
1 kleiner Kopf Weißkohl, 4–5 EL Öl,
reichlich Zitronensaft, 1 Knoblauchzehe,
Salz, Pfeffer, 1 Prise Zucker, 1 Handvoll
frische gehackte Minze

Marokkanischer Karottensalat

Die Karotten in leicht gesalzenem Wasser kochen, danach schälen und in Röllchen schneiden.
Aus Zitronensaft, Öl und Gewürzen eine herzhafte Marinade anrühren, über die Karotten gießen, mischen, eine Weile durchziehen lassen.

סלט גזר מרוקאי

Die Zutaten für 4 Portionen
500 g Karotten, Saft von 1 Zitrone,
einige EL Öl, 1/2 TL Senf, Salz, Pfeffer,
1 Prise Zucker

Karotten-Nuß-Salat

Die Karotten putzen und grob raspeln. Mit Nüssen vermengen. Aus Zitronensaft, Öl, Salz und Pfeffer eine Marinade anrühren und unter den Salat mischen. Dill hacken und ebenfalls unter den Salat mischen. Den Salat am besten in einer Glasschüssel anrichten, in der seine frische Farbe zur Geltung kommt. Bis zum Servieren im Kühlschrank durchziehen lassen.

סלט גזר עם אגוזים

Die Zutaten für 4 Portionen
4 mittelgroße Karotten, 1 Tasse grob
gehackte Walnüsse, Saft von 1 Zitrone,
1 EL Öl, Salz, Pfeffer, 1 Handvoll
frischer Dill

Karotten-Sellerie-Salat

Die Karotten putzen und raspeln. Die Äpfel schälen, ebenfalls grob raspeln. Den Sellerie sehr klein schneiden. Gemüse und Früchte gut mischen und mit Zitronensaft beträufeln. Aus Joghurt, gehackten Kräutern, Öl, Zucker und Gewürzen eine Sauce anrühren, ausgewogen abschmecken, über das Gemüse geben und mischen.
Den Salat, der Farben wegen, in einer Glasschüssel anrichten und bis zum Servieren im Kühlschrank durchziehen lassen.

סלט גזר עם סלרי

Die Zutaten für 4–6 Portionen
4 mittelgroße Karotten, 2 mittelgroße
leicht säuerliche Äpfel, 2 Stangen Bleich-
sellerie, Saft von 1 Zitrone, 1 Becher
Joghurt natur, 1 Handvoll frische Kräuter,
einige Tropfen Öl, 1/2 TL Zucker,
Pfeffer, Salz

Orangen-Radieschen-Salat

Die Orangen schälen, von den weißen Häutchen befreien und in Schnitze zerlegen. Die Radieschen waschen und in dünne Scheiben schneiden. Aus Zitronensaft, Öl, Zucker und Salz eine Marinade anrühren, über Früchte und Radieschen gießen, miteinander mischen. Den Salat bis zum Servieren im Kühlschrank durchziehen lassen.
Er eignet sich vorzüglich zu Geflügelgerichten.

סלט תפוזים עם צנונית

Die Zutaten für 4 Portionen
4 mittelgroße Orangen, 10–12 große
Radieschen, Saft von einer Zitrone,
einige Tropfen Öl, 1 EL Zucker, Salz

סלט עגבניות ומלפפונים — Tomaten- und Gurkensalat

Gemischter Tomaten-Gurkensalat ist der alleralltäglichste im israelischen Wochenablauf. Dank der kleinen knackigen Gemüsegurken und aromatischen Tomaten schmeckt er jeden Tag unverändert gut. Man schneidet die Tomaten und Gurken nicht in Scheiben, sondern in Würfel. Sie werden gemischt und zurückhaltend mit Salz, Essig und Öl gewürzt. Dominant bleibt der Geschmack des Gemüses. Häufig gesellen sich grüne Zwiebeln mitsamt den Zwiebelschläuchen dazu.

סלט שעועית לבנה — Salat aus weißen Bohnen

Die Zutaten für eine mittelgroße Schüssel
250 g weiße Bohnen, Salz, 1 Stange Bleichsellerie, 2 Karotten,
1/2 TL Thymian, 1 Handvoll schwarze Oliven, 6–8 EL Öl, 3–4 EL Essig,
2 grüne Zwiebeln, Salz, Pfeffer,
1 kleine Paprika oder Gamba

Die Bohnen mit Wasser bedecken und über Nacht einweichen. Im Einweichwasser mit Salz und Thymian eine Stunde kochen. Die Bohnen sollen nicht zu weich werden. Sellerie sehr fein würfeln, Karotten in Röllchen schneiden. Beide Gemüse 15 Minuten in wenig Salzwasser kochen. Bohnen und Gemüse abtropfen und abkühlen lassen. Die Oliven halbieren und entkernen. Alle Gemüse mischen.
Aus Öl, Essig, feingehackten Zwiebeln, Salz, Pfeffer eine kräftige Marinade abschmecken, über das Gemüse gießen und eine Zeitlang durchziehen lassen. Vor dem Servieren mit Paprikastreifen oder Gambastreifen garnieren.

סלט עם פרוסות שקדים — Grüner Salat mit Mandelscheiben

Die Zutaten für 4 Portionen
1 großer Kopf Eissalat (oder grüner Salat), 2 Karotten, 1 Glas Kräuter-Sauce (S. 47), 1/2 Glas Mandelscheiben,
2 EL Öl, 1 Knoblauchzehe, Salz

Den Salat gut reinigen, waschen und abtrocknen. Zerkleinern, d.h. verzupfen oder schneiden; in einer großen Schüssel anrichten. Die Karotten über den Salat raspeln, die Salatsauce dazu gießen. Alle Zutaten mischen.
Die Mandelscheiben im Öl hellbraun rösten, mit zerdrückter Knoblauchzehe und Salz würzen, über den Salat streuen.

מתאבן בצל — Zwiebeldip

Die Zutaten für 1 kleine Schüssel
250 g Quark, 1 Becher saurer Rahm,
4–5 EL Zwiebelpulver, 1/2 TL Salz,
etwa 1/4 TL scharfer Paprika,
Chilipulver, evtl. Milch

Alle Zutaten miteinander mischen und abschmecken. Der Zwiebelgeschmack soll durchdringen. Die Milch reguliert, wie dick- bzw. dünnflüssig der Dip sein soll.

Variante
Anstelle Zwiebelpulver 2 grüne Zwiebeln inklusive Zwiebelschläuchen verwenden.

לבנה — Labane

Labane ist ein herrlicher, cremiger, stark gesalzener Quark aus Schafsmilch. Eine arabische Spezialität, die gern als Vorspeise „genascht", aber auch zum Frühstück gegessen wird. Man streicht Labane auf einen kleinen Teller, beträpfelt ihn mit etwas Öl und pudert Paprika darüber.

Salatsaucen

Kräuter-Sauce

Alle Zutaten – außer Öl und Kräuter – miteinander verrühren. Eine Weile mit dem Schneebesen schlagen, damit sich Senf und Zucker lösen. Nach und nach Öl darunterrühren. Zum Schluß die Kräuter hinzufügen. Diese Grundsauce wird für frische Gemüsesalate verwendet.

Varianten
Kräuter wie Dill, Minze oder Petersilie verleihen Abwechslung.
Eine Mischung aus frischem Basilikum und grünen Zwiebeln setzen einen mittelmeerischen Akzent.
Zerdrückter frischer Knoblauch gibt der Sauce einen unverkennbaren Geschmack.
Anstelle von Öl kann saurer Rahm verwendet werden.

רוטב תבלינים

Die Zutaten für 1 Glas Sauce
2 EL Essig, 2 EL Zitronensaft,
1 Quäntchen Senf, Salz, Pfeffer,
süßer Paprika, 1/2 Glas Öl, 1 Handvoll
frische, feingewiegte Kräuter

Ketchup-Sauce

Alle Zutaten mischen. Abschmecken. Die säuerlich-süß-scharfe Sauce ist hervorragend für kleine Cocktails aus Meeresfrüchten und für Fischsalate. Sie eignet sich zum Dippen mit Pitah, Brot und rohem Gemüse.

קטשאפ

Die Zutaten für 1 1/2 Gläser Sauce
3/4 Glas milder Tomatenketchup,
1/2 Glas saurer Rahm, Saft von etwa
1/2 Zitrone, 1 zerdrückte Knoblauchzehe,
1/2 TL süßer Paprika,
1 TL frischer, gehackter Oregano,
1 Handvoll gehackte, geröstete Erdnüsse,
Zum scharfen Würzen:
1/4 TL S'chug

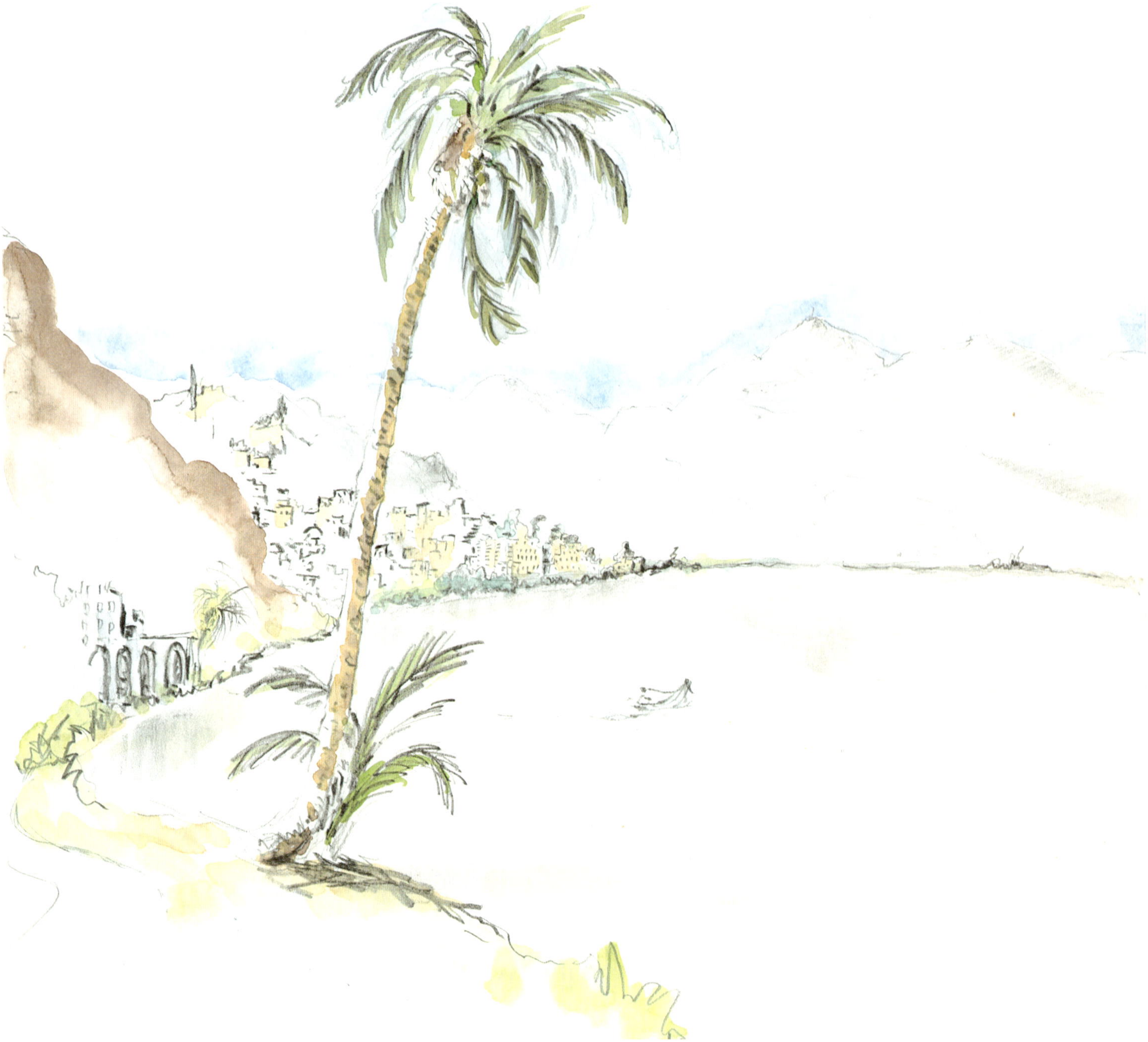

Kefir-Sauce

Alle Zutaten verrühren. Abschmecken. Die gehackten Kräuter zum Schluß beigeben. Die Sauce eignet sich für grüne und gemischte Salate.

רוטב קפיר

Die Zutaten für 1 Glas Sauce
1 Becher Kefir, einige Tropfen Zitronensaft, 1 Quäntchen Senf, 1 zerdrückte Knoblauchzehe, Salz, Pfeffer, 1 Prise Zucker, 1 Prise Cayennepfeffer,
Frische Kräuter: Petersilie oder Dill

Joghurt-Sauce

Alle Zutaten verrühren. Abschmecken. Die gehackten Kräuter zum Schluß beigeben. Die Sauce eignet sich für alle frischen gemischten Salate.

רוטב יוגורט

Die Zutaten für 1 Glas Sauce
1 Becher Joghurt natur, 1/4 Becher süßer Rahm, 1 EL Öl, 1 TL scharfer Senf, einige Tropfen Zitronensaft, Salz, Pfeffer, süßer Paprika, 1 Prise Zucker,
Frische Kräuter: Petersilie oder Oregano oder Dill oder Minze

Eingelegte Gemüse

Man nennt sie auch in Israel *Pickles:* jene Gemüse, die seit Jahrhunderten in einer Salz- oder Essiglösung, in einer Marinade aus Öl konserviert werden, um über einen längeren Zeitraum haltbar zu bleiben. Pickles spielen in der israelischen Küche eine große Rolle. Die Leidenschaft für eingelegte Oliven, Gurken, Auberginen und Pfefferschoten wird dem Reisenden auf jedem Markt sichtbar. Gleich faßweise stehen sie vor den Lädchen, riechen gewürzig und laden zum Kauf ein. In kleinen Schüsselchen serviert man sie auf dem häuslichen Tisch. Als Appetithäppchen ißt man sie bei angeregter Unterhaltung in den Restaurants. Einladend stehen sie in Imbißstuben, in denen man sich häufig großzügig selber bedienen kann.

Die Rezepte für eingelegte Gemüse sind unendlich vielfältig. Eine Grundmarinade besteht aus Salz, Essig und Wasser oder; aus Öl, Essig und Salz. Entscheidend aber sind die Gewürze, die der Lösung beigegeben werden und Aroma und Geschmack verleihen.

Oliven   זיתים

Oliven haben einen unbestrittenen ersten Platz unter den eingelegten Gemüsen: kleine feste Früchte, mit und ohne Kerne, große grüne, grünlich-braune und schwarze Oliven. Sie sind so mannigfaltig und reichlich gewürzt mit Olivenöl, mit Lorbeer und Koriander, mit Thymian und Rosmarin, mit Pfefferschoten und Paprika und so schmackhaft, daß man versucht ist, nach dem einen oder anderen Rezept zu fragen. Diese Olivengeheimnisse lassen sich aber bei uns kaum nachvollziehen, denn dazu braucht man vor allem frische Oliven und von guter Qualität.

Marokkanische Oliven   זיתים מרוקאים

Tilly kauft kernlose grüne Oliven und kocht sie in wenig Wasser während einiger Minuten weich. Sie gibt Tomatenmark dazu und würzt mit Paprika, etwas Olivenöl, wenig Zitronensaft. Die warmen Oliven reicht sie als Beilage zu Fleischgerichten. Wenn die Oliven zu salzig sind, kocht sie sie zunächst einmal in Wasser auf und schüttet dieses Wasser ab.

Eingelegte Gurken   מלפפונים כבושים

Die Gurken reinigen, waschen und in ein Steingutgefäß legen. Das Salzwasser zusammen mit dem Essig aufkochen. Öl und alle Gewürze dazugeben, umrühren. Die Beize über die Gurken gießen. Die Weinblätter obenauf verteilen. Damit das Gemüse während der Einlegezeit mit Flüssigkeit bedeckt bleibt, legt man meist obenauf eine schwere Platte oder einen Stein. Es dauert etwa eine Woche, bis es das pikante Aroma voll aufgenommen hat.

500 g kleine grüne Gemüsegurken, 4 Tassen mildes Salzwasser, 1 1/2 Tassen Essig, 2 TL Olivenöl, 1 Handvoll gehackter Dill, 2 Lorbeerblätter, 2 gehackte Knoblauchzehen, einige Weinblätter

Marinierte Auberginen   חצילים כבושים

Dieses Rezept gehört zu den kleinen Küchenjuwelen des Vorderen Orients. Man ißt marinierte Auberginenscheiben als Vorspeise, als Salat, in gefüllter Pitah, auch als kaltes Gemüse zwischen den Gängen einer ausgiebigen Mahlzeit.
Die Auberginen schälen, in Scheiben schneiden und entbittern (S. 99). Mit einem Küchentuch abtrocknen.
Essig mit Wasser auffüllen, zum Kochen bringen, die Auberginenscheiben bedeckt mit Essigwasser ungefähr 5 Minuten dünsten. Abgießen und abtropfen lassen.
Die Früchte mit einem scharfen Messer in Streifen oder Stücke schneiden. Das Gemüse in ein großes Einweckglas schichten. Dazwischen etwas Oregano streuen und zerdrückten Knoblauch verteilen. Das Glas mit Olivenöl auffüllen, bis das Gemüse ganz bedeckt ist. Die Auberginen brauchen eine Woche, bis sie gut durchgezogen und reif zum Essen sind.

1 kg Auberginen, 1–2 EL Salz, 1 1/2 Gläser Essig, etwa 4 Tassen Wasser, 4–6 Knoblauchzehen, 2 TL Oregano, 3/4–1 l Olivenöl

חצילים כבושים ברוטב חריף

Pikant eingelegte Auberginen

Eingelegte Auberginen sind eine der schönsten Köstlichkeiten des Vorderen Orients. Man verwendet sehr kleine, schmale Auberginen, wie man sie bei uns eigentlich nicht bekommt. Sollten Sie sie irgendwo doch entdecken, sei es auf einem Gemüsemarkt am Ende Ihrer Reise durch Israel, so lohnt es, sie mit heimzunehmen und nach folgendem Rezept einzulegen:

1 kg kleine, längliche Auberginen, 2 EL Salz, Wasser, 5 Knoblauchzehen, 1 scharfe Pfefferschote, einige Sellerieblätter, 1/4 TL Oregano, 2 Gläser Essig, 3 Gläser Wasser, 2 gestrichene EL Salz

Die Auberginen waschen. In jede Frucht einen kleinen, länglichen Schnitt kerben.
Die Früchte in Salzwasser knapp 10 Minuten kochen. So verlieren sie ihren bitteren Geschmack.
Die Früchte kalt abspülen und gut abtropfen lassen. Die Knoblauchzehen zerdrücken, Pfefferschote und Sellerieblätter sehr fein hacken. Alle drei Gewürze mit Oregano mischen. Die Masse in kleinsten Mengen in die Fruchtkerben drücken.
Die Auberginen in ein Einweckglas schichten. Wasser, Essig, Salz kurz aufkochen, zu den Früchten ins Glas gießen, so daß diese bedeckt sind. (Die Lauge eventuell etwas verlängern). Das Glas gut schließen.
Nach einigen Tagen sind die Auberginen schmackhaft und reif zum Essen. Im Kühlschrank halten sie viele Monate.

כרוב כבוש

Eingelegter Weißkohl

Das Rezept stammt aus der jemenitischen Küche.

1 mittelgroßer Weißkohl, 1 kleine Knolle gekochte Rote Bete, einige Pfefferkörner, etwa 5 Tassen mildes Salzwasser, 1 Tasse Essig

Den Kohl in feinste Streifen schneiden oder raspeln. Auch die Rote Bete raspeln. Gemüse zusammen mit den Pfefferkörnern in einen Steinguttopf schichten. Salzwasser und Essig mischen, über das Gemüse gießen, so daß es bedeckt ist. Mit einer Platte oder einem Stein beschweren. Eine Woche an einen nicht zu warmen, nicht zu kalten Ort stellen – vielleicht in den Keller – und durchziehen lassen.

פרוסות לימון כבוש

Eingelegte Zitronenscheiben

Frische, saftige Zitronen in dünne Scheiben schneiden. Die Fruchtscheiben von beiden Seiten nicht sparsam salzen, in einen Topf legen und den Topf gut schließen. Die Zitronenscheiben sollen wenigstens eine Woche durchziehen. Sie können aber auch wochenlang in dem Topf konserviert werden.
Eingelegte Zitronenscheiben werden als Beilage zu orientalischen Fleischgerichten gegessen. Ein bis zwei Stunden vor dem Servieren legt man sie in Olivenöl und bepudert sie mit Paprika.

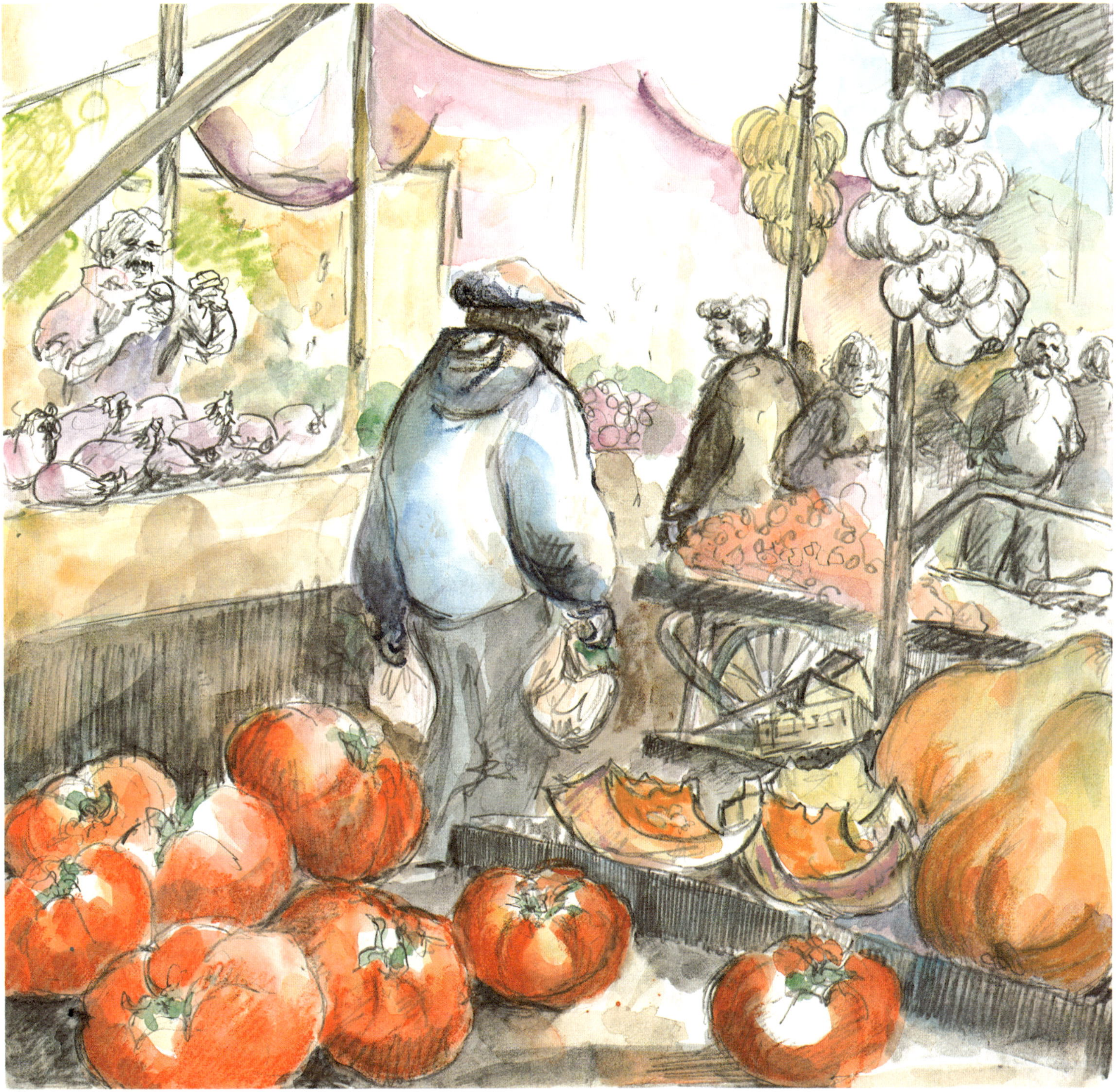

Koscher ist höchstes Gebot

In der Bibel steht an drei Stellen der Bücher Mose: „Du sollst das Böcklein nicht kochen in seiner Mutter Milch." Und als Mose sein Volk durch die Wüste führte, gebot er den Menschen, ihre Gerichte „mit Hilfe des Wassers, des Feuers und Stoffen des Tieres sowie der Pflanzenwelt" zu bereiten. Der Begriff *koscher* oder *kaschrut* ist eine uralte Bibelweisheit, die besagt, daß Blut als Wohnsitz der unsterblichen Seele gilt, während das Fleisch vergänglich ist.

Die biblischen Gebote, aus denen sich mehr als 600 Gesetze entwickelten, nach denen der orthodoxe Jude sein Leben einzurichten hat, bestimmen bis heute den religiösen, den juristischen und auch den Eß-Alltag in der jüdischen Kultur. Sie alle einzuhalten, ist zweifellos kompliziert, und der aufgeschlossene Israeli, der eher nicht-religiöse und liberale, hat seine Wege gefunden, um allzu strenge Weisungen zu umgehen. Grundsätzlich besagen die koscheren Speisegesetze, daß Milch und Fleisch nicht zusammen gegessen werden dürfen. Milch und Quark können wohl mit Gemüse oder Mehlspeisen gekocht oder aufgetragen werden, dagegen nicht mit Fleisch. Es gibt Vorschriften, die den Zeitabstand zwischen „milchigen" und „fleischigen" Genüssen regeln. Es gibt zweierlei Geschirr, sogar zwei Kühlschränke zum Aufbewahren für Milchiges und Fleischiges. Es gilt sogar die Regel, daß Besteck, Teller, Töpfe in getrennten Becken abgewaschen werden…

Bei Kenntnis dieser Vorschriften nimmt es nicht Wunder, daß auf dem reichlichen Frühstücksbuffet niemals Wurst neben Quark, Fischsalaten und Früchten steht. Und zur Fleischmahlzeit am Abend wird weder eine Rahmsauce serviert noch Milch für den schwarzen Kaffee.

Die koscheren Speisegesetze, die am Pessachfest besonders sorgfältig beachtet werden, befassen sich vor allem mit Vorschriften zur Fleischherstellung und seines Konsums. Kalb, Rind und Lamm, das Fleisch von Wiederkäuern mit gespaltenen Hufen, sowie Geflügel aller Art, sind den Juden erlaubt zu essen, ausgenommen Raubvögel. Wichtig ist jedoch, daß es koscher geschlachtet wurde und sorgfältig entblutet. Bestimmte Säugetiere hingegen, insbesondere Schweinefleisch, sind verboten. Der Verkauf von „weißem Fleisch", wie man Schweinefleisch bezeichnet, wird sogar mit Geldstrafen geahndet. Dennoch gibt es Schweinemetzger, die ihre Bußen als „Sondersteuer" auf die Preise schlagen, oder, wie Wibke Bruhns es in ihrem Buch „Mein Jerusalem" humorvoll beschreibt, ihren Laden innerhalb der Altstadt von Jerusalem betreiben, wo die Behörden ein Auge zudrücken.

Bis heute diskutieren jüdische wie nichtjüdische Gelehrte darüber, in wieweit die mosaischen Speisegesetze religiösen Ursprungs sind oder hygienischen Maßnahmen entsprechen. Ihr Sinn ist sicherlich nicht unbedingt rational erfaßbar, sondern liegt tief im jüdischen Glauben begründet.

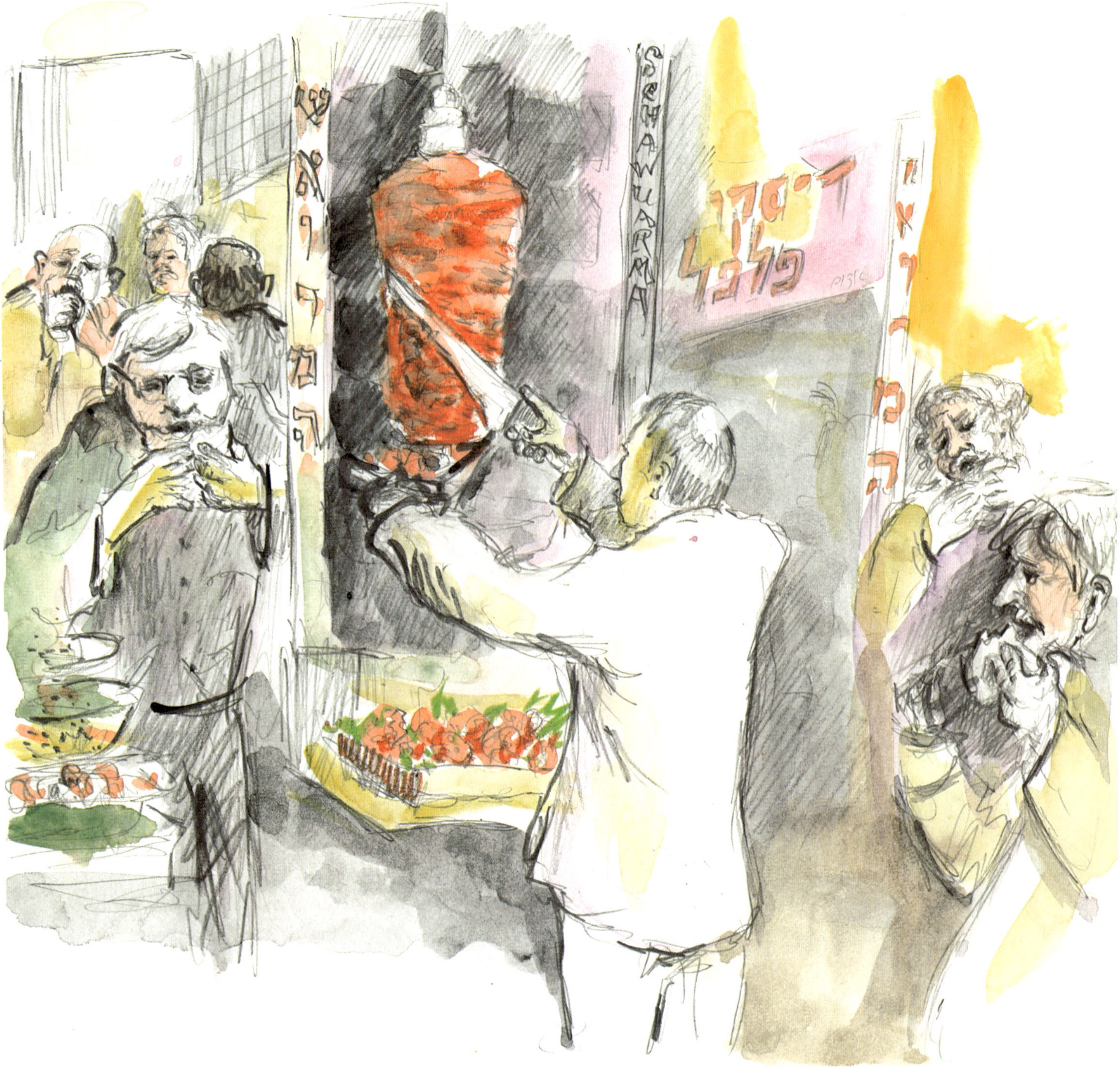
SCHAWUARMA

Das kalte Buffet

Ein Land, das Salate liebt, das allerhand Scharfes ißt, das seine Speisen lieber warm oder kalt hat als heiß, dieses Land schätzt auch kalte Buffets. Kalte Buffets werden zu allen Gelegenheiten hergerichtet: am Mittag und am Abend für den Familienkreis, am späten Abend für Freunde, zu Geburtstagen, Festen und Parties. Vielfach sind kalte Buffets orientalisch orientiert. Auf dem Tisch stehen ein Dutzend Schalen mit Salaten in allen Farben; mit *Hummus, Auberginensalaten,* mit *marinierten Fischen,* mit *Chaminados, Falafelkügelchen* und *Pickles*. Auch Knabbereien gehören dazu, Mandeln und Pistazienkerne, Sonnenblumenkerne und Nüsse. Bei besonderen Anlässen gibt es Fleischspezialitäten, *Schawarma* oder *Kabab, Schaschlik* oder *marokkanische Zigarren.*

Andere Buffets werden von europäischen und amerikanischen Partyvorstellungen inspiriert. Kunstvoll garnierte Sandwiches locken neben ausgewählten Appetithäppchen, feinen Wurst- und vegetarischen Pasteten und Platten mit kaltem Fleisch.
Zu jedem Buffet gehört immer auch frisches Obst; vor allem eisgekühlte Melonenscheiben, Trauben, Feigen, Datteln und Orangen.
Die in diesem Kapitel vorgestellten Appetithäppchen ergänzen die übrigen Kapitel mit Salaten, eingelegtem Gemüse, Eierspeisen und Fleischspezialitäten.

Avocadowürfel

קוביות אבוקדו

Avocadofleisch hat die Eigenschaft, schnell schwarz zu werden. In einer Marinade aus Öl und Zitronensaft kann man es konservieren und als milde grün-gelbe Fruchtwürfel zum Apero reichen.
Die Avocado halbieren, Kern entnehmen. Das Fleisch aus der Schale schaben, in Würfel scheiden. Aus den angegebenen Zutaten eine Marinade anrühren und über die Fruchtwürfel gießen. Vor dem Servieren die Würfel aus der Marinade nehmen, abtropfen lassen. Auf einer Glasplatte oder in einer Schüssel servieren.
Die Marinade kann als Salatsauce weiterverwendet werden.

1 oder 2 nicht zu weiche, aber reife Avocado, 1/2 Glas Zitronensaft, 1/3 Glas Olivenöl, 3/4 TL Salz, einige Umdrehungen Pfeffer, 1 Messerspitze scharfer Paprika

רצפת חרשפים

*Die Zutaten für 12 Artischocken
Artischockenböden (aus der Dose),
2 EL Mayonnaise, 2 EL saurer Rahm,
1 hartgekochtes Ei, 1 TL gehackte Kapern,
Pfeffer, Salz oder Aromat, 1 Prise Zucker,
feingewiegte Kräuter (z.B. Dill)*

Artischockenböden

Die Artischockenböden abtropfen lassen. Die Böden glatt schneiden, so daß sie eine Standfläche haben. Alle Zutaten zu einer Creme verrühren. Abschmecken; wie kleine Hütchen auf den Artischocken verteilen. Auf einer Platte arrangieren.

שמפיניון ממולא

*Die Zutaten für 20 große Champignons
ca. 250 g Champignons, Fett zum Braten,
1 Glas trockener Weißwein, 2 grüne
Zwiebeln, Salz, Pfeffer, 1 Knoblauchzehe, 2 EL Semmelmehl, 1 Handvoll
Petersilie*

Gefüllte Champignons

Die Champignons gut reinigen und abtrocknen. Die Pilzstiele mit einem scharfen Messer aus den Pilzhütchen lösen. Die Pilzhütchen in heißem Fett von beiden Seiten dünsten, so daß sie hellbraun werden. Zum Schluß einen Schuß Wein dazugießen und von den Pilzen aufsaugen lassen. Die Pilze in eine flache feuerfeste Form stellen, mit den Öffnungen nach oben.
Pilzstiele und Zwiebeln hacken, Knoblauch zerdrücken. Die drei Zutaten im Fett 5 Minuten dünsten, einen Schuß Wein dazugießen und einkochen lassen. Mit Salz und Pfeffer abschmecken. Die Petersilie hacken, zusammen mit dem Semmelmehl unter die Masse mischen, mit dem Rest Wein zu einer festen Masse rühren.
Die Masse teelöffelweise in die Champignonhütchen füllen. Die Pilze bei 200 Grad 10 Minuten im Ofen backen. Sie sollen weich sein und leicht braun aussehen.

כבד עוף קצוץ עם ביצה ות"א

*Die Zutaten für eine mittelgroße Schüssel
4 mittelgroße Kartoffeln, 2 hartgekochte
Eier, 1 große Zwiebel, etwas Öl zum
Anbraten, 100 g Hühnerleber, Salz,
Pfeffer, Paprika, Muskat, etwas Bouillon*

Eingehacktes

Eine jüdische Spezialität aus der polnischen Küche.
Die Kartoffeln kochen, pellen und mit einer Gabel zerquetschen. Die Eier hacken. Leber kurz anbraten und fein hacken, Zwiebel ebenfalls fein hacken. Alle Zutaten miteinander mischen oder im Mixer pürieren, evtl. etwas Bouillon verwenden.
Mit den Gewürzen abschmecken.
Das „Eingehackte" wird warm oder auch kalt auf Salatblättern oder auf Mazza serviert.

קוביות כבד צלוי

*Die Zutaten richten sich nach der Anzahl
der Gäste. Aus vier Scheiben Kalbsleber
können Sie 16–20 Stückchen schneiden.
4 Scheiben Kalbsleber (oder vom Lamm),
Olivenöl, 2 EL Essig, Salz, Pfeffer, 1 Prise
Zucker, Öl, Petersilie, 2 grüne Zwiebeln,
Zitronensaft, Avocadoschnitze oder
Cräcker*

Gebratene Leberstückchen

Die Leber in Stücke schneiden. Aus Öl, Essig, Salz, Pfeffer, Zucker eine Marinade anrühren; die Leberstückchen darin zwei Stunden marinieren. Abtropfen lassen. In heißem Öl kurz von beiden Seiten braten, so daß die Leber außen fest wird, innen aber weich bleibt. Aus der Pfanne nehmen und auf Küchenkrepp abkühlen lassen.
Petersilie und Zwiebeln hacken. Schmale Avocadoschnitze schneiden, auf einer Platte anrichten und mit Zitronensaft beträufeln. Die Leberstückchen auf die Früchte setzen, mit Petersilie und Zwiebeln bestreuen, eventuell nochmals mit ein paar Tropfen Zitronensaft beträufeln. Statt Avocado können Sie auch Cräcker verwenden.

Lebercreme

Lebercreme ist eine typisch jüdische Spezialität aus Osteuropa. Man serviert sie auf Salatblättern oder in kleinen Zwiebelschalen als Vorspeise, als Füllung in Gemüse oder in Blätterteiggebäck, und man verwendet sie als Brotaufstrich.

Die Zwiebeln sehr fein hacken, in Fett kurz und hellbraun dünsten. Die Leber hinzugeben, einige Minuten durchbraten. Abkühlen lassen.
Die Leber hacken und mit einer Gabel oder im Mixer pürieren. Nach und nach die Flüssigkeit unterrühren, bis eine weiche Creme entsteht. Sie können die Masse auch mit Milch cremig rühren. Sie entwickelt einen fast sahnigen Geschmack, ist jedoch nicht koscher.
Die Leberpastete mit Salz, Pfeffer, Zitronensaft oder Cognac abschmecken. Sie soll 2–3 Stunden kühl und abgedeckt stehen. Abgedeckt, damit sie nicht schwarz wird.

ממרח כבד

Die Zutaten für 1 kleine Schüssel
Zwei große Zwiebeln, etwas Butter oder Margarine, 250 g Hühnerleber,
ca. 2 EL Bouillon (oder Milch), Salz, Pfeffer, 1 EL Zitronensaft (oder Cognac)

Hühnermägen

Eine jüdische Spezialität aus der osteuropäischen Küche.
Hühnermägen aus dem Tiefkühlfach sind sofort verwendbar. In Israel werden sie vielfach frisch gekauft, und sie müssen zunächst aufgeschnitten und sehr sorgfältig gereinigt werden. Die Mägen brauchen längere Zeit, um weich zu kochen. Am besten kocht man sie 30 Minuten im Dampfkochtopf in der Bouillon, zusammen mit Zwiebeln, Karotten und Pfefferkörnern. Die Mägen aus der Bouillon nehmen, abtropfen lassen und in Häppchen schneiden. 500 g Hühnermägen ergeben etwa 30 Häppchen.
Sie stellen drei Teller bereit: einen mit Mehl; den zweiten mit verquirltem, leicht gesalzenem Ei; den dritten mit Mazzamehl, gewürzt mit Pfeffer, Knoblauch und Kardamon. Die Mägen der Reihe nach in Mehl, Ei, Mazzamehl wälzen, dann im heißen Fett braten, bis sie braun sind.

קורקבן עוף

500 g Hühnermägen (auch tiefgefroren), 4 Gläser Hühnerbouillon, 1 große Zwiebel, 2 Karotten, einige Pfefferkörner, 1/2 Glas Mehl, 1 Ei, etwas Salz, 1 Glas Mazzamehl oder Semmelmehl, Pfeffer, 1/4 TL Knoblauchpulver,
1/4 TL Kardamon, Öl

Nuß-Creme

Die Zwiebeln sehr fein hacken, im Fett hellbraun anrösten. Eier und Nüsse sehr fein hacken. Alle Zutaten mischen, würzen und mit etwas Rahm cremig rühren. Einige Zeit im geschlossenen Behälter in den Kühlschrank stellen. Eine feine Creme für Appetithäppchen: auf Cräckern, in ausgehöhlten kleinen Tomaten, auf Orangenscheiben und als Brotaufstrich.

קרם אגוזים

Die Zutaten für eine kleine Schüssel
3 grüne Zwiebeln, etwas Fett zum Braten, 2 hartgekochte Eier, 2 Hände voll Walnüsse, 2–3 EL saurer Rahm, Salz, Pfeffer

Anschovis-Aufstrich

Man mischt 100 g weiche Butter mit 2 EL Anschovis- oder Sardellenpaste, mit 2 hartgekochten, gehackten Eidottern und einigen Tropfen Zitronensaft.
Ein sehr rassiger Aufstrich für Cräcker, auch für Kohlrabischeiben.

ממרח אנשובי

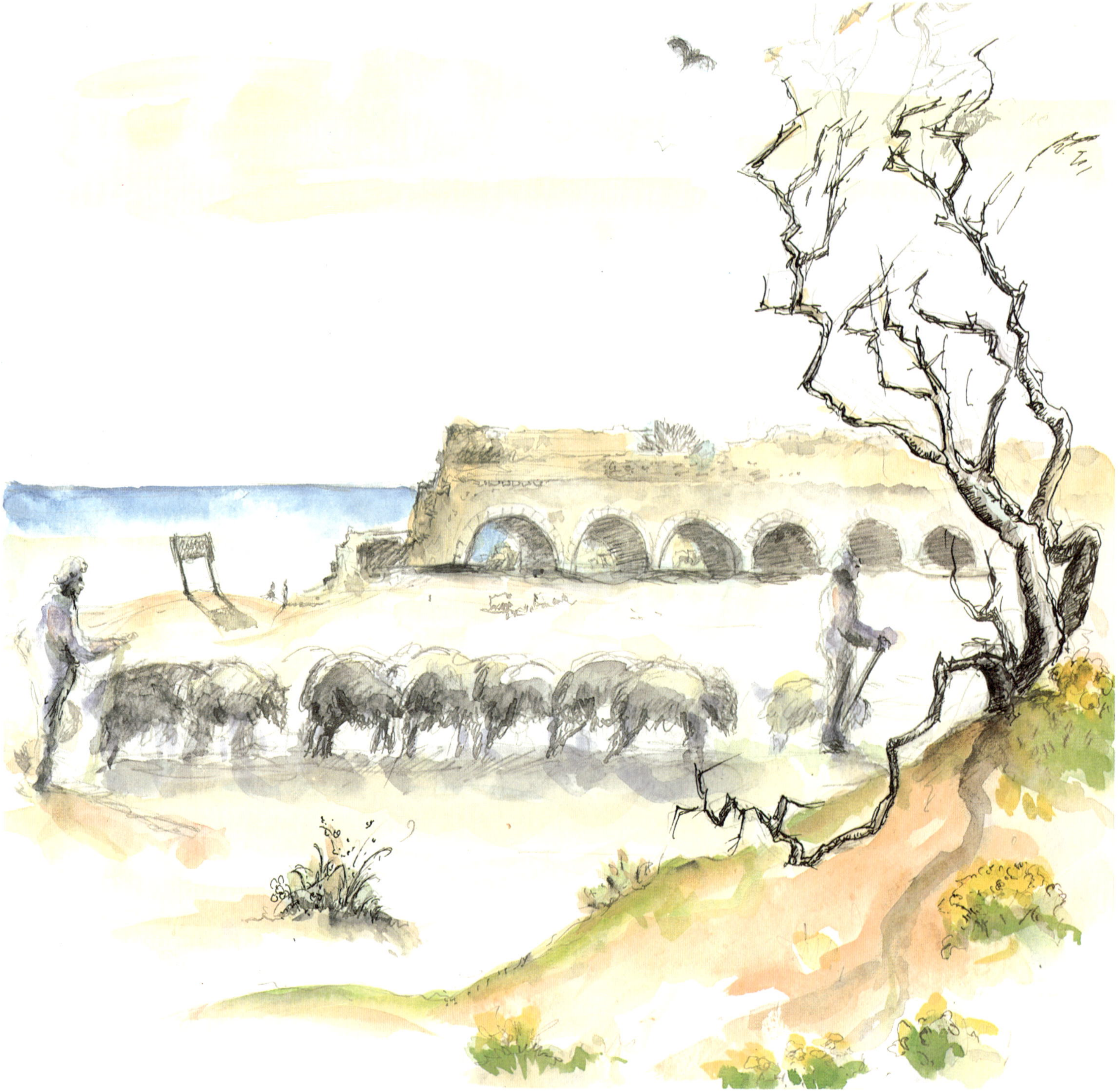

Marokkanische Zigarren

Das Hackfleisch in wenig Bouillon kurz durchkochen. Leber einige Minuten in heißem Öl braten, dann hacken. Beide Fleischsorten mit den Gewürzen kräftig abschmecken und (am besten im Mixer) zu einer feinen Masse pürieren.
Den Teig hauchdünn ausrollen (Tisch vorher mit Mehl abreiben). Den Teig in Rechtecke schneiden, etwa 10 x 12 cm. Diese einmal quer durchschneiden.
In jedes Rechteck ein dünnes Würstchen, aus der Fleischmasse gerollt, legen; den Teig zur Zigarre aufrollen. Mit Eidotter bepinseln. In siedendem Öl fritieren, bis sie goldbraun sind. Die marokkanischen Zigarren eignen sich gut für den Vorrat. In diesem Fall, noch nicht mit Ei bespinseln, in das Gefrierfach legen.

סיגרים מרוקאים

Die Zutaten für 24–30 Stück
500 g Blätterteig, 400 g Hackfleisch vom Rind, 100 g Hühnerleber, 1/2 Tasse Fleischbouillon, Salz, Pfeffer, gemahlener Kümmel, gemahlene Pfefferschote, etwa 2 Eidotter, reichlich Öl zum Fritieren

Féta-Bällchen

Als Jossi mir das Rezept von den „Féta-Bällchen" aus der Haaretz mitbrachte, war ich voreingenommen. Auf der Suche nach typischen israelischen Küchengenüssen begegnete ich dem griechischen Féta-Käse. Die Rezepteschreiberin ließ jedoch wissen, daß ihre Féta-Version einer landeseigenen Produktion entspricht: Féta wird seit einiger Zeit auch in Israel hergestellt. Ich probierte das Rezept aus. Die Féta-Bällchen schmecken so köstlich, daß wir sie seither nicht nur unseren Gästen zu einem kalten Buffet anbieten, sondern auch als Beilage zu zartem Gemüse und zu Fleischgerichten essen.
Den Féta-Käse in einer Schüssel zerbröckeln, geriebenen Käse und Eier hinzufügen, gut mischen. 3–4 EL Mazzamehl unter die Masse rühren, mit Pfeffer und wenig Muskat würzen.
Aus dem Teig zwischen den Handflächen kleine Bällchen drehen. Als Beilage drehe ich größere Kugeln. Die festen Käse-Bällchen in Mazzamehl wälzen, in kochendes Salzwasser gleiten lassen, ein Stückchen Butter beigeben und so lange kochen, bis sie an die Oberfläche kommen. Dann aus dem Wasser nehmen und auf einem Küchenkrepp abtropfen lassen. Wenn die Bällchen nicht gleich gegessen werden, gibt man sie zur gegebenen Zeit in den Backofen und wärmt sie auf. Sie schmecken am besten warm.

כדורי גבינה פיקנטים

Die Zutaten für etwa 30 kleine Bällchen
250 g Féta-Käse, 100 g geriebener Katschkaval (S. 80) oder eine andere Käsesorte, 3 Eier, 4–5 EL Mazzamehl (oder Semmelmehl), weißer Pfeffer, Muskat, etwas Butter

Sardinen-Aufstrich

Sardinen gehören zu fast jedem kalten Buffet. Entweder bietet man sie als ganzen Fisch an, als Fischfilet oder als eine Art Aufstrich zu arabischem Brot, zu Cräckern oder Toast. Die Sardinen abtropfen lassen und mit der Gabel zerquetschen. Die Zwiebel fein hacken, die Oliven grob hacken. Mit allen anderen Zutaten vermischen, scharf abschmecken, zu einer cremigen Masse rühren.
Sie können das S'chug auch weglassen, dann ist die Sardinenpaste wesentlich milder.
Variante
Eine Dose abgetropfte Sardinen mit 1/2 Becher Quark mischen. Mit Pfeffer würzen. Ein beliebter Brotaufstrich auch zum Frühstück.

ממרח סרדינים

1 Dose Sardinen, 1 grüne Zwiebel, 1/2 Tasse grüne Oliven ohne Kerne, 1/2 Becher saurer Rahm, Salz, einige Umdrehungen Pfeffer, einige Tropfen Zitronensaft, 1/2 TL S'chug

Koscheres Buffet
in einem Hotel in Arad

Spaghetti mit Tomaten-Paprikasauce
Kohlgemüse mit Kümmel

Kartoffelpüree in Blätterteig
Latkes
Fritiertes St. Petri-Filet

Auberginenscheiben, in Ei paniert und gebacken
Auberginensalat mit Tahina
Türkischer Salat
Frische grüne Gurken, gewürfelt, in Joghurtsauce
Tomaten-Gurkensalat
Eingelegte grüne Pfefferschoten
Radieschensalat
Karottensalat

Pitah

Blintzen, gefüllt mit Quark und Rosinen
Blintzen, gefüllt mit Apfelmus, Rosinen, gewürzt mit Zimt

Kaltes Wasser
Kaffee und Milch
Tee

Die Menschen, ihre Herkunft, ihre Religionen

Israel zählt rund 4 Millionen Einwohner. Seine Einwanderungsgeschichte ist einmalig. Aus 102 Ländern kamen Menschen ins Land von unterschiedlichster sozialer und historischer Herkunft, kultureller Werte und Verhaltensmuster. Die meisten hatten nie etwas von Demokratie erfahren. Alle aber mußten in einen neuen Staat integriert werden. Mit über 80% ist die jüdische Bevölkerung die absolute Majorität. Etwa die Hälfte von ihnen sind *Sabres*, die im Land Geborenen (S. 159). Die anderen stammen aus Europa und Amerika, Afrika und Asien. Dabei sind Juden und Israelis keineswegs identische Namen für die heutigen Bürger des Landes.

Juden

Nach dem Religionsgesetz, der *Halacha*, gilt jeder Jude sein Leben lang als solcher, der eine jüdische Mutter hat oder zum Judentum übergetreten ist. Das Judentum ist die älteste der drei monotheistischen Religionen, die in Jerusalem, in einem Umfeld von nur wenigen hundert Metern, ihre Heiligen Stätten haben. Es gründet seine Lehre auf die *Thora*, die Bücher der Bibel (des Alten Testaments), und auf den *Talmud*, der Lebensweisheiten, Legenden, Interpretationen und Anregungen zur Thora enthält. Die Mehrheit der jüdischen Bevölkerung ist aber weder fromm noch religiös. Sie anerkennt jedoch die wichtige Rolle der Religion für das Fortbestehen ihres Volkes. Jüdische Religion und Kultur sind so tief miteinander verwurzelt und selbst im Alltag untrennbar, daß das eine ohne das andere nicht wegzudenken ist aus dem jüdischen Sein. Als streng religiös werden etwa 12% der Bevölkerung bezeichnet. Die jüdischen Glaubensgemeinschaften in Israel gliedern sich heute in zwei Gemeinden auf:
Die *Askenasim* haben ihren Namen von der hebräischen Bezeichnung für Deutschland = Aschkenas. Die Tradition des deutschen Judentums hat sich vor allem in Mittel- und Osteuropa ausgeweitet, so daß heute das gesamte europäische und darüber hinaus auch das Judentum Amerikas, Australiens und Südafrikas gemeint ist. Die gemeinsame Sprache der Askenasim war das *Jiddisch*.

Die *Sephardim* haben ihren Namen vom hebräischen Wort für Spanien = Sepharad. Sie lebten auf der Iberischen Halbinsel, bis sie 1493 von dort in die Diaspora vertrieben wurden, vorwiegend nach Nordafrika. Vom spanischen Judentum gingen starke Impulse auf das Judentum im ganzen Vorderen Orient aus, und das Wort ist heute im weiten Sinne die Bezeichnung für das orientalische Judentum, für die aus Marokko, Tunesien, Algerien und dem Irak ins Land gekommenen.

Araber

Die Araber sind die größte Minderheit in Israel und überwiegend moslemischen Glaubens. Sie brauchen keinen Wehrdienst zu leisten und können ihre Religion in den rund 100 Moscheen des Landes frei ausüben. Die Araber bilden seit 636 n.Chr. einen Teil der ansässigen Bevölkerung im einstigen Palästina. Heute leben sie meist in Dörfern in Galiläa, auf dem Carmelgebirge und im Hügelgebiet von Samaria. Ein anderer Teil lebt in Ostjerusalem, wieder andere leben in Nazareth. Durch die Besetzung von Cis-Jordanien und des Gazastreifens stehen heute außerdem noch 1 Million Araber unter israelischer Herrschaft. Die Grundlage des islamischen Glaubens ist der *Koran*, der durch den Propheten Mohammed aufgeschrieben wurde. Im Koran stehen die Richtlinien für das tägliche Leben und die Religionsgebote. Den Moslems ist beispielsweise Alkohol und Schweinefleisch verboten. – Die islamischen Feiertage sind beweglich, wie die der Juden.
Die wichtigsten sind:
Freitag: Wöchentlich wiederkehrender Feiertag und Heiliger Tag, an dem die Geschäfte geschlossen sind und die Moscheen während der Gottesdienste nicht von Fremden betreten werden dürfen.
Achura: Neujahr mit festlichen Umzügen und Essen.
Malud: Mohammeds Geburtstag, der mit einem mehrtägigen Fest gefeiert wird.
Chabana: Der Tag vor Beginn des Ramadan wird mit festlichen Essen und Feuerwerk begangen.
Ramadan: Der Fastenmonat der Moslems (S. 171).
Id al Fitr: Ende des Ramadan, das mit einem dreitägigen Fest gefeiert wird.
Id al Adha: Ein Opferfest zur Erinnerung an die Opferung Isaaks durch Abraham (S. 119).

Beduinen

In Israel leben etwa 40 000 Beduinen, die meisten von ihnen in der Wüste Negev. Sie stammen von den nomadisierenden Arabern ab und kamen im Mittelalter in den Sinai und den Negev. Sie sind Moslems.
Die Beduinen leben von Tierzucht: von ihren Schafen, Ziegen und Kamelen. Sie ziehen umher, immer auf der Suche nach neuen Weideplätzen. Die israelischen Behör-

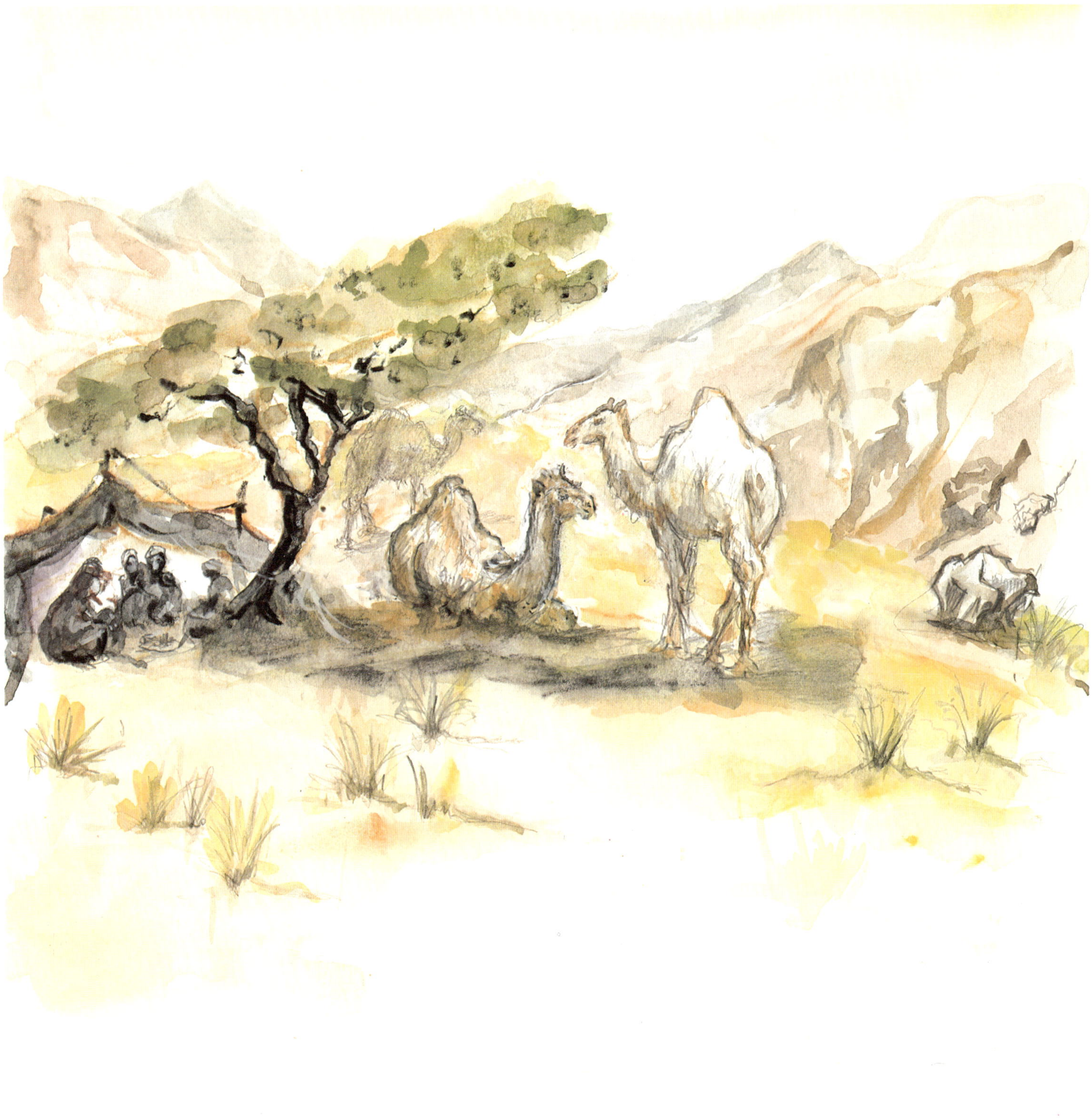

den sind bemüht, die Beduinen des Negev seßhaft zu machen. So ist das Kamel weitgehend von Lastwagen und Jeeps abgelöst worden. Ein großer Teil der Negev-Beduinen ist aus ihren Zelten in einfache, feste Behausungen gezogen. Die jüngere Generation wandert mehr und mehr ab und geht einer festen Arbeit nach.

Christen

Die Christen sind eine bescheidene Minderheit. Sie zählen etwa 75 000 Mitglieder, von denen die meisten christliche Araber sind. Die übrigen Christen splittern sich in etwa 30 verschiedene Gruppen auf, und diese leben überwiegend in und um Jerusalem, um sich der Bewahrung der Heiligen Stätten zu widmen.

Bahais

Auch die Bahais sind eine kleine Religionsgemeinschaft, die Mitte des vorigen Jahrhunderts ihren Anfang in Persien nahm. Ihr Religionsstifter *Bahaiullah* wurde in Persien getötet und sein Leichnam 1939 nach Haifa gebracht. Seitdem ist der imposante goldbekuppelte Bahaitempel in Haifa das Zentrum dieser jungen Religion.

Drusen

Die Drusen, eine kleine religiöse Sekte islamischen Ursprungs, leben vorwiegend in einigen Dörfern im Carmelgebirge, Galiläa und auf den Golanhöhen. Sie sprechen arabisch, leisten aber Wehrdienst in der israelischen Armee.

Samarier

Die Samarier sind eine winzige Gemeinde von nur etwa 100 Familien, die in und um Nablus, in der Nähe ihres heiligen Berges Grisim, leben. Sie lassen ausschließlich die Thora als Religionsgrundlage gelten.

Jemeniten

„Als Sanherib das Königtum Israel vernichtete und das Königtum Jehuda überfiel, führte er die Juden in die Gefangenschaft. Nicht nur Juden versetzte er von einem Land ins andere, sondern mischte alle Völker durcheinander. Er war es auch, der die Juden nach Europa schickte, und auch nach Jemen. Seit damals gibt es Juden im Jemen und nicht seit der Zeit des Königs Schelomo, wie diejenigen sagen, die es nicht genau wissen. Das war zur Zeit des Königs Hiskijahu und des Propheten Jeschajahu."[5]

Als die jemenitischen Juden 1950, nach langer Wanderung durch die Wüste, mit dem Flugzeug in Israel eingeflogen wurden, sprachen sie von einem „fliegenden Teppich", den die Regierung unter Ben Gurion für sie ausbreiten ließ. – Die Jemeniten sind in ihrer Kultur, in ihrer Lebensart, auch in ihren Eß- und Diätgewohnheiten bis heute ein eigenwilliges Völkchen. Man sagt ihnen nach, daß sie wie Schmalhälse äßen, einfach und gesund, und dabei ein biblisches Alter von 100 Jahren erreichten. Zu ihren Speisen gehören Getreide und Hülsenfrüchte, Gemüse, Nüsse, Sesam und Oliven, Milch von Schafen, Ziegen und Kamelen, Innereien von Tieren und, als eine besondere Delikatesse, Wüstenheuschrecken, die sie im Ofen rösten.

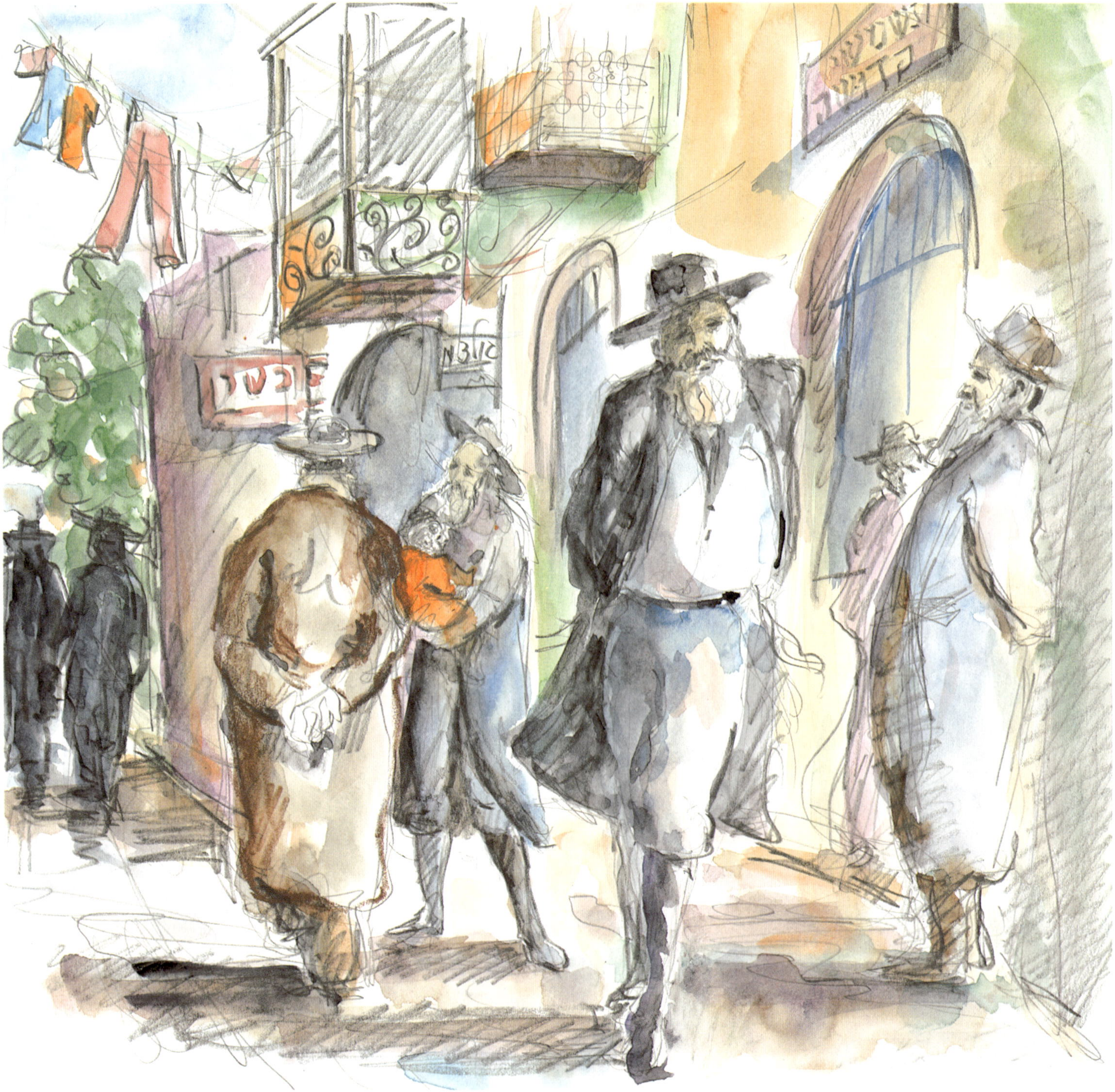
כשר

Typische jüdische und orientalische Spezialitäten

Tahina טחינה

Tahina ist eine Paste aus gemahlenen Sesamsamen und Wasser, die man in allen orientalischen und jüdisch orientierten Läden kaufen kann, meist in kleinen Töpfen und Gläsern zu 200–300 g. Tahina gehört zur orientalischen bzw. zur israelischen Küche wie Auberginensalat und Hummus, und es wird vielfältig verwendet: als Vorspeise, als Salatsauce, als pikant gewürzte Sauce zu vielen kalten und warmen Hauptgerichten, zu Fleisch und Fisch.
Häufig wird Tahina ohne zusätzliche Gewürze, lediglich mit etwas glatter, gehackter Petersilie, in einem kleinen Teller serviert.

Gewürzzugaben

1–2 zerdrückte Knoblauchzehen, etwas Salz, Zitronensaft und gemahlener Kümmel ergeben eine herbe Paste.
Gewürzt mit einem kräftigen Schuß Zitronensaft, mit etwas Senf und Chilipulver schmeckt Tahina scharf säuerlich.
Mit einer zerdrückten Knoblauchzehe, 1 Prise Zucker, einigen Tropfen Zitronensaft und 1 Tasse gemahlenen Walnüssen schmeckt Tahina milde.
Die Jemeniten würzen Tahina mit S'chug oder mit rotem gemahlenen Pfeffer.

Hummus חומוס

Hummus sind haselnußgroße, maisfarbene Erbsen, die im Geschmack und im Nährwert Hülsenfrüchten ähneln. Bei uns kennt man Hummus unter dem Namen *Kichererbsen.* Hummus wird sehr viel gegessen und verschiedenartig verwendet: die ganzen Früchte für Fleischgerichte und Eintöpfe, püriert für Salate, vor allem als Vorspeise und Pitah-Dip.
Während man Hummus früher tagelang einweichen und stundenlang kochen mußte, damit die Erbsen weich und gut zum Verarbeiten wurden, gibt es heute beste Quali-

täten, die gerade eine Nacht im Wasser weichen. Noch einfacher hat die Hausfrau es, wenn sie Hummus in der Einweichflüssigkeit, abgefüllt in Gläser oder Dosen, kauft. Spricht man in Israel von Hummus, so ist fast immer das Kichererbsenpüree gemeint, das pikant gewürzt und mit Tahina angereichert zu den populärsten Vorspeisen bzw. Salaten im Land gehört.

חומוס עם טחינה

Zutaten für eine mittelgroße Schüssel
1 1/2 Gläser eingeweichte Kichererbsen, Saft von 2–3 Zitronen, 2–3 Knoblauchzehen, Salz, 3/4 Glas Tahina, etwas Einweichwasser

Zum Garnieren
Olivenöl, gehackte Petersilie, süßer Paprika

Hummus mit Tahina

Die eingeweichten Kichererbsen müssen ungefähr eine Stunde kochen, damit sie zum Pürieren weich genug sind. Die Kochdauer hängt von der Qualität der Früchte ab. In einem Sieb abtropfen lassen. Das Kochwasser nicht sogleich fortgießen. Am einfachsten püriert man die Kichererbsen im Mixer: zusammen mit etwas Zitronensaft und etwas Kochwasser. Dann nach und nach die gehackten Knoblauchzehen hinzugeben, Tahina, weiteren Zitronensaft, evtl. etwas Salz und etwas Kochwasser zufügen. Das Püree darf nicht zu dünnflüssig sein, sondern eine cremige Paste bilden. Der Geschmack wird durch die Mengen von Tahina, Zitronensaft und Knoblauch variiert.

Die arabischen Frauen bereiten Hummus heute noch in traditioneller fleißiger Handarbeit zu: Sie passieren die weichen Kichererbsen durch ein Sieb, fügen Zitronensaft und Knoblauch hinzu. Den Knoblauch zerstampfen sie, vermengen ihn mit Salz und mischen ihn unter das Püree.
Hummus wird stets auf gleiche Weise angerichtet: Man streicht die Masse in einen meist tiefen Teller und schmiert sie dick an die Ränder. Die Mitte ist nur dünn bedeckt. Man träufelt ein wenig Olivenöl in die Mitte, streut süßen Paprika darüber und gehackte Petersilie.
Zu Hummus wird in der Regel arabisches Brot gegessen.

Variante
Die Jemeniten lieben Hummus scharf. Sie würzen es mit gemahlenen roten Pfefferschoten oder mit S'chug.

רסק חצילים עם טחינה

Zutaten für eine kleine Schüssel
2–3 mittelgroße Auberginen (ca. 400 g), 2–3 EL Tahina (aus der Dose), Zitronensaft, 2 Knoblauchzehen, Salz

Auberginenpüree mit Tahina

Die Auberginen brennen, backen oder grillen (S. 99). Die Früchte schälen, grob zerschneiden, in einem Sieb ausdrücken, so daß viel Feuchtigkeit abtropft. Die Auberginen sehr fein hacken, in eine Schüssel geben, Tahina hinzufügen, mit einer Gabel cremig schlagen. Mit Zitronensaft, zerdrücktem Knoblauch und Salz abschmecken. Im Mixer wird das Püree selbstverständlich feiner.

Varianten
Anstelle von Tahina nehmen Sie 1 hartgekochtes Ei und 3 EL Mayonnaise; außerdem 1 grüne Zwiebel, Zitronensaft und Salz.

Eier und Zwiebel sehr fein hacken. Alle Zutaten mit Auberginenpüree verrühren und abschmecken.
Scharf würzt man das Püree mit gehackter grüner Zwiebel, Knoblauch, Pfeffer und scharfem Paprika oder S'chug.

Auberginenscheiben in Joghurt

פרוסות חצילים עם יוגורט

Die Altstadt von Jerusalem birgt viele Geheimnisse, und eines der leckeren entdeckt man in den vielen kleinen Restaurants rund um den Gemüsemarkt. Dieses Rezept habe ich von Yishuv, der seine Auberginensalate jeden Tag frisch zubereitet.

Die Auberginen in Scheiben schneiden, salzen, eine Weile einwirken lassen. Abspülen und abtrocknen. Die Scheiben von beiden Seiten reichlich mit Öl einpinseln, auf ein Blech legen und im sehr heißen Ofen backen. Wenn die obere Seite braun ist, die Scheiben wenden und von der anderen Seite ebenfalls braun und weich backen. Derweil den Knoblauch fein hacken und unter den Joghurt rühren. (Die Joghurtmenge richtet sich nach der Auberginenmenge.) Die Scheiben sollen gut durchtränkt werden. Minze und hauchdünne Zwiebelringe unter den Joghurt mischen, mit Salz, Pfeffer, Zucker abschmecken.
Die Auberginenscheiben (oder halben Scheiben oder Würfel) abwechselnd mit der Joghurtsauce in eine Schüssel schichten. Sie sollen kühl stehen und einen halben Tag durchziehen.

Zutaten für eine mittelgroße Schüssel
2–3 große Auberginen (ca. 500 g),
Olivenöl, 1–1 1/2 Becher Joghurt,
2 große Zehen Knoblauch, wenig Zucker,
Salz, Pfeffer, gehackte frische Minze
(oder Petersilie), reichlich Zwiebelringe
von grünen Zwiebeln

Pirogen

פירושקי

Pirogen sind eine russische Spezialität, eine Art Krapfen mit feinen Füllungen. Man verwendet meist einen Hefeteig (S. 26), rollt diesen dünn aus, schneidet etwa 10 cm große Quadrate. Die Teigstücke werden gefüllt, zu Dreiecken oder halbmondförmig zusammengeklappt, mit Eigelb oder Wasser bepinselt und im Ofen bei 200 Grad goldgelb gebacken. Die fertigen Pirogen werden warm gegessen, und das Wichtigste: stets mit reichlich saurem Rahm begossen.

Die Füllungen für Pirogen sind ähnlich wie die für Blintzen (S. 74). Zu Schawuot werden vor allem Quarkfüllungen gegessen, verfeinert mit Früchten und Honig. Zu herzhaft gefüllten Pirogen serviert man gerne eingelegte Gemüse, scharfe Pfefferschoten oder grünen Salat.

Die Kartoffeln mit einer Gabel zerquetschen. Die Zwiebel in dünne Ringe schneiden und goldbraun braten. Alle Zutaten mischen und würzen.

Beliebt ist eine Kartoffelfüllung
Auf 3–4 gekochte Kartoffeln 1 Zwiebel,
wenig Hühnerbouillon, Salz, Pfeffer,
Muskat

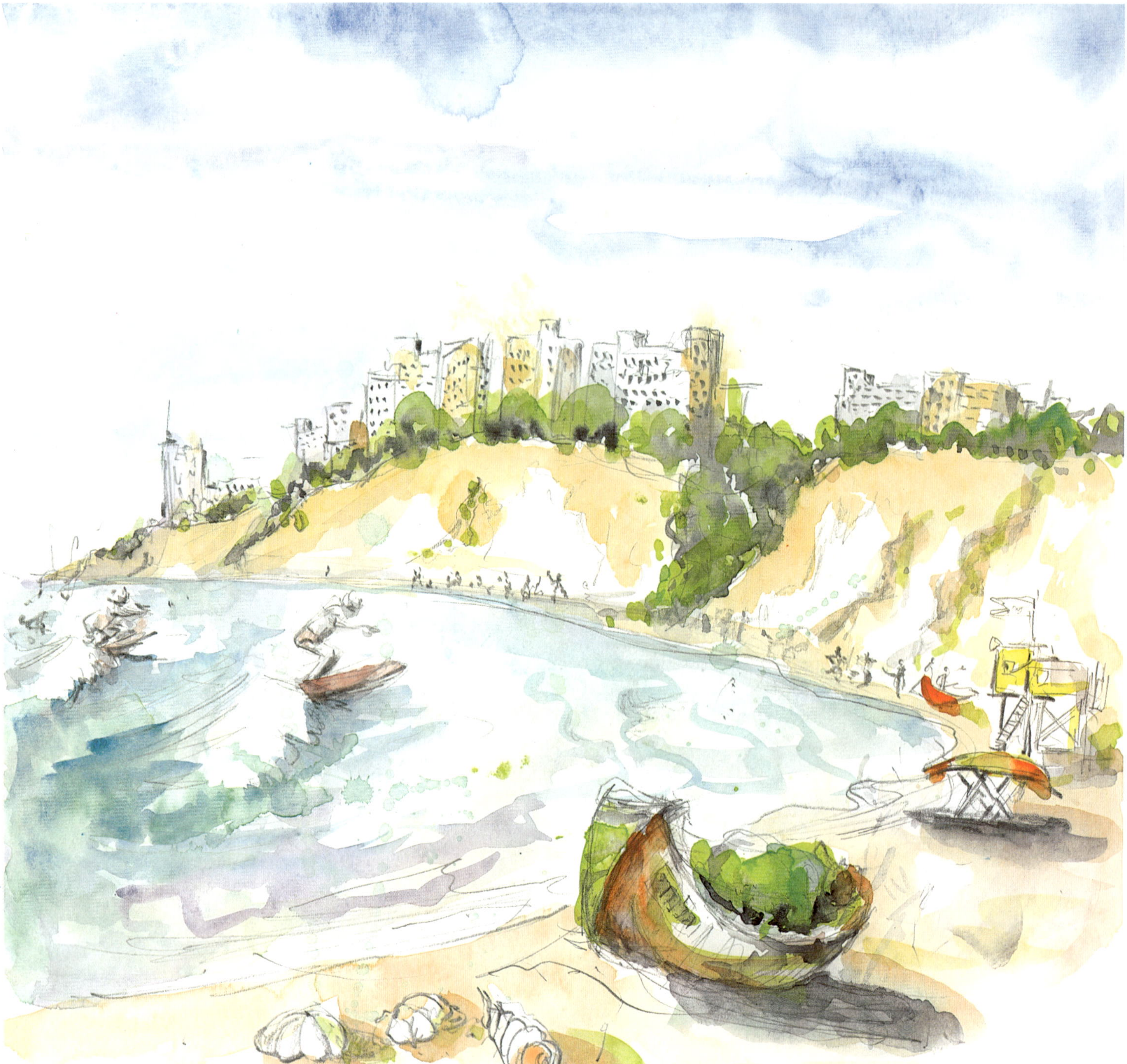

Falafel

פלפל

Wenn es etwas gibt, über das sich Araber und Juden einig sind, dann sind es Falafel: jene kleinen braunen Kügelchen aus Hummusbrei, die in eine Pitah-Tasche gefüllt werden, zusammen mit allerlei pikanten Mixed Pickles und Tahina. Falafel ist die volkstümlichste Spezialität der israelischen Küche, eine Art Snack oder kleine Mahlzeit, ein Hungerstiller und ein Genuß für Zwischendurch.
Ganz korrekt sind Falafel nur die fritierten Hummus-Kugeln. Man bereitet sie für orientalische Buffets zu, reicht sie zu Getränken, serviert sie als Vorspeise oder – und als solche nimmt man sie als Erinnerung mit – man füllt sie in Pitah.

Hummus über Nacht einweichen, gleichzeitig das Backpulver ins Wasser geben. Eine Stunde vor Zubereitung des Teiges den Burghul zum Hummus ins Weichwasser geben. Er muß ganz mit Flüssigkeit bedeckt sein.
Hummus und Burghul in ein Sieb schütten und abtropfen lassen. Das Brot einweichen, sehr gut ausdrücken. Alle Zutaten, auch die zerdrückten Knoblauchzehen, Petersilie und Gewürze, in eine große Schüssel geben und sorgfältig verkneten: mit den Händen oder mit der Gabel. (Oder Sie pürieren den Teig im Mixer.)
Den Teig sehr würzig abschmecken. Wenn er zu fest ist, wenig Zitronensaft zugeben. Ist er zu weich, Semmelmehl in den Teig geben.
Mit feuchten Händen kleine Kugeln formen, in Semmelbröseln wälzen. Auf einer großen Platte auslegen und 1/2 Stunde ruhen lassen.
Die Falafel im heißen Öl schwimmend ausbacken, bis sie goldbraun sind. Auf Küchenkrepp abtropfen lassen. Sie schmecken am besten warm.
Man findet übrigens fertige Falafelmischungen in orientalischen Läden sowie in einigen Delikatessengeschäften.

500 g Hummus (Kichererbsen), 1 TL Backpulver, 1/4 Tasse Burghul, 1–2 Scheiben Weißbrot, 2 Knoblauchzehen, 1 Handvoll gehackte Petersilie, 1 TL Salz, 1/2 TL gemahlener Kümmel, 1/2 TL Korianderpulver, schwarzer Pfeffer, Chilipulver, 1/2 TL Paprika, etwa 2 EL Semmelmehl, einige Tropfen Zitronensaft, reichlich Öl zum Fritieren

Beliebte Pitah-Füllungen
Falafelkugeln, diverse Mixed Pickles, Salate und marinierte Auberginen, Tahina.
Die Pitahtasche buttern, kleingeschnittene Salatblätter und Hummus einfüllen, obenauf eingelegte Gamba oder Auberginen.
Féta-Käse, viel feingehackte grüne Zwiebeln, Gurken- und Tomatenscheiben, einige Tropfen Olivenöl.
Die Pitahtasche innen mit Olivenöl beträufeln, Fischsalat einfüllen, schwarze Oliven und eingelegte grüne Pfefferschoten.
Die Pitahtasche mit Salatblättern auslegen, mit gewürfeltem Hühnerfleisch und Melonenwürfeln füllen, obenauf Tahina.
Ein israelisches Steak (S. 131) in die Pitahtasche klemmen, obenauf Türkischen Salat, dazu verschiedene Mixed Pickles.

בלינצס Blintzen

Im Restaurant Plintzi an der Yermiyahustraße, nahe dem alten Hafen von Tel Aviv, stehen 40 süß oder herzhaft gefüllte Blintzen auf der Speisekarte. Edja, meine geduldige Rezept-Ratgeberin in Haifa, schwört auf zwei Rezepte: eine süße und eine herzhafte Füllung. Weder ihr Mann noch die beiden Kinder können sich erinnern, je bessere Blintzen gegessen zu haben als zu Hause.

Blintzen, eine polnisch-russische Spezialität, ist dem Palatschinken oder dem Crêpe ähnlich. Sie wird vorwiegend als Nachspeise gegessen, häufig auch als Vorspeise. Zu Schawout, dem jüdischen Erntedankfest im Frühling, sind „milchige" Blintzen mit süßer Füllung kaum wegzudenken.

Edjas Rezept reicht für 8 Blintzen
2 Eigelb und 2 Eiweiß, 1 Tasse Mehl,
1/2 Tasse Milch, 1/2 Tasse Wasser,
2 EL Öl, 1 Prise Salz

Süße Füllung
1 Paket Cottage-Käse (250 g), 1 Eigelb,
1 TL Vanillezucker, 1–2 EL Zucker,
1 EL Maismehl, etwas Zitronenschale,
1 Handvoll Rosinen, einige EL saurer
Rahm, etwas Erdbeer-Konfitüre

Herzhafte Füllung
250 g Hackfleisch vom Rind, 1 kleine
Dose Pilze, 1 EL Tomatenketchup, Salz,
Pfeffer, 1/2 kleine Aubergine, saurer
Rahm

Aus Eigelb und den anderen Zutaten einen glatten Teig rühren. Das Eiweiß schlagen und unter den Teig heben. Die hauchdünnen Blintzen in einer gleichmäßig heißen Pfanne backen, am besten in einer Crêpe-Pfanne.

Die Zutaten Cottage-Käse bis Rosinen mischen; eventuell mit Vanille nachwürzen. 1–2 Eßlöffel Füllung auf jeden Blintzen geben. Den Teig umklappen oder einrollen. Die Blintzen in eine feuerfeste Form nebeneinanderlegen; mit saurem Rahm begießen; je einen Klecks Erdbeerkonfitüre obenauf setzen; etwa 20 Minuten bei starker Hitze im Ofen überbacken.

Hackfleisch mit den gut abgetropften und eventuell gehackten Pilzen sowie mit Tomatenketchup mischen. Würzen. Aubergine in Scheiben schneiden, von beiden Seiten salzen, einziehen lassen und nach 15 Minuten mit Wasser abspülen. Schälen, dann von beiden Seiten in Öl braten, bis sie weich sind. In kleine Stücke hacken und unter die Fleischmasse mischen. Die Blintzen füllen und im Ofen überbacken. Nach Belieben am Tisch mit saurem Rahm übergießen.

Andere süße Füllungen
Sahnequark, getrocknete und zerkleinerte Früchte, Honig und geschlagener süßer Rahm.
Vanillecreme mit Pfirsichstückchen.
Quark mit gehackten Nüssen, Honig, geschlagener süßer Rahm und Eiscreme.
Quark mit geraspelten Äpfeln, Rosinen und Vanillezucker. Blintzen mit Puderzucker bestreuen.

Andere herzhafte Füllungen
Hackfleisch mit weichen, weißen Bohnen mischen. Mit Salz, Pfeffer, Chilisauce würzen.
Pilze und feingehackte Zwiebeln in Butter dämpfen. Gehackte Eier und geriebenen Käse dazu mischen. Mit Salz und Pfeffer würzen.
Hühnerleber und gehackte Zwiebeln in Öl braten. Zwei gehackte Eier darunter mischen. Mit Salz und Pfeffer abschmecken, mit einer Gabel zerquetschen.

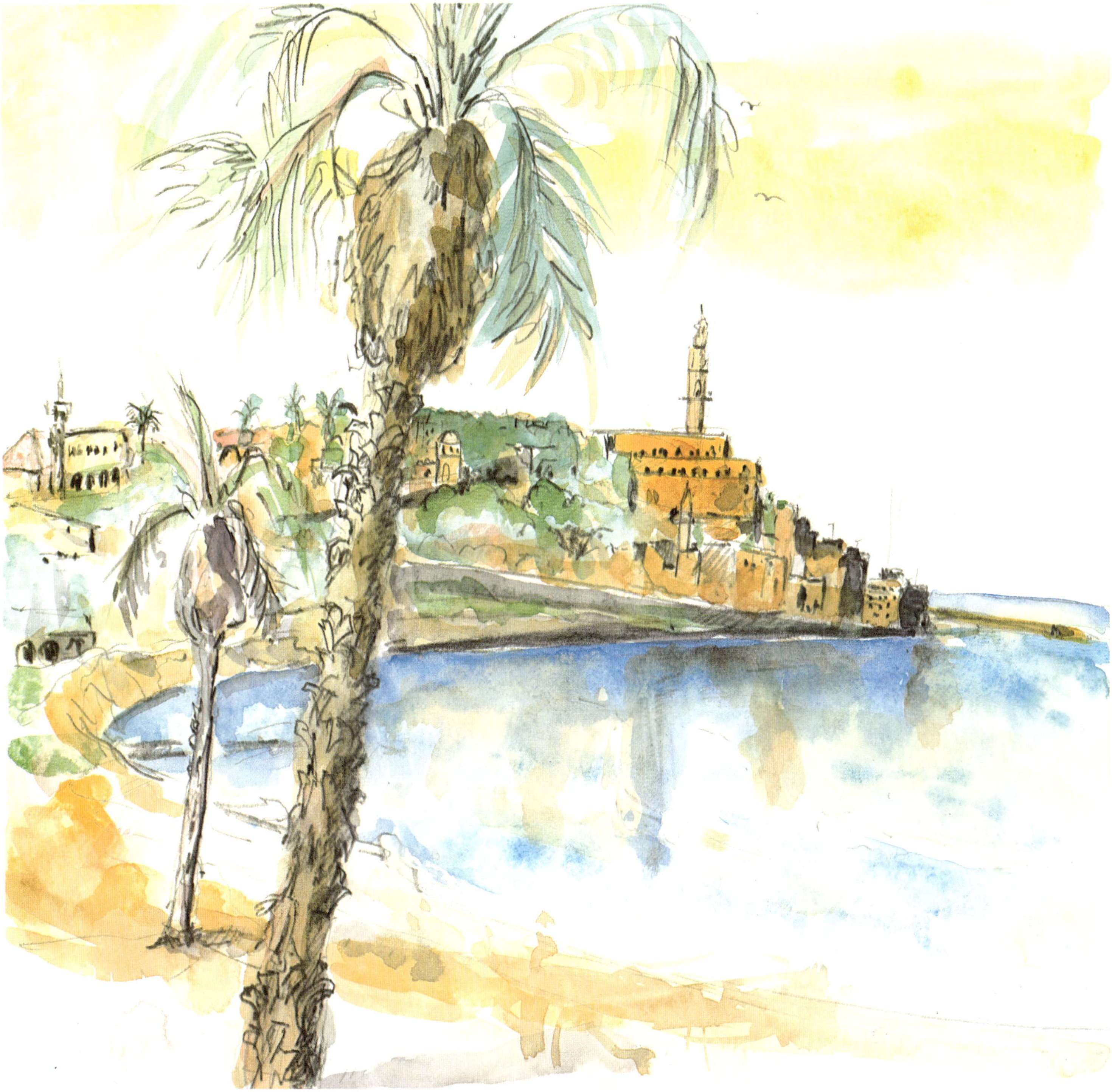

בורקס Burekas

Burekas stammen aus Bulgarien. Es sind Blätterteigtaschen, gefüllt mit Hackfleisch, Käse oder Spinat. Ein populärer Snack, den man in zahlreichen Imbißstuben ausliegen sieht.

Die Zutaten für 9 große oder 24 kleine Burekas
500 g Blätterteig (fertig kaufen), 1/2 Tasse Sesam, 2 Eidotter

Den Teig auf einer bemehlten Arbeitsplatte ausrollen, mit Sesam bestreuen und diesen mit der Teigrolle in den Teig drücken. Den Teig in große oder kleine Quadrate schneiden. Diese umdrehen, so daß der Sesam außen ist. Auf jedes Quadrat 1 EL bzw. 1 TL Füllung geben. Zu Drei- oder Rechtecken zusammenklappen, mit Eidotter bepinseln. Die Teigränder mit einer Gabel fest andrücken. Das Backblech naß ausspülen, die Burekas im vorgeheizten Ofen bei mittlerer Hitze 20–30 Minuten backen.

Käsefüllung
100 g Katschkaval (S. 80) oder eine andere rezente Käsesorte, 100 g Salzkäse oder Féta, 2 Eidotter, Pfeffer

Den Käse reiben bzw. in Würfel schneiden oder zerdrücken. Eidotter dazugeben. Im Mixer oder mit dem Handrührgerät cremig rühren. Mit Pfeffer würzen.

Spinatfüllung
500 g frischer Spinat, Salz, 1 kleine Zwiebel, Fett, 1 Ei, Semmelbrösel, Muskat, Pfeffer

Den Spinat gut waschen und reinigen. In Salzwasser kurz aufwallen. Abtropfen lassen und hacken. Zwiebel hacken, im Fett goldgelb dünsten. Spinat, Zwiebel, Ei mischen. Mit Bröseln binden. Mit Salz, Muskat und Pfeffer würzen.

קיגל Kugel

Der Kugel ist wichtiger Bestandteil einer traditionellen Schabbatmahlzeit; ein süßer oder herzhafter Nudelauflauf aus der osteuropäischen Küche.
Edja benützt eine Gugelhupfform für ihren Kugel, die sie ausfettet. Sie füllt den Nudelteig hinein und läßt ihn im Ofen backen. Dann stürzt sie den Kugel auf einen Tortenteller, was sehr hübsch aussieht und der ohnehin sorgfältig gedeckten Tafel eine besondere Note verleiht.

250 g feine, flache Nudeln, 50 g Butter oder Margarine, 2–3 saure Äpfel, 1 Eigelb, 1 Becher saurer Rahm, 2/3 Tasse Zucker, 1 Päckchen Vanillezucker, 1 TL Zimt, geriebene Schale von 1 Zitrone, 1 Tasse Rosinen, 1 Handvoll gehackte Walnüsse, 3 Eiweiß

Die Nudeln in Wasser abkochen; abgießen, abschrecken. Butter unter die noch warmen Nudeln mischen und schmelzen lassen. Die Äpfel schälen und raspeln, sie mit allen anderen Zutaten vermengen, dann unter die Nudeln rühren. Zum Schluß die zu Schnee geschlagenen Eiweiß unter den Nudelteig heben. Der Kugel muß etwa eine Stunde bei mittlerer Hitze im Ofen backen.

Fritathas

פריטטס

Diese sephardische Vorspeise ähnelt einem Käse-Spinat-Soufflé. Sie wird rund um das Mittelmeer, von Spanien, Italien über Nordamerika bis nach Israel gegessen.

Den Spinat gut reinigen und waschen. In Salzwasser kurz aufkochen. Abtropfen lassen. Fein hacken. Die Eier mit einer Gabel zerschlagen, Mazzamehl und Spinat darunter rühren. Mit Salz und Muskat abschmecken. Eine flache feuerfeste Form mit Öl einfetten. Die Spinatmasse in die Form füllen, mit Käse dick bestreuen, in den vorgeheizten Ofen schieben. Bei 180 Grad Hitze etwa 30 Minuten backen. Man schneidet Fritathas in kleine Tortenstücke und ißt diese warm oder kalt.

Die Zutaten für eine normalgroße Auflaufform
750 g frischer Spinat, 2 Eier, 2 EL Mazzamehl, Salz, Muskat, 125 g geriebener Käse, etwas Öl

Ein Rätsel der Königin von Saba:

«Sage mir, wenn du es weißt,
wer ist der Unglückliche, den man
noch vor seinem Tode in die Erde legt,
er ist nicht gestorben
und schon begräbt man ihn.
Er liegt, bekommt Kraft
und erwacht zum Leben.
Die ihn begraben hatten,
verdienen an ihm sehr viel?»
Darauf antwortete Salomon:
«Das Samenkorn in der Erde,
die Ähren und das Getreide
werden deinem Herzen sagen,
daß ich des Rätsels Lösung gefunden habe.»[6]

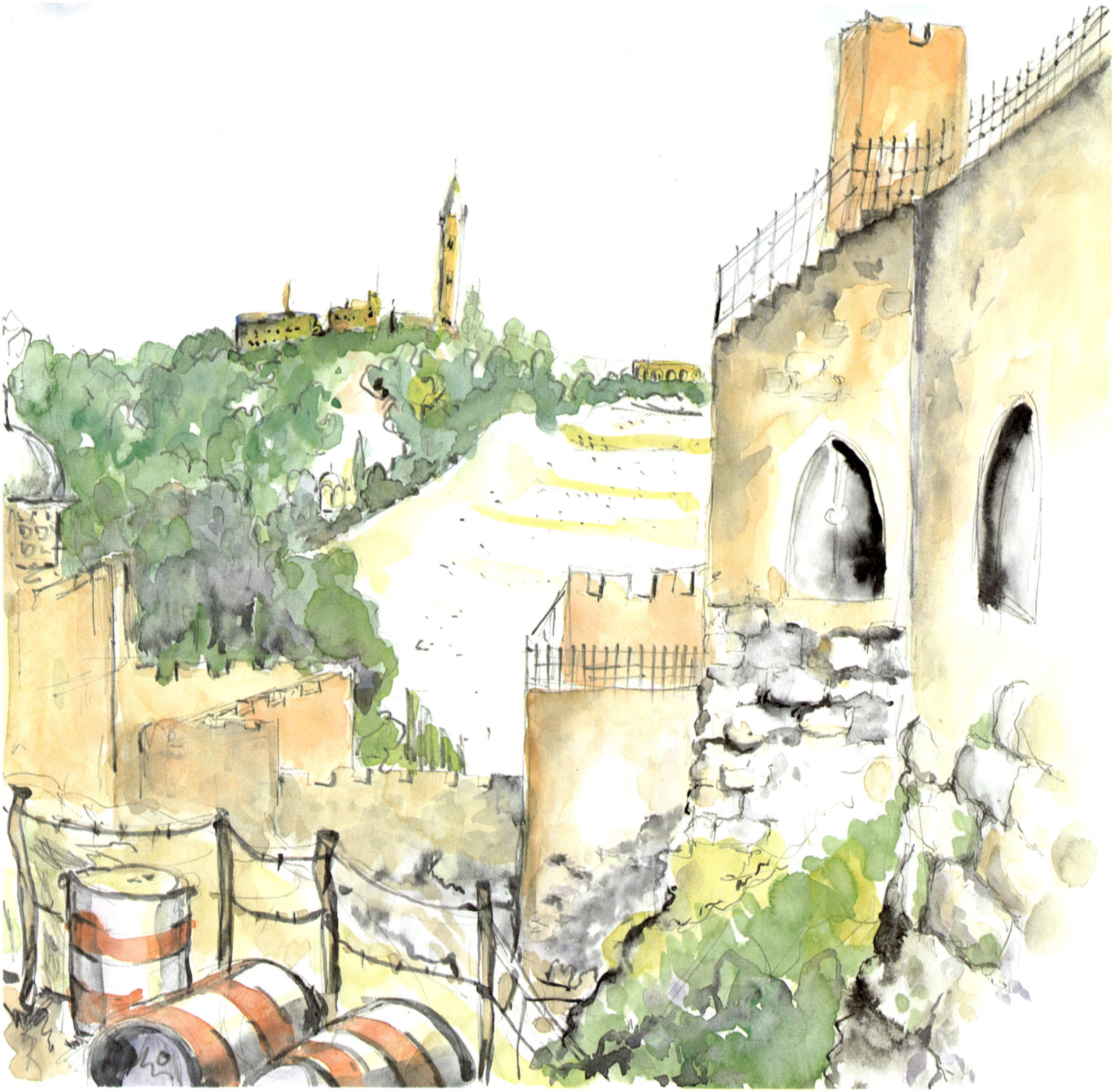

Eierspeisen

Auch das ist eine Sitte des Orients: Zu besonderen Festtagen werden hartgekochte, verschieden aromatisierte Eier gegessen. Eier symbolisieren Kraft und Geheimnisse des Lebens. Die marmorisierten Farbstreifen der *Hamindas* (arabisch) sehen zudem so kunstvoll aus, daß sie nicht nur den Gaumen, sondern auch das Auge erfreuen. In Israel heißen sie *Chaminados* und sind eine landesweite Delikatesse. Ihr Geheimnis besteht darin, daß sie in der Schale stundenlang in einem Eintopfgericht mitkochen (S. 80). Durch die Schalen hindurch dringen feine Aromen von Gemüsen, Gewürzen und Fleisch. Nach 4–12 Stunden haben die Eier ihren eigenwilligen Geschmack angenommen.
Auch die Juden Osteuropas kennen den Brauch, Eier in der Schale im *Tscholent* mitzukochen, während dieser die Nacht über in der Röhre gart. Die sephardischen Juden wiederum bereiteten einen Sud aus Zwiebelschalen zu.
Eier sind ein volkstümliches Nahrungsmittel. Die Beduinen halten ihr eigenes Federvieh gleich neben ihren Zelten. In den arabischen Dörfern picken braun-schwarze Hühner zwischen spielenden Kindern herum. Moderne Geflügelfarmen sind in den letzten Jahren mehr und mehr ausgebaut worden. – Eierspeisen sind üppig wie Kuchen, Omeletten sind reichlich belegt und gefüllt.

Schakschouka

שקשוקה

Das Gericht stammt aus Tunesien. Es ist in Israel eine Art Nationalgericht geworden, das sich selbst die Soldaten auf kleinsten Kerosinbrennern und mit einfachsten Mitteln brutzeln, wenn sie weit abgelegen im Dienst sind.
Paprika entkernen, in Streifen schneiden. Tomaten würfeln. Zwiebeln und Knoblauch hacken. Das Gemüse im heißen Öl kräftig anbraten. Würzen. Auf kleiner Hitze schmoren lassen, bis die Paprika weich sind. Evtl. Ketchup oder 1 EL Wasser unterrühren. Die Eier verschlagen, zusammen mit 1–2 EL Wasser zum Gemüse gießen. 5 Minuten stocken lassen, dabei unentwegt rühren. Die Schakschouka wird warm oder kalt gegessen.

Die Zutaten für 2 Portionen
2 grüne Paprika, 4 kleine Tomaten,
2 grüne Zwiebeln, 2 Knoblauchzehen, Öl,
Salz, Pfeffer, evtl. Tomatenketchup,
4 Eier

חמינדוס Chaminados

Sud für braun marmorierte Eier
Schalen von 2–3 braunen Zwiebeln,
1 TL–1 EL Salz, 1–3 Knoblauchzehen,
1–3 Nelken, dünn abgeschälte Schale von
1/2–1 Orange, 2–4 EL Öl.
Wasser und Menge der Zutaten richten
sich nach der Anzahl der Eier.

Die Eier 10 Minuten in normalem Salzwasser hartkochen. Rundherum leicht anklopfen, ohne daß die Schale reißt. Eier in einen Topf legen und mit warmem Wasser bedecken. (Am besten nehmen Sie einen alten Topf, da der Sud färbt). Alle Zutaten ins Wasser geben. Den Sud zum Kochen bringen. Dann konstant köcheln lassen. Den Topf bis auf einen schmalen Spalt zudecken. Die Eier 3–4 Stunden im Sud ziehen lassen. Im Laufe der Zeit wird die Flüssigkeit etwas verdunsten. Die Eierschalen reißen, und es entstehen interessante Farbmuster.

Sud für kaffeebraune Eier
2–3 EL gemahlener Kaffee,
1 TL – 1 EL Salz,
1–2 Nelken, 2 EL Öl.
Wasser und Menge der Zutaten richten
sich nach der Anzahl der Eier.

Die Eier werden ebenso behandelt wie im vorangegangenen Rezept. Köstlich ist der Kaffeeduft, der sich im Laufe von Stunden in der Wohnung verbreitet.

חביתה לפי יוסי Omelette à la Jossi

Die Zutaten für 2 Portionen
100 g Hackfleisch vom Rind (noch besser Schinken), Öl, 1/2 Dose Champignons, 1 grüne Zwiebel, 1/2 Dose Artischockenherzen, 4 Eier, Salz, Pfeffer, Oregano, Paprika, Knoblauchpulver, 1 Handvoll gehackte Petersilie, 3 EL Milch

Wenn Jossi kocht, schlägt er gerne Omeletten vor. Darin entfaltet sich seine ganze Kochfantasie. Nie ist die eine gleich wie die andere. Er liebt sie scharf gewürzt und mit vielen kleinen Zubehören.

Jossi brät das Fleisch kräftig an (Schinken wird gewürfelt) und würzt es. Er gibt gehackte Zwiebeln und Champignons dazu, läßt beides eine Weile mitschmoren. Er schneidet die Artischockenherzen einmal durch, gibt auch sie in die Pfanne und läßt sie kurz mitschmoren.
Er verschlägt die Eier, würzt kräftig, gibt Milch oder Wasser dazu und die Petersilie, gießt die Eiermasse in die Pfanne. Die Omelette stockt ein paar Minuten auf kleiner Hitze in der zugedeckten Pfanne. Dann wird sie in zwei Portionen geteilt. Dazu serviert Jossi schwarze Oliven und eingelegte Pfefferschoten.

חביתת קשקבל Katschkaval-Omelette

Die Zutaten für 2 Portionen
4 Eier, Salz, Pfeffer, 1 Handvoll Petersilie, 1/2 Tasse Milch, Öl, 150 g geriebener Katschkaval*) oder eine andere Käsesorte, 1/2 Tasse geröstete Brotwürfel

Aus Eiern, Gewürzen, gehackter Petersilie einen Eierteig schlagen. Milch oder Wasser hinzufügen. Den Teig in das heiße Öl in der Pfanne gleiten lassen. Käse und Brotwürfel (vorher rösten) obenauf verteilen. Die Pfanne mit einem Deckel schließen, den Eierteig während einiger Minuten auf kleiner Hitze stocken lassen. In Portionen teilen.

---

*)Katschkaval ist ein harter, rezenter Schafskäse, ursprünglich aus Bulgarien. Er eignet sich gut zum Reiben und Schmelzen.

Gemüse-Omelette

Zwiebel hacken, Lauch in Röllchen schneiden (gut waschen), Kartoffel würfeln, Tomaten in Scheiben schneiden, Paprika entkernen und in Streifen schneiden.
Fett in der Pfanne erhitzen. Zwiebel, Lauch, Kartoffel dünsten, bis der Lauch weich ist. Tomatenscheiben und Paprikasstreifen obenauf legen, nochmals 5 Minuten dünsten. Salzen und pfeffern.
Die Eier verschlagen, wenig salzen, mit Oregano, Basilikum und gehackter Petersilie würzen. Milch oder Wasser dazugeben. Den Eierteig über das Gemüse gießen. Die Pfanne schließen, die Omelette auf kleiner Hitze stocken lassen. In Portionen teilen.

חביתת ירקות

Die Zutaten für 3–4 Portionen
1 Zwiebel, 1 Stange Lauch, 1 mittelgroße Kartoffel, 3 Tomaten, 1 grüne Paprika, Öl, 6–8 Eier, Oregano, Basilikum, Salz, Pfeffer, 1 Handvoll Petersilie, 1/2–3/4 Tasse Milch

Sardinen-Omelette

Die Sardinen waschen, entgräten, Köpfe und Schwänze abschneiden. Mit einem Küchenkrepp abtupfen. In heißem Öl kurz von beiden Seiten braten. Aus der Pfanne nehmen. Die Eier verschlagen, mit Salz und gehackter Petersilie verrühren. Milch oder Wasser hinzufügen.
Frisches Öl in der Pfanne erhitzen. Die zerdrückte Knoblauchzehe darin dünsten und wieder herausnehmen.
Die Hälfte der Eiermasse in die Pfanne geben. Sardinen darauf verteilen, kurz stocken lassen. Währenddessen die andere Hälfte Eiermasse mit Paprika, Chilipulver würzen und ebenfalls in die Pfanne gießen.
Ein paar Tropfen Öl und die Kapern obenauf verteilen. Die Pfanne mit einem Deckel schließen. Die Omelette auf mittlerer Hitze langsam stocken lassen. In Portionen teilen. Mit Zitronenvierteln oder -scheiben servieren.

חביתת סרדינים

Die Zutaten für 2 Portionen
250 g frische Sardinen, Öl, 3 Eier, Salz, 1 Handvoll Petersilie, 2–3 EL Milch, 1 Knoblauchzehe, 1 TL süßer Paprika, Chilipulver, 1 EL Kapern, 1 Zitrone

Eggah mit Zucchini

Eggah ist das arabische Wort für „Omelette". Auch die Eggah ähnelt einem Eierkuchen, in dem zahlreiche Gemüse gebacken werden: Zucchini, Auberginen, Kürbis, frische Bohnen, Spinat, Kartoffeln, vielfach auch Fleisch. In kleinen Portionen wird die Eggah warm oder kalt als Vorspeise gegessen. Wird sie als Hauptmahlzeit serviert, so reicht man grünen Salat, frischen Joghurt und Brot dazu.

Die Zwiebel fein hacken, die Zucchini in dünne Scheiben schneiden, beides im Öl dünsten, bis das Gemüse weich ist. Wenig salzen.
Schon vorher das Brot einweichen, dann gut ausdrücken. Die Eier verschlagen. Das Brot hineinkrümeln, gedünstetes Gemüse dazugeben und gehackte Petersilie. Mit Salz und Pfeffer würzen.
Die Mischung in eine große Pfanne in heißes Fett gleiten lassen. Auf kleiner Hitze stocken lassen, bis die Unterseite braun ist. Mit Hilfe eines Deckels oder eines Tellers wenden und von der anderen Seite backen. Der prächtige Eierkuchen wird in Tortenstücke geteilt.

שקשוקה עם קישואים

Die Zutaten für 6 kleine oder 3 große Portionen
1 große Zwiebel, 2 mittelgroße Zucchini, Öl, Salz, 2 dicke Scheiben Weißbrot ohne Rinde, Milch zum Einweichen, 6 Eier, reichlich gehackte Petersilie, schwarzer Pfeffer

ביצה מקושקשת עם יוגורט

Die Zutaten für 4 Portionen
3 Becher Joghurt natur, 2 Knoblauchzehen, 1 Prise Salz, 1 Prise Zucker, etwas weißer Pfeffer, 4 Eier, 2–3 EL Butter, 1 TL Paprika, gemischt mit Chilipulver, Salz und Pfeffer, einige Blätter Minze

Pochierte Eier mit Joghurt

Das originelle Rezept stammt aus der Türkei.

Die Knoblauchzehen zerdrücken, unter den Joghurt rühren. Milde mit Salz, Zucker, Pfeffer abschmecken. Joghurt in vier Schalen verteilen.
Die Eier pochieren: Reichlich Wasser mit 1 TL Salz und 2 EL Essig aufkochen. Jedes Ei in eine Tasse schlagen, vorsichtig am Topfrand ins Wasser gleiten lassen. Eier etwa 4 Minuten kochen: das Eiweiß schließt sich um das Eigelb. Mit einem Schaumlöffel herausholen.
Die Butter schmelzen, Gewürze, wohl dosiert, unterrühren. Die heißen, pochierten Eier in die Schalen zum Joghurt geben, mit Gewürzbutter übergießen. Je nach Geschmack mit einer Spur gehackter Minze bestreuen.

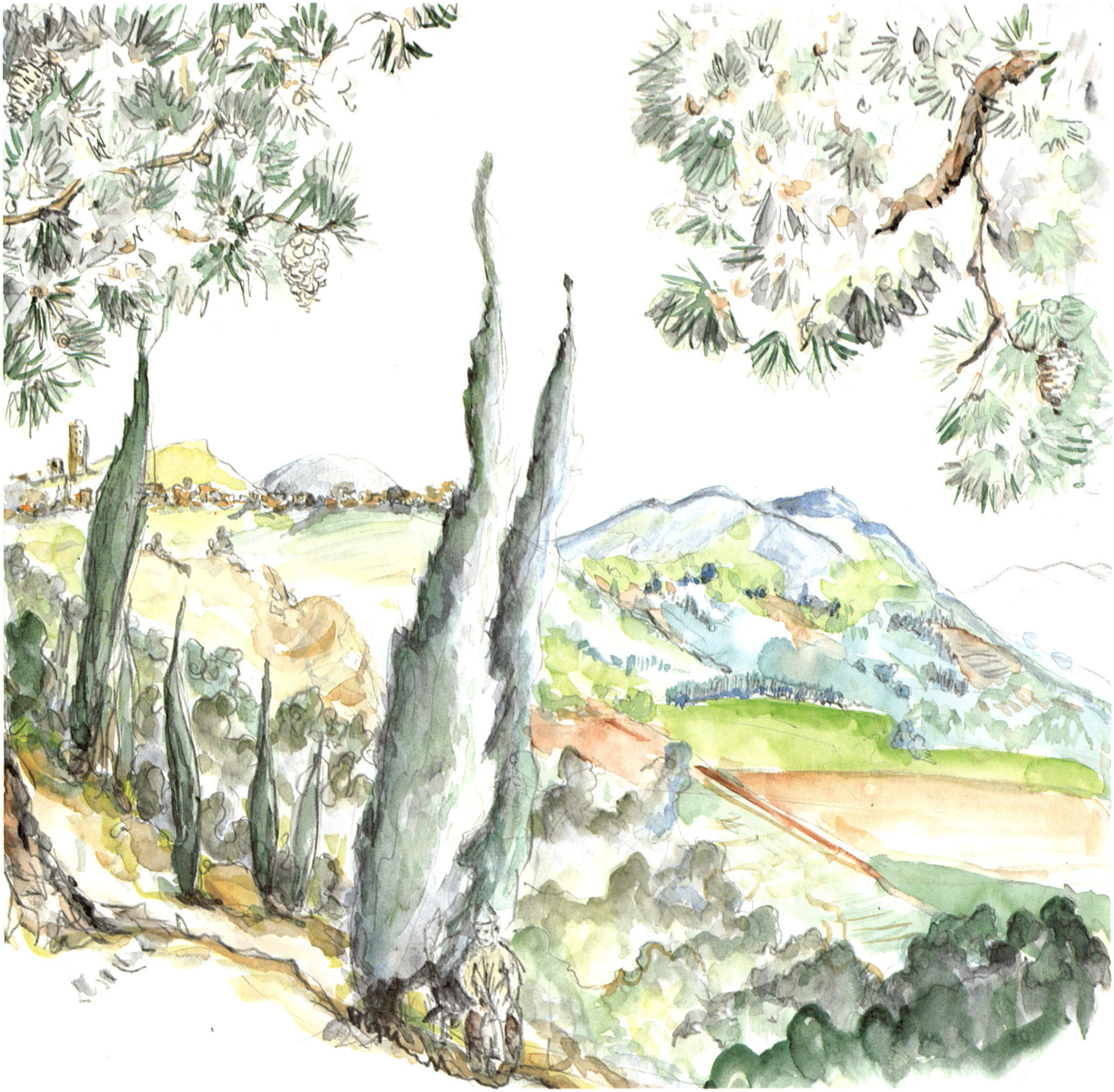

Suppen

Suppen spielen in einem heißen Land wie Israel eine untergeordnete Rolle, es sei denn, sie sind reichhaltig aus Hülsenfrüchten mit Fleich gekocht und kommen einem sättigenden Eintopf gleich (S. 91 ff), oder sie übernehmen eine besondere Funktion. Aufmerksamkeit gebührt der Hühnersuppe, die in jüdischen Haushalten eine bevorzugte Stellung einnimmt. Vielfach ist sie Teil eines Festessens: einmal mit Mazzaklößchen oder Eierstich, ein anderes Mal mit Zitrone verfeinert.

Die üppigste Hühnersuppe ist die *Goldene Joich*, die von den wohlhabenden osteuropäischen Juden als Schabbatsuppe gegessen wurde. Die „Goldene Joich" galt zudem als Hochzeitssuppe. Ihre reine Goldfarbe versprach Reichtum und Glück. Ihren Namen entlieh sie den sieben „goldenen Tagen", die eine Hochzeit nach jüdischem Brauch dauerte.

מרק עוף Goldene Joich

Die Zutaten für 8–10 Teller
1 Suppenhuhn, ca. 2 l Wasser, Salz, einige Pfefferkörner, 1 große Zwiebel mit Schale, 2 Karotten, 2 Stangen Bleichsellerie mit Blättern, 1 Petersilienwurzel

Das Huhn, falls nicht küchenfertig, reinigen und waschen. Die Innereien entnehmen. Herz und Magen aufschneiden, reinigen und waschen. Fleisch und ungeschälte Zwiebel in einen hohen Topf legen, mit Wasser auffüllen, 1 TL Salz und Pfefferkörner zugeben. Eine Stunde kochen lassen.
Derweil das Gemüse putzen, grob zerkleinern, nach einer Stunde zur Suppe geben. Diese nochmals 1–1 1/2 Stunden kochen lassen, bis das Huhn weich ist. Das Fleisch aus der Bouillon nehmen, abkühlen lassen, dann zerlegen. Die Bouillon durch ein Sieb geben. Abschmecken.

Die Goldene Joich wird meist klar serviert. Man gibt Klößchen oder feine Nudeln hinein und das zerkleinerte Fleisch dazu. Andernorts wird das Fleisch sehr klein geschnitten und in der Suppe serviert.

Die Mazzaklößchen bereiten Sie folgendermaßen zu:
Eier zerschlagen, nach und nach, unter ständigem Rühren Öl, Wasser und Mazzamehl beifügen. Salzen. Den Teig eine Weile quellen lassen. Zwischen den Handflächen kleine Klößchen drehen, diese in kochendem Salzwasser 10 Minuten ziehen und garen lassen. Mit einem Schaumlöffel aus dem Wasser holen; abtropfen lassen, bevor Sie sie in die Suppe geben.

Für die Mazzaklößchen
3 Eier, 1 EL Öl, 1/2 Tasse Wasser, 1 Tasse Mazzamehl, 1 TL Salz

Hühnersuppe mit Zitronensaft

Gewaschene Hühnerteile, geschälte Zwiebel, gereinigten und zerkleinerten Sellerie und Lauch, gehackten Knoblauch in einen hohen Topf legen. Mit Wasser auffüllen, zum Kochen bringen. Abschäumen. Salzen und pfeffern; Saft von 1 Zitrone in die Suppe geben; eine Stunde schwach kochen lassen. Den Topf vom Herd nehmen. Fleisch aus der Suppe nehmen, abkühlen lassen, von den Knochen befreien und zerkleinern. Zucchini in Röllchen schneiden. Zucchini, Reis und Fleisch zur Suppe geben. Weitere 20 Minuten kochen lassen. Nochmals mit Salz und Zitronensaft abschmecken. Die Suppe soll dominant nach Zitronensaft schmecken.

מרק עוף ״חמוד״ עם לימון

Die Zutaten für 8–10 Teller
500 g Hühnerklein und Innereien, 1 Zwiebel, 2 Stangen Bleichsellerie mit Blättern, 1 kleine Stange Lauch, 1 Karotte, 2 Knoblauchzehen, ca. 2 l Wasser, Salz, Pfeffer, Saft von 1–2 Zitronen, 2 Zucchini, 1 Tasse Reis

Fleischsuppe

Diese Suppe aus Geflügel und Rindfleisch gesellt sich in die Reihe der jüdischen Festtagssuppen. Sie wird häufig am Vorabend des Schabbat gegessen.
Das gewaschene Fleisch in einen hohen Topf legen, mit Wasser auffüllen und zum Kochen bringen. Abschäumen. Zwiebel, Pfefferkörner und 1 TL Salz hinzufügen. Eine Stunde schwach kochen lassen.
Derweil Karotten und Sellerie putzen, grob zerkleinern. Nach einer Stunde zusammen mit Zucker in die Suppe geben. Nochmals 1–1 1/2 Stunden kochen, bis das Fleisch weich ist. Das Fleisch aus der Suppe nehmen und zerlegen bzw. zerschneiden. Die Suppe durch ein Sieb geben, nochmals aufkochen und würzen. Mit gehackter Petersilie bestreuen.
Das Fleisch wird in der Suppe serviert, verschiedentlich auch für eine spätere Mahlzeit verwendet.

מרק בשר

Die Zutaten für 8–10 Teller
1 kleines Brathuhn, 250 g durchzogenes Rindfleisch, 250 g Putenfleisch, ca. 2 l Wasser, Salz, 1 Zwiebel mit Schale, einige Pfefferkörner, 2 Karotten, 2 Stangen Bleichsellerie mit Blättern, 2 Stückchen Würfelzucker, 1 Handvoll Petersilie

Süß-saure Kohlsuppe

Kohl, Zwiebel, Karotten raspeln. Kartoffel schälen und in Würfel schneiden.
Die Margarine in einem hohen Topf auslassen. Das Gemüse darin andünsten. 1/2 Glas Wasser dazuschütten, das Gemüse 20 Minuten dünsten lassen.
Mit Hühnerbouillon auffüllen, zugedeckt 10 Minuten kochen. Tomatenmark, Zitronensaft, Zucker und Pfeffer zur Suppe geben, nochmals eine Viertelstunde kochen lassen. Zum Schluß mit Zitronensaft, evtl. Zucker, Salz, Pfeffer nochmals dosiert abschmecken.

מרק כרוב חמוץ מתוק

Die Zutaten für 6–8 Teller
1 kleiner Kopf Weißkohl, 1 große Zwiebel, 2 Karotten, 1 mittelgroße Kartoffel, etwas Margarine, ca. 1 1/2 l Hühnerbouillon (auch Würfel), 1 kleine Dose Tomatenmark, 2 EL Zitronensaft, 4 TL Zucker, Pfeffer, Salz

מרק אבוקדו   Avocadocremesuppe

Die Zutaten für 4–6 Teller
2 EL Öl oder Margarine, 2 EL Mehl,
3/4 l Hühnerbouillon (auch Würfel),
1 große weiche Avocado, Salz, Pfeffer,
1 zerdrückte Knoblauchzehe,
1/2 TL Zucker, 1–2 Gläser Weißwein,
1/4 l geschlagener süßer Rahm,
reichlich Dill

Aus Fett und Mehl eine Schwitze anrühren, mit Hühnerbouillon auffüllen.
Die Avocado halbieren, das Fruchtfleisch entnehmen, mit einer Gabel oder im Mixer pürieren, in die Suppe einrühren und kurz aufkochen lassen. Die Suppe mit Salz, Pfeffer, Knoblauch und Zucker würzen. Den Topf vom Herd nehmen. Den Wein in die Suppe rühren; die Weinmenge nach Geschmack dosieren.
Die Avocadosuppe hat einen leicht bitteren Geschmack, der durch Zucker und süßen Rahm gemildert wird. Man füllt die Suppe in Teller, gibt jeder Portion einen EL Rahm obenauf und bestreut sie mit gehacktem Dill.

מרק תירס   Maissuppe

Die Zutaten für 8–10 Teller
1 kleines Brathuhn, ca. 2 l Wasser, 1 große Zwiebel, 1 Karotte, 1 Stange Bleichsellerie mit Blättern, einige Pfefferkörner, Salz,
1/2 Tasse Milch, 1–2 TL Zucker,
2 EL Maisstärke, 1 kleine Dose Maiskörner, 1/2 TL Salz, 2 Eidotter,
2–3 EL Sojasauce, 1 Handvoll Petersilie

Aus Huhn, Zwiebel, Karotte, Sellerie, Pfefferkörnern und Salz eine Hühnerbouillon kochen (S. 84).
Das Huhn aus der Bouillon nehmen, abkühlen lassen, Knochen entfernen. Das Fleisch in Würfel schneiden.
Die Bouillon durch ein Sieb geben. Die Karotte später, in Würfel geschnitten, in die Bouillon zurückgeben.
In einer kleinen Schüssel Milch, Zucker, Maisstärke und etwas Salz anrühren. Die Maiskörner abtropfen lassen, dazugeben. Alles in die kochende Bouillon rühren; 5 Minuten kochen lassen, dann vom Herd nehmen.
Die Eidotter verschlagen und tropfenweise mit einer Gabel in die Suppe rühren. Die Suppe eine Viertelstunde ziehen, aber nicht kochen lassen. Derweil das Hühnerfleisch mit Sojasauce mischen, sodann in die Suppe geben. Nochmals erhitzen. Gut abschmecken und vor dem Servieren mit gehackter Petersilie bestreuen.

מרק יוגורט קר   Kalte Joghurt-Suppe

Die Zutaten für 4 Teller
3 kleinere Gemüsegurken, Salz, 1 Knoblauchzehe, 1 EL Essig, 2 Becher Joghurt, Pfeffer, Salz, Zucker, einige Blätter Minze, 2 EL Olivenöl

Die Gurken schälen und in hauchdünne Scheiben schneiden oder würfeln. In eine Schale legen, mit Salz bestreuen, 15 Minuten einwirken lassen. Eine zweite Schale mit Knoblauch ausreiben, darin den Essig schwenken. Den Joghurt hinzufügen und umrühren. Wenn der Joghurt zu dick ist, mit 1 EL Wasser verdünnen. Mit Pfeffer, Salz und einer Prise Zucker abschmecken. Die Mischung über die Gurken gießen und umrühren. Eine halbe Stunde im Kühlschrank durchziehen lassen. Vor dem Servieren Olivenöl hinzufügen und mit der gehackten Minze bestreuen.

Warme Gurkensuppe

Eine nicht alltägliche, sehr neutral schmeckende Suppe, die gern zu Pessach gegessen wird.

Die Gurken waschen, nicht schälen. Zwei Drittel sehr klein hacken, ein Drittel später in Scheiben schneiden und zum Garnieren verwenden.
Zwiebeln sehr fein hacken. Die Butter im Topf schmelzen, Zwiebeln im Fett glasig dünsten. Gurken dazugeben, kurz mitdünsten, dann mit Bouillon auffüllen und aufkochen lassen. 10 Minuten sanft kochen lassen. Mit Pfeffer und Salz abschmecken. Den gehackten Dill in die Suppe rühren. Während die Suppe kocht, Nüsse grob hacken. Auf einem Backblech ausbreiten, mit Salz bestreuen und im Ofen bei mittlerer Hitze 10 Minuten bräunen lassen.
Den Rahm mit Wasser verdünnen und kurz vor dem Servieren in die Suppe rühren. Nochmals aufkochen lassen. Abschmecken. Die Suppe in eine Terrine schütten, mit Gurkenscheiben und Nüssen garnieren und bestreuen.

Variante
Statt Nüssen verwenden Sie geröstete Brotwürfel.

מרק מלפפונים חם

Die Zutaten für 4–6 Teller
500 g kleine junge Gemüsegurken,
3 EL Butter oder Margarine,
3 grüne Zwiebeln, 3–4 Gläser Gemüsebouillon (Würfel oder Pulver), weißer Pfeffer, Salz, 1 Handvoll Dill, 1 Glas Walnüsse, Salz, 1 Glas flüssiger süßer Rahm, 3 EL Wasser

Viehmarkt in Beer Sheva

Jeden Donnerstagmorgen um fünf Uhr ist Beduinenmarkt. Ganz so früh schaffen wir es nicht. Um vier Uhr kündigt sich ein neuer klarer Tag an. Eine halbe Stunde später fahren wir in Arad ab, halb verschlafen noch, die öde Hauptstraße entlang in Richtung Norden. Vom Toten Meer her steigt langsam die Sonne auf. Ein roter Ball, der seine weichen Farben über die karge, hügelige Wüstenlandschaft legt. Die Anreise gehört dazu. Nach Beer Sheva, der alten israelischen Stadt und dem Zentrum des nördlichen Negev, wollen heute früh viele Beduinen. Über die Kämme der weiten Wüstenfelder sieht man sie einzeln in Richtung Hauptstraße ziehen. Allein, mit ihren Ziegen und Schafen. Am ausgefransten Straßenrand warten sie auf ihren Nachbarn, der ein Auto besitzt. Oder einer der nächsten kleinen Peugeot-Tender, die man so zahlreich in den ärmlichen Dörfern, neben Zelten und Hütten stehen sieht, wird sie mitnehmen. Einst waren im Negev Kamele und Beduinen unzertrennliche Gefährten. Heute steigen die Männer aus den Kamelsatteln in ihre Autos um.

Es ist angenehm frisch, als wir gegen sechs Uhr in Beer Sheva ankommen. Die Sonne liegt noch tief, doch schon breitet sich ihr gelbes Licht wie ein zerlaufendes Eidotter am Himmel aus. Der Viehmarkt vor den Toren der Stadt und vor den Toren der weitläufigen Markthallen ist im vollen Gang. Zu dieser Stunde sind die Beduinen unter sich. Sie sehen gut aus, sind meist groß und hager, traditionell gekleidet in lange, dunkle Mäntel, auf dem Kopf der Kafia, das weiße arabische Tuch. Sie kennen sich, sie sind sparsam in ihren Bewegungen, leise in der Unterhaltung. Sie rauchen ihre selbstgedrehten Zigaretten, bis ihnen der glühende Stummel aus dem Mund fällt. Sie vertreiben sich den Morgen mit Handel und Geschäften einige hundert Meter weiter in der Stadt.

Hier, auf dem staubigen, tristen Platz, wo gleich nebenan der bunte Bazar aufwacht, verbündet sich eine herbe Männergesellschaft. Ein paar hübsche Knaben springen herum, Söhne vielleicht, die geschäftig Ziegen und Schafe im Zaum halten. Hier und da verharrt eine Beduinenfrau an ihrem Platz, ebenso traditionell in die schwarze Abaya gekleidet, das Tuch tief ins Gesicht gezogen. Ein kunstreich bunt gemustertes Mieder schaut aus dem Umhang hervor. Niemand scheint sie zu beachten. Später aber, als wir wieder an ihr vorbeigehen, hat sie ihr Zieglein schon verkauft.

Es ist eine geschäftige, eine gedrängte und doch gemächliche Atmosphäre auf diesem Viehmarkt. Der Lebensrhythmus ohne Hast, geprägt von der sengenden Sonne und durch die Weite der Wüste, liegt auch über diesem Viehmarkt. Kein Geschrei, kein lautstarkes Anpreisen. Heute sind nur Ziegen und Schafe auf dem Markt, am Rande treten ein paar Kamele ihre Spur aus. Das Federvieh fehlt, das an manchen Donnerstagen so reizvolle Akzente setzt. Wir finden es später vereinzelt auf dem Bazar nebenan.

Die Männer prüfen das Vieh, greifen unsanft in ihr Fell, drücken mit hartem Griff ihre Kiefer auseinander, kneifen und drücken die Euter. Sie verhandeln wortkarg, hocken im Kreis am Boden, rauchen, schweigen, verhandeln weiter. Als der Alte aus seinem weiten Umhang ein Bündel Geldscheine hervorkramt, sie dem anderen auf die Hand blättert, scheint das Geschäft abgeschlossen. Ein Handschlag besiegelt den Vertrag. Der Alte, von dem ich meinen Blick nicht lassen kann, erhebt sich. Sein Gesicht ist kantig, zerfurcht, scharf gezeichnet, die Nase wuchtig. Sein Blick stolz und ruhig. Viele Gesichter ähneln diesem, Wüstengesichter, die viele Jahresringe verraten. Der Alte kramt aus seinem Umhang ein Plastiksäckchen mit pulverisierter blauer Farbe. Ein bißchen Spucke auf den Finger, in die Farbe getupft, und er markiert seine eingehandelten Schafe. Fünf kleine blaue Punkte an den Hinterteilen der Tiere. Ein Bursche tritt aus dem Hintergrund, greift die Tiere an kurzen Strängen, zerrt und zottelt sie hinter dem Alten her.
Der Viehmarkt ist auch um sieben Uhr noch fast ohne Touristen. Schon fahren die ersten Wagen wieder fort, lösen sich Grüppchen auf. Das laute, orientalische Treiben vom Bazar nebenan zieht das Interesse an sich. Beduinenfrauen mit selbst gefärbter Wolle, mit gewobenen Teppichen, mit Hühnern sitzen zwischen Gewürzhändlern, getrockneten Feigenbergen und aufgerollten Säcken voller Hülsenfrüchte: weiße und braune Bohnen, rote und grüne Linsen, Hirse, Erbsen, getrocknete Bamja, auch Reis und viele Sorten Nudeln. Ein fliegender, wohlbeleibter Händler mit durchdringender Stimme preist Unterwäsche, Schuhe und modische Jeans an. Das Souvenirgeschäft blüht. Ich habe wieder ein Gesicht entdeckt, das verrunzelte, zerfurchte eines uralten Beduinen. Er sitzt zusammengeschrumpft auf einem ausgebreiteten Tuch, um sich herum kleine Säcke mit natürlichen Farbstoffen und den wunderlichsten getrockneten Gewürzen. Er raucht an seinem Pfeifchen. Das lebhafte Treiben um ihn herum scheint ihn nichts anzugehen.
Inzwischen ist es später als acht Uhr geworden. Die Sonne hat sich den weiten Horizont zu eigen gemacht und breitet ihre drückende Wärme aus. Es ist Zeit für ein Glas Wasser. Die Hausfrauen von Beer Sheva und die Frauen der Beduinen wenden sich den Markthallen zu, in denen sie Gemüse, Früchte, Fleisch und Milchprodukte kaufen.

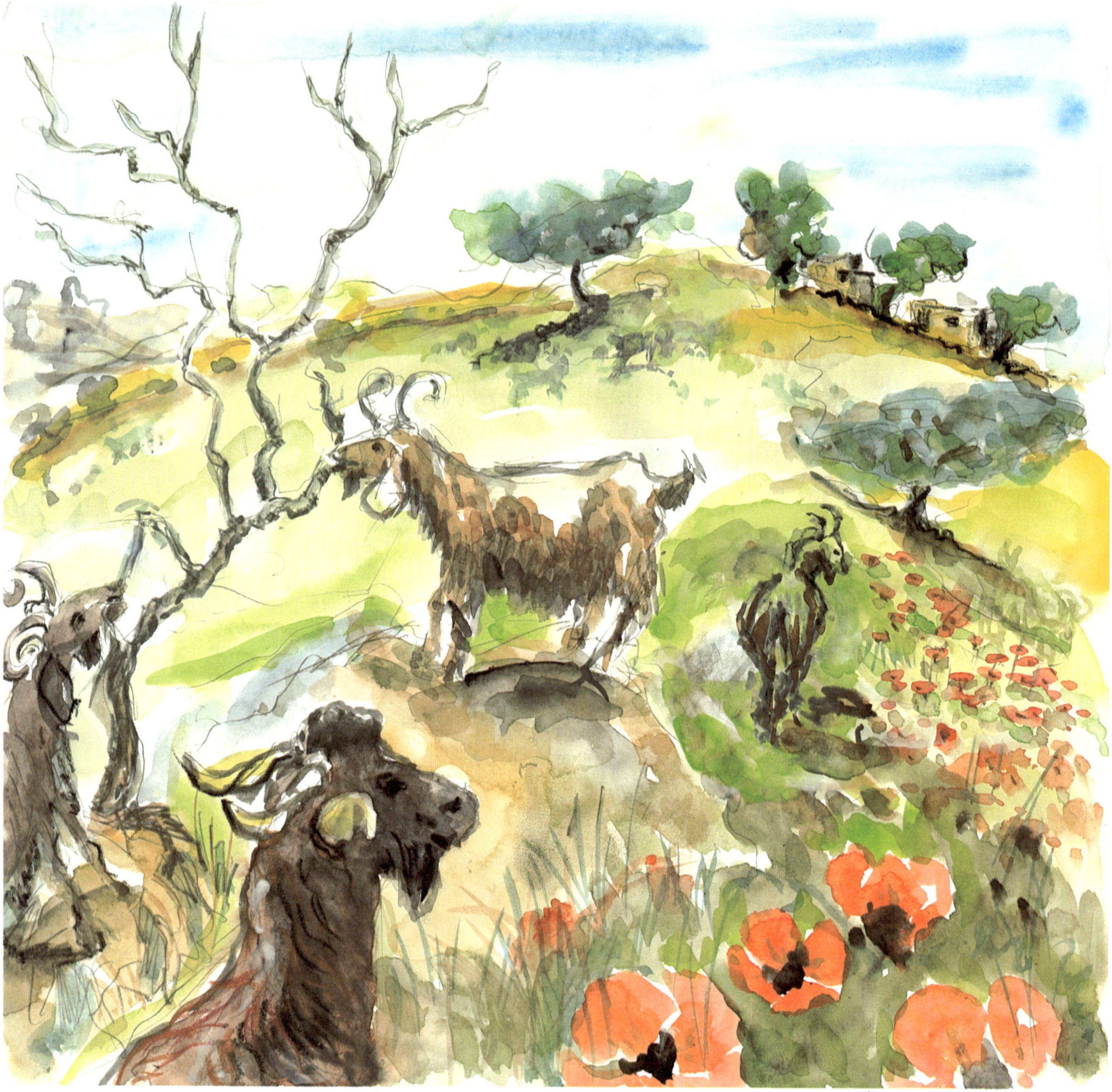

Tscholent und orientalische Eintöpfe

Der Name *Tscholent* leitet sich von dem französischen Wort „chaud" ab und bedeutet „warm". Name und Gericht, nämlich ein dicker Eintopf, hängen mit dem Umstand zusammen, daß die gläubigen Juden am Schabbat kein Feuer machen dürfen. Jede Arbeit ist verboten. So haben sie sich warme Mahlzeiten ersonnen, die man schon am Vorabend des Schabbat in den vorgewärmten Ofen schieben kann, und die dann langsam, bis zum Schabbatmittag, vor sich hinköcheln. Die polnischen Juden waren echte Tscholent-Kochkünstler. In einem heißen Klima wie Israel ist zwar der Bedarf an fetten Mahlzeiten nicht unbedingt notwendig, aber die Tendenz der eher einfachen und daher sättigenden Eintopf-Küche vieler mediterraner Völker kommt dem kräftigen Tscholent entgegen.

Tscholent mit Bohnen und Gerste   טשולנט עם שעועית וגריסים

Das folgende Rezept beschreibt Salcia Landmann in ihrem Buch „Gepfeffert und gesalzen".[7]
„Sie brauchen hierfür ein fettes Stück Fleisch. Überhaupt taugen solche Gerichte wenig, wenn man sie mit mageren Fleischstücken bereitet. Und außerdem brauchen Sie einige Stücke ausgelassenes oder sehr klein zerschnittenes, von den Häuten freigeschabtes tierisches Fett. Und dann noch ein paar Markbeine...
Haben Sie Angst vor Cholesterin? Dann überschlagen Sie die nächsten paar Seiten und lesen Sie erst, wenn eine andere Modeangst den Cholesterinschrecken bei Ihnen in den Hintergrund gedrängt hat!
Alle übrigen aber sollen weiter zuhören: Sie nehmen einen schweren Topf – einen eisernen oder irdenen – mit sehr gut schließendem Deckel, geben die Fettstücklein oder das ausgelassene Fett zuunterst hinein, legen das Fleisch und die Markbeine darauf, fügen, wenn Sie wollen, eine zerschnittene Zwiebel hinzu oder noch besser ein paar Knoblauchzehen (wenn Sie sie ganz lassen, können Sie sie später, vor dem Essen,

herausfischen und entfernen!) und schütten 1/2 Liter grobe Gerste und ebensoviel weiße Bohnen hinzu. Die Gerste muß gut gewaschen werden, die Bohnen weicht man, wenn sie nicht ganz frisch aus dem Garten kommen, am besten vorher eine ganze Nacht lang ein. Salz und Pfeffer hinein, und gut mit Wasser überdecken. Topf gut verschließen und auf kleiner Flamme oder im nicht allzu heißen Ofen langsam, in mehreren Stunden, gar werden lassen. Wenn Sie die Flüssigkeit richtig berechnet haben – aber das lernt man nur mit der Zeit und Übung –, dann ist der Tscholent zuletzt fast trocken. Bleibt noch etwas Brühe, so ist es auch kein Unglück. Wenn Sie unbedingt wollen, können Sie zuletzt noch ein Weilchen den Deckel vom Topf abnehmen, so daß der letzte Rest des Wassers verdunstet. Aber Vorsicht! Trotz dem vielen Fett kann die Speise, wenn man nicht aufpaßt, anbrennen! Sie schmeckt, wie gesagt, sehr gut. Aber ich möchte raten: für uns moderne schwächliche Esser genügt es, wenn wir einen solch massiven Leckerbissen einmal im Monat, und zwar im Winter, vorgesetzt bekommen."

טשולנט עם קורקבני עוף

Tscholent mit Hühnermägen

Die Zutaten für 4–6 Portionen
2 EL Zucker, 1/2 Glas kleine weiße
Bohnen, 1/2 Glas Rollgerste, 2 Gläser
Wasser, pro Person 2–3 kleine Kartoffeln,
2–3 kleine grüne Zwiebeln,
500 g Hühnermägen, etwa 100 g Fett,
Hühnerfett oder am besten Hühnerschmalz,
1–1 1/2 l Hühnerbouillon, Pfeffer,
evtl. Salz zum Nachwürzen

Den Zucker im großen Suppentopf bräunen, bis er karamelisiert. Sofort die gewaschenen Bohnen und die Rollgerste hinzugeben und mit Wasser begießen. Achtung, das zischt und dampft! Kurz aufkochen lassen und umrühren.
Die geschälten Kartoffeln, Zwiebeln, gut gereinigten Hühnermägen (oder tiefgefrorene Mägen, die bereits gereinigt sind) und Fett in den Topf geben, dann mit Bouillon auffüllen. Alle Zutaten sollen gut mit Flüssigkeit bedeckt sein. Mit wenig Pfeffer würzen. Den Eintopf kurz aufkochen, auf kleinster Hitze weiterköcheln lassen. Man kann ihn auch vom Freitagabend bis zum Schabbatmittag vor sich hingaren lassen.

סיר עוף עם תרד

Hühnereintopf mit Spinat

Die Zutaten für 4 Portionen
1 Tasse Reis, 1 1/2 Tassen Wasser,
4 mittelgroße Kartoffeln, Salz,
500 g frischer Spinat, 4 Hühnerteile
(Schenkel oder Hühnerbrust)

Für die Sauce
4 EL Öl, 4 EL Tomatenmark,
3 zerdrückte Knoblauchzehen, 1 TL Salz,
schwarzer Pfeffer, scharfer Paprika,
2–4 Tassen Wasser

Den Reis waschen, in eine Kasserolle geben, mit leicht gesalzenem Wasser bedecken und 10 Minuten kochen. Kartoffeln schälen, in Scheiben schneiden und auf dem Reis verteilen. Etwas salzen. Den Spinat waschen, die rohen Blätter grob hacken und auf den Kartoffeln verteilen. Die Hühnerteile, mit der Haut nach oben, auf dem Gemüse verteilen.

Die Bestandteile für die Sauce mit ca. 2 Tassen Wasser in einem Schüsselchen mischen und über das Eintopfgericht gießen. (Später, wenn die Flüssigkeit eingekocht ist, Wasser nachgießen.) Die Kasserolle schließen. Das Gericht bei starker Hitze zum Kochen bringen, auf mittlere Hitze reduzieren und etwa 45 Minuten weiterkochen. Zum Schluß abschmecken.

Lamm-Bohneneintopf

Das Lammfleisch vom Knochen lösen und in Würfel schneiden. Die Bohnen, je nach Gewohnheit, brechen. Die Zwiebeln grob hacken, die Knoblauchzehen fein hacken. Die Tomaten überbrühen und schälen.
Das Fleisch im heißen Öl kurz anbraten. Bohnen, Zwiebeln, Knoblauch dazugeben, gut umrühren, kurze Zeit miteinander schmoren lassen. Tomaten vierteln, zusammen mit den Gewürzen zum Fleisch geben, gut umrühren. Den Topf schließen und das Gericht auf kleiner Hitze rund 1 1/2 Stunden schmoren lassen. Vor dem Servieren abschmecken.
Als Beilage schmecken Kartoffeln oder Pitah.

סיר כבש עם שעועית

Die Zutaten für 4–6 Portionen
500 g Lammfleisch (Keule), 500 g grüne Bohnen, 4 große Zwiebeln,
2 Knoblauchzehen, Öl, 4 große Tomaten,
1/2 TL gemahlener Piment,
1/2 TL gemahlener Kümmel, einige Umdrehungen schwarzer Pfeffer, Salz

Marokkanischer Bohneneintopf

Die Bohnen, eine ganze Zwiebel, die Knoblauchzehen (unzerteilt) im Einweichwasser eine Stunde auf kleiner Hitze kochen. Zwiebel und Knoblauchzehen herausnehmen. Zunächst 4 Tassen Wasser zu den Bohnen geben, danach Salz und Pfeffer.
Die zweite Zwiebel in Ringe schneiden und im heißen Öl goldbraun schmoren. Gehackte Petersilie und Gewürze dazugeben und umrühren. Die Gewürzmischung zu den Bohnen geben. Eine halbe Stunde kochen. Mit Salz und Pfeffer abschmecken. Die Bohnen sollen die Flüssigkeit fast aufgenommen haben. Die Eier verquirlen, über das Bohnengericht gießen, kurz stocken lassen und servieren.
Dazu wird meist Pitah gegessen.

Variante
Der Bohneneintopf wird häufig scharf gewürzt, mit 1 TL S'chug oder 1 TL Harrissa.

סיר שעועית מרוקאי

Die Zutaten für 4–6 Portionen
450 g weiße Bohnen, über Nacht eingeweicht; 2 große Zwiebeln,
3–4 Knoblauchzehen, 4–5 Tassen Wasser,
3 EL Öl, eine Handvoll Petersilie,
1 TL gemahlener Kümmel,
1 TL Kurkuma, Salz, Pfeffer, 3 Eier

Lamm-Pilaw

Die Zwiebeln in Scheiben schneiden, Knoblauch hacken, beides im heißen Öl goldbraun dünsten, in der Pfanne auf die Seite schieben. Das Fleisch grob würfeln, im Zwiebel-Knoblauchfett anbraten. Wasser und Gewürze zugeben, umrühren. Die Pfanne schließen. Das Fleisch auf kleiner Hitze etwa 45 Minuten bis eine Stunde schmoren. Das Wasser soll während dieser Zeit einkochen. Parallel dazu den Reis kochen: Die Zwiebel fein hacken, im Öl dünsten. Den Reis dazugeben, glasig dünsten. Mit Wasser auffüllen. Salzen. Auf kleinster Hitze garen lassen. Nach 10 Minuten die Rosinen zum Reis geben. Wenn Sie Mandeln verwenden, diese erst zum Schluß unter den Reis rühren.
Wenn das Fleisch gar ist, aus seinem Sud nehmen und warm stellen. Joghurt mit Fleischsud verrühren und unter den Reis rühren.
Reis und Fleisch auf einer großen Platte anrichten: in die Mitte den Reis, rundherum das Fleisch.

כבש עם אורז פילף

Die Zutaten für 4–6 Portionen
2 große Zwiebeln, 2 Knoblauchzehen,
Olivenöl, 500 g Lamm- oder Hammelfleisch, etwa 3 Tassen Wasser,
1 TL gemahlener Ingwer, 1/2 TL Zimt,
1/2 TL gemahlener Kardamom,
1 TL gemahlener Kümmel, 2 Nelken,
Salz, schwarzer Pfeffer
Für den Reis
1 kleine Zwiebel, Öl, 2 Tassen Reis,
2–3 Tassen Wasser, Safran, Salz,
1 Handvoll Rosinen oder gehackte Mandeln, 1 Becher Joghurt

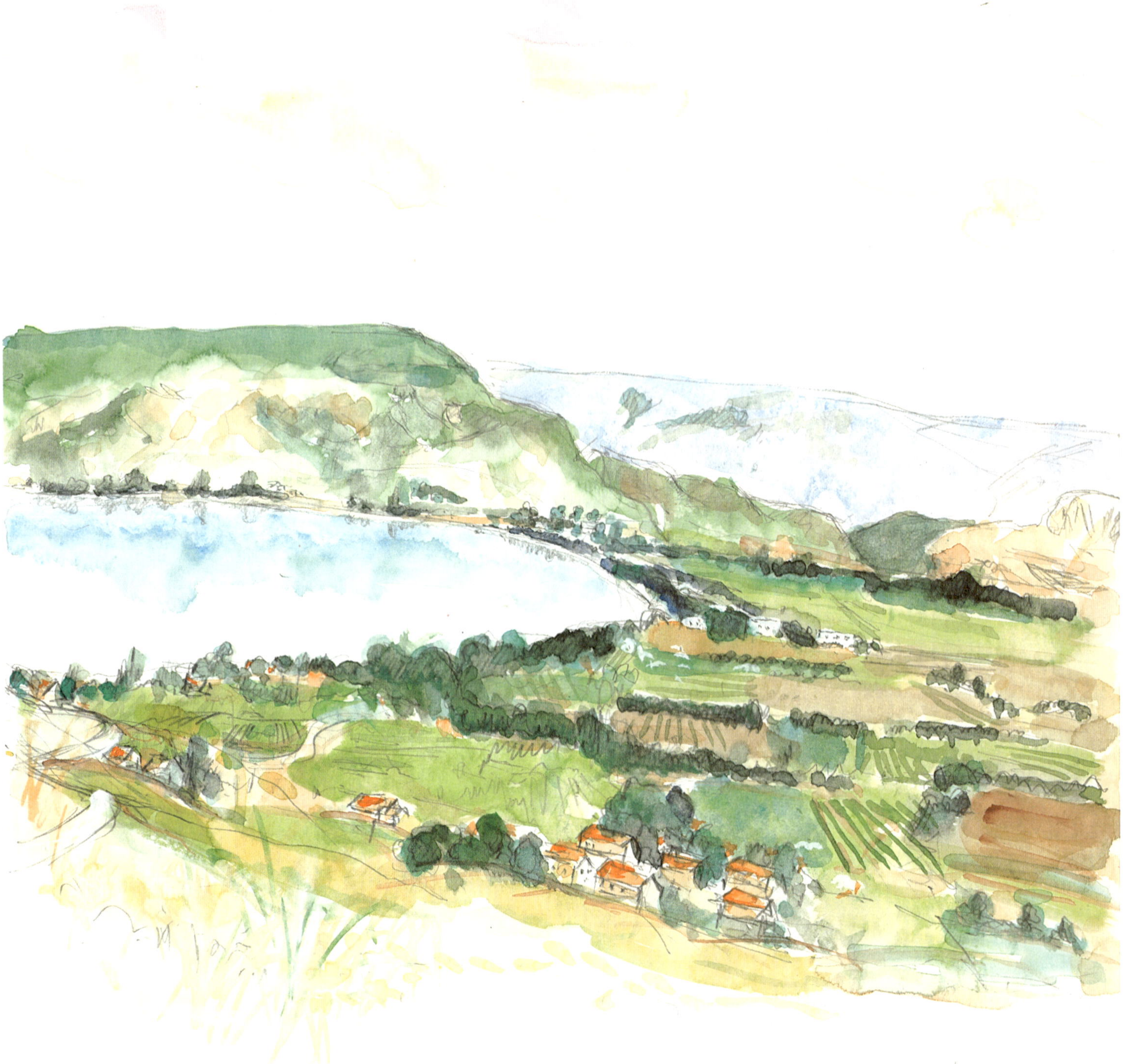

Rindfleisch-Eintopf mit Hummus

סיר בקר עם חומוס

Das typisch nordafrikanische Eintopfgericht war in den jüdischen Gemeinden Ägyptens häufiges Schabbat-Essen. In ähnlicher Zusammensetzung, aber mit weißen Bohnen statt mit Hummus, kannte man es auch in der Küche der osteuropäischen Juden.

Hummus eine Nacht vorweichen oder küchenfertig im Glas kaufen. Das Fleisch waschen und in Würfel schneiden, von allen Seiten kurz anbraten. Zwiebeln fein hacken und goldgelb rösten. Kartoffeln schälen, Knoblauch hacken. Alle Zutaten, auch die ungekochten Eier und Hummus, in eine große feuerfeste Form schichten. Die Knochen abbrühen, ebenfalls in den Eintopf geben. Mit Wasser auffüllen, so daß alle Zutaten knapp bedeckt sind. Gewürze in wenig Wasser anrühren, über Fleisch und Gemüse gießen. Die Form schließen (Deckel oder Alufolie), das Gericht im Backofen zum Kochen bringen. Bei mittlerer Hitze eine Stunde garen.
Die Hitze reduzieren, so daß der Eintopf nur sanft köchelt. Auf diese Weise kann er mehrere Stunden im Ofen garen, ja selbst am nächsten Tag erst herausgenommen werden.
Vor dem Servieren mit gehackter Petersilie bestreuen. Als Beilage schmecken Brot oder trockener Reis.

Die Zutaten für 4–6 Portionen
500 g Rindfleisch zum Schmoren,
2–3 EL Öl, 1 Kalbsfuß oder fleischige
Knochen, 2 große Zwiebeln, pro Person
2–3 kleine Kartoffeln, pro Person 1 Ei in
der Schale, 2 Knoblauchzehen,
300–400 g Hummus (Kichererbsen),
1 TL gemahlener Piment, 1 Nelke, 1 Prise
Zimt, Salz, Pfeffer, 1 Handvoll Petersilie

Pilaw mit Huhn

עוף עם אורז פילף

Das Gericht kommt aus der Türkei. Es wird häufig als Teil eines großen Festessens nach dem Hauptgericht serviert.

Das küchenfertige Huhn im heißen Öl rundherum kurz anbraten. In einen großen Topf legen, mit Wasser bedecken. Zwiebel, Pfeffer, etwas Salz und Kräuter dazugeben. Aufkochen lassen und während einer guten Stunde garen. Etwa 15 Minuten, bevor das Huhn weich ist, die Leber in den Topf geben, damit auch sie vorgekocht ist.
Das Huhn aus seiner Bouillon nehmen, abkühlen lassen. Die Bouillon durch ein Sieb passieren. Das kalte Fleisch von den Knochen trennen und in kleine Stücke zerlegen.

Den Reis waschen, abtropfen lassen, im heißen Öl glasig dünsten. Mit Hühnerbouillon auffüllen. Den Safran in wenig Wasser auflösen, zum Reis geben. Kurz aufkochen lassen, bei kleinster Hitze 10 Minuten garen. Die Mandeln halbieren, die Erbsen abtropfen lassen, beides unter den Reis mischen, mit Salz und Pfeffer abschmecken. Jetzt Hühnerfleisch und kleingeschnittene Leber unter den Reis mengen. Das Gericht kocht noch ca. 15 Minuten sanft weiter, bis der Reis gar und die Flüssigkeit aufgesaugt ist.

Die Zutaten als Hauptmahlzeit für
6 Personen
1 mittelgroßes Brathuhn, 2 EL Öl,
Wasser, 1 große Zwiebel, Pfeffer und Salz,
1 TL getrocknete Mittelmeerkräuter,
100 g Hühnerleber, 3 Tassen Reis,
4–5 Tassen Hühnerbouillon, 3 EL Öl,
Safran, 1 Tasse geschälte Mandeln,
1 kleine Dose Erbsen, Salz, Pfeffer

פילף בורגול עם כבש

Burghul-Pilaw mit Lamm

*Die Zutaten für 4–5 Portionen
3 grüne Zwiebeln, 1 Stückchen Butter,
600–800 g mageres Lammfleisch,
2 Knoblauchzehen, 4 kleine Tomaten,
2 EL Tomatenmark, Salz, schwarzer
Pfeffer, 1/2 TL Oregano,
1 Stückchen Butter, 400 g Burghul
(Weizenschrot), Salz*

Die Zwiebeln hacken und in der Butter bräunen. Das Fleisch in Würfel schneiden, zu den Zwiebeln geben und bei mittlerer Hitze rundherum anbraten. Die Knoblauchzehen hacken, die Tomaten überbrühen, schälen und vierteln. Zusammen mit den anderen Gewürzen zum Fleisch geben, gut umrühren. Mit Wasser bedecken und zugedeckt etwa 1 1/2 Stunden schmoren, bis das Fleisch zart ist. Zum Schluß die Sauce mit Wasser auffüllen, so daß Sie 1/2 Liter Flüssigkeit zur Bereitung des Burghuls haben. Nachwürzen.

In einem schweren, gut schließbaren Topf den Burghul in Butter etwa 10 Minuten bei mittlerer Hitze dünsten, währenddessen fortwährend rühren, damit er nicht anbrennt. Salzen. Das Fleisch mit Sauce unter den Burghul mengen. Gut umrühren und 10 Minuten zugedeckt schmoren lassen, bis die Flüssigkeit aufgesaugt ist. Auf niedrigster, gleichmäßiger Temperatur eine weitere halbe Stunde ruhen lassen.

Eine erfahrene Burghul-Köchin empfiehlt, zwischen Topf und Deckel ein weißes Tuch zu legen, in dem sich die Schweißperlen von der Flüssigkeit auffangen. Ich habe den Gedanken aufgegriffen, allein schon, weil mir die appetitliche Kochweise gefällt. Auf jeden Fall muß der Topf gut geschlossen sein. Der Burghul soll aufquellen, weich werden aber körnig bleiben.

סיר עגל

Kalbslenden-Topf

*Zutaten für 4 Personen
1 große Aubergine, etwa 800 g Kalbslende, 4–6 mittelgroße, gekochte Kartoffeln, 2–3 EL Öl, Salz, Pfeffer, etwa 1 1/2 Gläser Wasser, Saft von 1/2–1 Zitrone*

Die Aubergine in dicke Scheiben schneiden, entbittern (S. 99). Das Kalbfleisch grob würfeln. Die Kartoffeln pellen, in Scheiben schneiden. Fleisch und Kartoffeln in einem großen Topf in heißem Öl schmoren. Das Fleisch soll rundherum leicht braun aussehen. Wasser hinzufügen, so daß die Zutaten etwa bis zur Hälfte bedeckt sind. Mit Salz und Pfeffer würzen. Den Topf schließen, das Gericht auf kleiner Hitze köcheln. Die Auberginenscheiben abtrocknen. In heißem Öl von beiden Seiten braten, bis sie braun aussehen und weich sind; dem Eintopf beigeben. Das Gericht braucht insgesamt etwa 1 1/2 Stunden zum Garen. Sie sollten hin und wieder rühren, weil es leicht anbrennt. Eventuell etwas Wasser nachfüllen.

Wenn das Fleisch gar ist, nochmals abschmecken. Den Zitronensaft fügt man auf zweierlei Art zum Gericht: Entweder Sie träufeln ihn während des Servierens über den Eintopf, oder Sie schmecken das Gericht vorher ab. Der leicht dominante säuerliche Geschmack ist typisch und lecker.

Variante
Anstelle der Auberginen fügen Sie einige Artischockenherzen zu, würzen mit Kurkuma (Gelbwurz) und träufeln nur einige Tropfen Zitrone über das Gericht.

Die Kibbuzim und ihre landwirtschaftliche Bedeutung

Wenn man mich fragt, worin sich Israel auf den ersten Blick von seinen Nachbarn unterscheidet, würde ich sagen, an seinen grünen Feldern inmitten ausgetrockneter Landstriche. Nach Aussagen in der Bibel war Palästina einst ein blühender Obst- und Gemüsegarten. Im Laufe der Geschichte ist die ursprüngliche Fruchtbarkeit durch Raubbau zerstört worden. Als die Juden in unserem Jahrhundert zurückkehrten, mußten sie sich eine alt-neue Heimat schaffen. Ohne den Einsatz sozial denkender Menschen wäre diese Aufgabe niemals zu lösen gewesen. Die ersten Pioniere machten sich mit Begeisterung und Hingabe ans Werk, ihr Land wieder aufzubauen. Sie fanden sich vor allem in den Kibbuzim zusammen, die bis heute ein Vorbild für die Bevölkerung Israels sind.
Die Kibbuzimbewegung nahm vor 70 Jahren mit *Degania* ihren Anfang. Degania ist eines der ältesten Kibbuzim und liegt im Jordantal, dort, wo der Jordan aus dem See Genezareth tritt und als relativ breiter Fluß in Richtung Totes Meer fließt. Degania ist die Mutter der Kibbuzim; ein heute überaus gepflegtes Gemeinschaftsdorf mit schattigem Park, in dem die Wohngebäude stehen, mit Kinderhäusern und einem Kulturhaus. Am Rande breiten sich Kuhställe, Geflügelhöfe und Wirtschaftsgebäude aus, sowie Gewächshäuser mit Gemüsen und Blumen. Unweit liegen die Ländereien: Bananenkulturen, Avocado- und Weingärten, Birnen- und Apfelplantagen, wogende Weizenfelder.
Die Kibbuzim haben 290 000 Hektar Land angebaut, das ist mehr als ein Drittel des landwirtschaftlichen Gebietes, bestellt von nur rund 3 % der Bevölkerung, der Kibbuzniks. Ihre Arbeit ist von der Absicht getragen, innerhalb ihrer Staatsgrenzen Ödland zu erschließen und die Wüste zu entwickeln.
Mit Recht sind die Israelis stolz auf ihre Kibbuzim, wie sie in der Gründerzeit entstanden, stolz auch auf deren Ideale. Die Kibbuzniks führen ein kommunales Leben. Ihr Zusammenleben ist von sozialer Gleichstellung aller getragen, von gegenseitiger Hilfe, Gleichberechtigung von Mann und Frau und gemeinsamer Kindererziehung. Sie widmen sich produktiver Arbeit ohne persönlichen Gewinn, in ökologischem Bewußtsein und mit ausgeprägtem Sinn für die Natur.

Die Kibbuzim sind in der Mehrheit Pioniereinrichtungen auf dem Gebiet der Landwirtschaft. Sie haben sich immer um modernste landwirtschaftliche Methoden bemüht, führen laufend neue Gemüse- und Obstsorten im Land ein und produzieren hochqualifizierte Nahrungsmittel. Fast 80 % des einheimischen Lebensmittelbedarfs wird im eigenen Land produziert. Daneben spielt der Export eine große Rolle. So bezieht beispielsweise der europäische Markt seine ersten Tomaten und Erdbeeren im Jahr aus Israel, ferner Avocados, grüne Gurken, Melonen, grüne Pfefferschoten, Blumen und selbstverständlich Orangen, Grapefruits, Mandarinen, Nektarinen sowie neue Früchtesorten wie Tembel, Pomella, Schavonit und Kaki.

Gemüse

Auberginen חצילים

Auberginen gehören zur wichtigsten Stütze israelischer Küche. Dickbäuchig und glänzend liegen sie wie schönste Achatsteine in den Ständen der Gemüsemärkte aus und wechseln ihre Farben von malven bis fast schwarz. Es gibt sogar eine opalweiße Sorte. Entsprechend vielseitig stellen sie sich unter Beweis: Sie werden gebraten, gegrillt, gebacken, pikant gefüllt, in Aufläufen und Eintöpfen geschmort, herzhaft eingelegt, als Salat und zu Püree zubereitet.

Auberginen sind eigenwillig, und sie erwarten eine besondere Behandlung, wenn man sie richtig genießen will: Sie haben die Eigenart, beim Braten das Öl aufzusaugen wie Löschpapier die Tinte. Deshalb ist es ratsam, sie nach dem Braten auf ein Küchenkrepp oder ein Sieb zu legen, damit ein Teil des Fettes wieder ausgesaugt wird bzw. abtropft. Auberginen haben außerdem einen leicht bitteren Geschmack, der im allgemeinen unbeliebt ist. Es gibt zwei Methoden, die Bitterkeit aus den Früchten zu ziehen:

1. Man bestreut die Auberginenscheiben oder -hälften mit Salz, läßt dieses eine halbe Stunde einziehen, spült die Früchte unter fließendem kalten Wasser und trocknet sie mit Küchenkrepp ab.
2. Man legt die halbierten Auberginen (z.B. Schiffchen für gefüllte Auberginen) eine Stunde in Salzwasser, spült sie unter fließendem Wasser ab und drückt sie leicht aus. Wenn Auberginen klein und frisch sind, ist das aber völlig unnötig; die Prozedur verdirbt nur das feine Aroma.

Um Auberginenpüree für Salate und Dips zu bereiten, müssen zunächst die Schalen der Früchte verbrannt werden. Traditionell brannte man die Auberginen auf offenem Feuer rundherum schwarz, oder man legte sie in die Glut und schälte sie anschließend. In Israel benutzen viele Frauen einen eigens dafür ausrangierten Topf, der nur für das Auberginenbrennen hervorgeholt wird. Die einfachste und sauberste Methode ist, die Früchte in den sehr heißen Ofen zu legen oder auf ein Stück Alufolie in den Griller. Dort backen sie etwa 45 Minuten und werden zum Platzen prall. Nehmen Sie sie mit Handschuhen aus dem Ofen! Die Haut kann nun mit einem spitzen Messer spielendleicht abgezogen werden.

פרוסות חצילים אפויות

Gebackene Auberginenscheiben

Israelis haben eine Vorliebe für gebratene Auberginenscheiben. Wie rohe Kartoffeln oder Tomaten werden sie über offenem Feuer am Strand, auf dem Carmel, während eines Picknicks oder beim Zelten, sogar während einer Ruhepause auf dem Feld gebraten. Gebratene Auberginenscheiben sind Brutzelvergnügen: Meist ohne jede Beigabe von Öl, häufig scharf gewürzt.

Es ist fast unmöglich, sie in eine Rezeptordnung einzugliedern, selbst wenn man sie etwas kultivierter im Ofen oder in der Pfanne brät oder backt. Sie sind eine Gaumenfreude, Imbiß, eine Vorspeise oder Beilage. Das nachfolgende Rezept kann man als delikat bezeichnen. Aus einer großen Aubergine schneide ich etwa 10 Scheiben.

1 große Aubergine, Salz, schwarzer Pfeffer, Mehl, reichlich Olivenöl

Die Aubergine waschen, in Scheiben schneiden, entbittern (S. 99). Die gut abgetrockneten Scheiben nebeneinander legen, über jede ein bis zwei Umdrehungen Pfeffer geben. Jede Scheibe von beiden Seiten hauchdünn in Mehl panieren. Öl in der Pfanne erhitzen und so viele Scheiben hineinlegen, wie die Pfanne faßt. Von beiden Seiten kräftig braun backen. Mit einer Messerspitze probieren, ob das Fruchtfleisch weich ist. Die Scheiben auf ein Küchenkrepp legen, Öl abtropfen lassen. Im Ofen warm halten, bis alle Auberginenscheiben ausgebacken sind.

Variante
Zur Abwechslung backen Sie Zucchinischeiben. Zucchini braucht etwas länger, um weich zu werden.

פשטידת חצילים עם חומוס

Auberginenauflauf mit Hummus

*Die Zutaten für 6 Personen
3 große Auberginen, Salz, 1/2 Tasse Olivenöl, 3 große Zwiebeln, Salz und schwarzer Pfeffer, 500 g Hummus (Kichererbsen), über Nacht eingeweicht oder aus der Dose; 1 kg frische Tomaten, 1/2 TL Oregano, Cayennepfeffer, 1/2 Tasse Gemüsebouillon (Würfel)*

Die Auberginen waschen, in Scheiben schneiden und entbittern (S. 99). Die trockenen Scheiben in heißem Öl von beiden Seiten goldbraun braten, aus dem Fett nehmen, auf Küchenkrepp abtropfen lassen. In eine feuerfeste, quadratische Form legen. Den Ofen bei mittlerer Hitze vorheizen.

Die Zwiebeln grob würfeln, im Auberginen-Fett oder wenig zusätzlichem Öl in der Pfanne anbraten, zu den Auberginen geben, salzen und kräftig pfeffern. Die weichen, abgetropften Kichererbsen über dem Gemüse verteilen. Die Tomaten abbrühen, enthäuten, in dicke Scheiben schneiden, über dem Gemüse verteilen. Mit Salz und Pfeffer, Oregano und Cayennepfeffer würzen. Sehr wenig Bouillon oder Wasser über das Gemüse gießen. Die Form mit Deckel oder Alu-Folie schließen, in den Ofen schieben. Der Auflauf muß zum Kochen kommen, dann 45 Minuten auf kleiner Hitze backen. Für die letzten 15 Minuten nehmen Sie den Deckel von der Form, damit zuviel angesammelte Flüssigkeit einkochen kann.

Variante
3 Eier mit 1/2 Tasse geriebenem Käse verquirlen, mit Pfeffer würzen und über den Auflauf gießen. Den Auflauf 30 Minuten unbedeckt im Ofen backen. Es bildet sich eine goldgelbe Kruste und verwandelt den Auflauf in eine Art Gemüsekuchen.

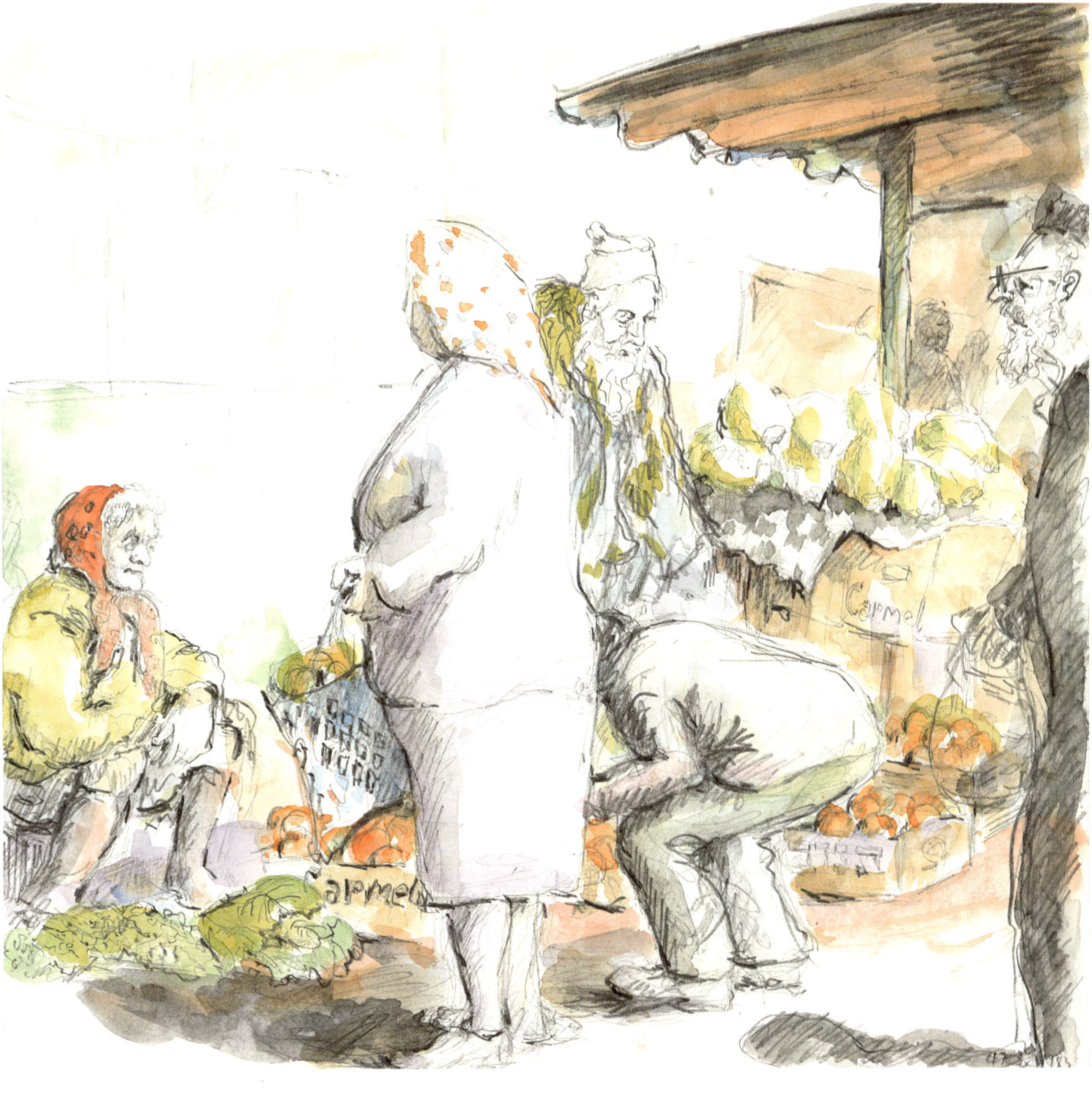
Carmel
armel

מוסקה
Mussaka

Dieser Auberginenauflauf ist ein griechisches Nationalgericht. Das Grundrezept besteht aus mehreren Schichten Auberginenscheiben und würziger Fleischmischung. Mussaka ist ein herrliches Gericht! Kein Wunder, daß es auch in Israel äußerst populär ist.

Die Zutaten für 4 Personen als Hauptmahlzeit
2–3 rundliche Auberginen (800–1000 g), Salz, Semmelmehl, geriebener Hartkäse (Katschkaval, Parmesan oder eine andere Sorte), 4 Eier

Für die Fleischmischung
Olivenöl, 1 große Zwiebel, 500 g Hackfleisch (Rind oder Lamm), 4 mittelgroße Tomaten, 2 Knoblauchzehen, 1 Handvoll glattblättrige Petersilie, Salz und Pfeffer, 1/2 TL Zimt, etwas Muskat

Die Auberginen schälen, der Länge nach in dünne Scheiben schneiden und entbittern (S. 99).
Währenddessen die Fleischmischung zubereiten:
Zwiebel grob hacken, im Öl glasig dünsten. Fleisch dazugeben, solange anbraten, bis die rohe Fleischfarbe eingezogen ist.
Tomaten abbrühen, enthäuten, zerkleinern, zum Fleisch geben. Knoblauchzehen hacken, Petersilie hacken. Ebenfalls zum Fleisch geben, gut umrühren. Mit Salz, kräftig mit Pfeffer, dosiert mit Zimt und Muskat würzen. Die Mischung 1/4 Stunde schmoren lassen.
Die Auberginen kalt abwaschen und trocknen. Eine hohe, feuerfeste Form mit Öl ausstreichen. Den Boden mit der Hälfte der Auberginenscheiben belegen. Die Hälfte der Fleischmischung über dem Gemüse verteilen. Mit einer zweiten Schicht Auberginenscheiben bedecken. Darüber die zweite Schicht Fleischmischung verteilen.

Die Oberfläche dünn mit Semmelmehl, etwas üppiger mit Käse bestreuen. Die Eier verschlagen, wenig Salz hineingeben, gleichmäßig über den Auflauf gießen. Nochmals dünn mit Semmelmehl und etwas üppiger mit Käse bestreuen.
Die Form schließen und im vorgeheizten Ofen bei 180 Grad eine Stunde backen: Die Auberginen sind weich. Es hat sich eine braune Kruste gebildet.
Zu Mussaka paßt gut grüner Salat.

פשטידת קישואים עם גבינה
Zucchiniauflauf mit Quark

Die Zutaten für 4–6 Portionen
1 kg kleine Zucchini, etwas Margarine, 250 g magerer Quark, 2 EL saurer Rahm, 2 Eier, 1/2 Tasse geriebener Käse (Katschkaval, Parmesan oder eine andere Sorte), 1 TL Salz, Pfeffer, scharfer Paprika

Die Zucchini schälen, der Länge nach fingerdick zerschneiden. In Salzwasser 8 Minuten kochen. Das Wasser abgießen.
Eine feuerfeste quadratische Form ausfetten, die Zucchini hineinschichten.
Den Quark mit allen angegebenen Zutaten mischen, zu einer dickflüssigen Sauce rühren, gut abschmecken. Die Quarksauce gleichmäßig über dem Gemüse verteilen.
Den Zucchiniauflauf zugedeckt im Ofen bei mittlerer Hitze 30 Minuten backen.
Er wird meist warm und als Gemüsebeilage gegessen.

Mais   תירס

Maiskolben sind eine der schlichten, beliebten Eßgenüsse in Israel, die man selbst auf der Straße für nur wenige Scheckel kaufen kann. In Nazareth, in der Unterstadt von Haifa, in Jerusalem oder Bethlehem, überall dort, wo die arabische Bevölkerung überwiegt, stehen die Händler mit ihren großen Kesseln und bieten zarte, heiße Kolben an. Selbst Kinder naschen sie wie andernorts Eis oder Süßigkeiten. Und der Tourist freut sich an den knallgelben Früchten als willkommenem, süß-saftigen Imbiß.

Gegrillte Maiskolben   תירס קלוי

Die Blätter und das silberne Maishaar von den Kolben entfernen. Auf einen Holzkohlengrill in die Nähe des Feuers legen. Während des Grillens die Kolben häufig wenden, bis sie schwarz sind und verkohlte Flecken zeigen. Innen sind sie saftig und weich.

Gebackene Maiskolben   תירס אפוי

Die Blätter und das silberne Maishaar von den Kolben entfernen. Die Kolben auf Alufolie legen, dünn mit Butter bestreuen, mit je einer Prise Zucker und Salz würzen. Die Folie schließen. Die Maiskolben ca. 30 Minuten bei mittlerer Hitze im Ofen backen.

Maisauflauf   פשטידת תירס

Nicht nur in Italien, auch in Rumänien spielt Mais eine wichtige Rolle. *Mamelige,* wie der Maisgrieß auf Jiddisch heißt, ist Basis für verschiedene Gerichte, die der Polenta ähneln.

Während Schawout, dem Erntefest im Frühling, an dem den Juden „milchige" Gerichte vorgeschrieben sind, ist für die rumänischen Juden ein Maisauflauf mit Käse zur Tradition geworden.

Milch in einem großen Topf aufkochen, Maisgrieß in die Milch einstreuen. Solange rühren, bis keine Klumpen mehr vorhanden sind. Salz und Butter hinzufügen. Auf kleinster Hitze 20–30 Minuten kochen, dabei häufig umrühren. 10 Minuten stehen und quellen lassen.

Den Käse in kleine Würfel schneiden. Die Grießmasse in drei Portionen aufteilen. Grieß und Käse in eine gefettete Auflaufform schichten: Ein Teil Maisgrieß, darauf einige Würfel Käse – zweiter Teil Maisgrieß, darauf wieder einige Würfel Käse – dritter Teil Maisgrieß, den Rest Käse verteilen.

Die Form in den vorgeheizten Ofen schieben und ca. 20 Minuten bei mittlerer Hitze backen, bis der Auflauf eine braune Oberhaut hat.

Aus dem Ofen nehmen und mit saurem Rahm übergießen. Der Auflauf wird warm gegessen.

1 1/2 Tassen Maisgrieß, mittelfein, 4 Tassen Milch, 1 TL Salt oder etwas mehr, 1 großes Stück Butter, 300 g Katschkavalkäse (siehe S. 80) oder eine andere rezente Käsesorte, die sich zum Schmelzen eignet, 1 Becher saurer Rahm

תוספת גמבה לירקות — Gamba als Gemüsebeilage

Gamba ist eine Paprikapflanze, die im heißen Klima Israels besonders gut und reichlich gedeiht. Die überwiegend roten Schoten sehen eher gedrungen und rundlich aus. Ihr Fruchtfleisch ist dick und saftig, und es schmeckt süßlich. Gamba ist ein sehr beliebtes Gemüse: als Beilage und vor allem herzhaft eingelegt. Es ist mit dem Tomatenpaprika zu vergleichen, den man hin und wieder bei uns entdeckt.

1 kg Gamba, 1/2 kg Tomaten, 3–4 Knoblauchzehen, Öl, 1 kleine Pfefferschote, Salz

Gamba in den heißen Ofen legen, einige Minuten backen. Unter kaltem Wasser abspülen. Mit einem spitzen Messer schälen. Die Schoten halbieren, Kerne entfernen. Das Fruchtfleisch kleinschneiden.
Die Tomaten überbrühen, häuten, in Scheiben schneiden. Knoblauch hacken. Pfefferschote in feine Ringe schneiden. Öl erhitzen, Gemüse und Gewürze schmoren. Dabei ständig rühren, weil das Gemüse ohne Wasser gegart wird. Wenn die Gamba weich, das Gemüse zu Püree gekocht ist, vom Herd nehmen.
Diese Gemüsebeilage wird gerne kalt zu Fleisch gegessen.

במיה — Bamia

Bamia sind eßbare Hibiskusfrüchte, ein Gemüse, das man bei uns nur selten antrifft. Bamia oder *Okra,* wie sie auf Arabisch heißen, sehen wie kleine pelzige, grüne Bohnen aus. Sie enthalten eine gallertartige Masse, über die man sich nicht ganz einig ist, wie sie zu behandeln ist. Tilli behauptet, sie darf beim Zubereiten nicht auslaufen. In einer anderen Kochanleitung las ich genau das Gegenteil.
Bamia findet man zur Erntezeit auf allen Gemüsemärkten des Landes. Sie werden als Gemüsebeilage zur Hauptmahlzeit gegessen oder als einer von vielen Salaten während des abendlichen kalten Buffets.

במיה עם עגבניות — Bamia mit Tomaten

Die Zutaten als Beilage zu einer Hauptmahlzeit
1 kg Bamia, wenig Öl, 3 mittelgroße Tomaten, 3 Knoblauchzehen, wenig Wasser, Salz, Saft von 1/2 Zitrone

Die Früchte schälen, jedoch die Käppchen nicht abschneiden, damit die Masse nicht ausfließt. Gut waschen, so daß alle feinen Härchen verschwinden. Die Bamia in wenig heißem Öl anbraten. Die Tomaten überbrühen, enthäuten, hacken; die Knoblauchzehen hacken. Beides zum Gemüse geben, außerdem wenig Wasser, etwas Salz und Zitronensaft.
Das Gemüse kocht im zugedeckten Topf etwa 20 Minuten. Man muß es häufig umrühren, weil es in wenig Flüssigkeit gart. Zum Schluß nochmals abschmecken. Tilli serviert dieses Bamiagemüse am liebsten kalt.

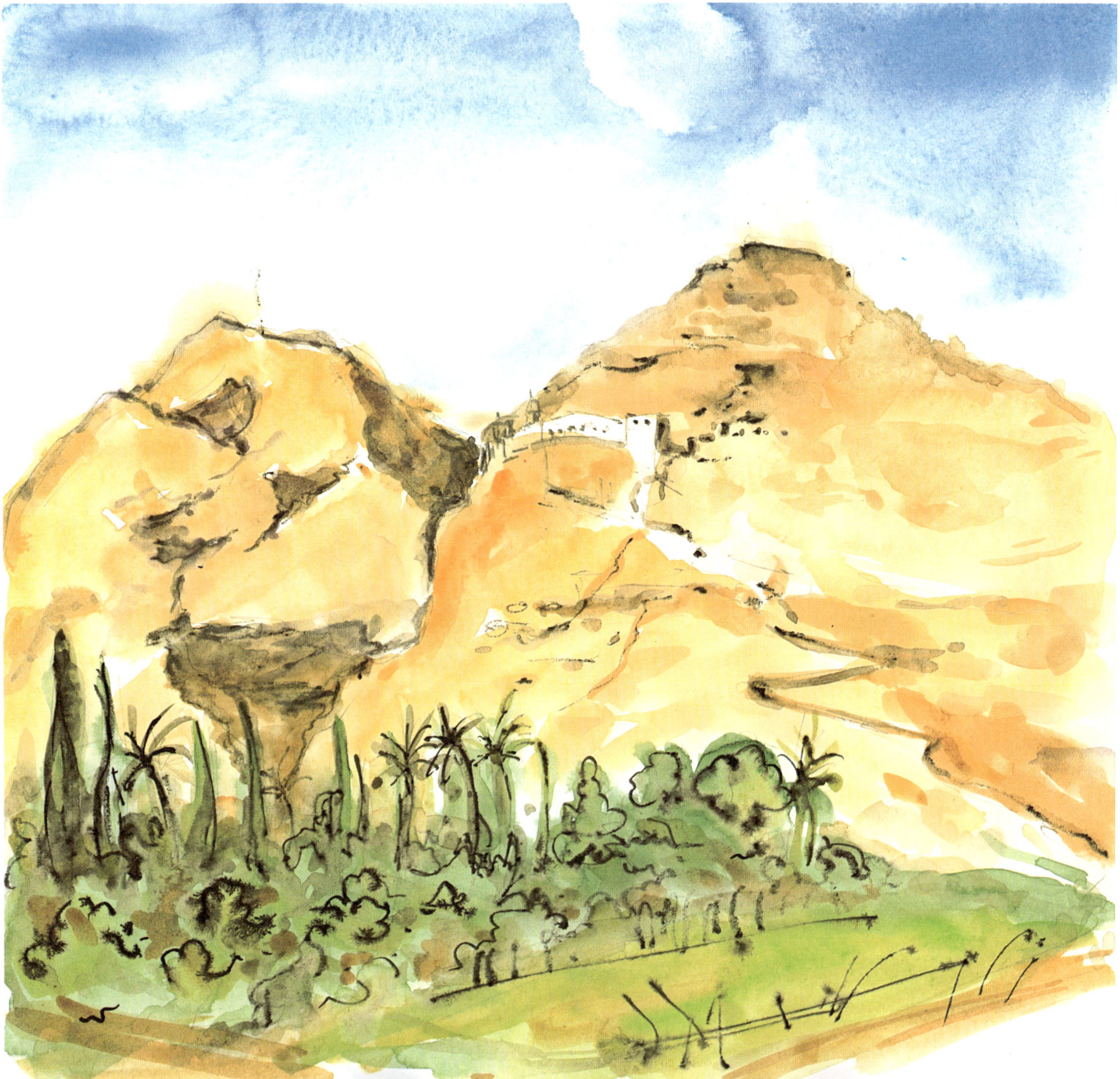

במיה תימנית

Bamia auf jemenitische Art

500 g Bamia, etwas Öl,
100 g zartes Lammfleisch, 2 Tomaten,
Salz und Pfeffer, Wasser

Die Bamia waschen, dann eine Stunde in der Sonne trocknen. Spitzen und Enden abschneiden. Die Bamia in Öl braten, bis sie braun sind. Aus der Pfanne nehmen. Das Fleisch in Würfel schneiden, im Öl anbraten und einige Minuten schmoren. Die Bamia hinzufügen. Nun auch die kleingeschnittenen Tomaten beifügen, mit Salz und Pfeffer würzen, mit 1/2 Tasse Wasser auffüllen. Umrühren. Auf kleiner Hitze 30 Minuten kochen.
Die Beilage kann warm oder kalt serviert werden.

תרד עם צנובר

Spinat mit Pinienkernen

500 g Spinat, etwas Butter,
1 Knoblauchzehe, 1/2 Tasse Pinienkerne,
Salz, Pfeffer

Den Spinat gut waschen. Solange in wenig Wasser kochen, bis er zusammenfällt. In einem Sieb abtropfen lassen. Butter in einer Pfanne auslassen, Knoblauch hacken und goldgelb dünsten. Spinat und Pinienkerne hinzufügen, würzen und kurz dünsten.

צימס עם גזר

Zimmet aus Karotten

Das Wort *Zimmet* ist in der jüdischen Küche zu Hause. Es beschreibt ein süß-saures bzw. süß-würziges Gericht aus Karotten, Kartoffeln, Pflaumen oder Fleisch. Eine andere Auslegung besagt, daß Zimmet sich von »Zugemüse« herleitet. Bei dem nachfolgenden Gericht handelt es sich tatsächlich um eine Beilage.

500 g Karotten, 2 EL Butter, 1/2 TL Salz,
1 TL Zucker, 1 TL Honig, Wasser

Die Karotten reinigen und in dicke Rädchen schneiden. Mit Fett, Salz, Zucker, Honig in einen Topf geben und mit Wasser knapp bedecken. Die Karotten auf schwacher Hitze eine Stunde kochen. Hin und wieder etwas schütteln, möglichst nicht zerrühren. Die Karotten sollen weich, die Flüssigkeit ganz eingekocht sein. Sie schmelzen auf der Zunge und sind eine bevorzugte Beilage zu jüdischen Festessen.

פשטידת פורי

Lauchauflauf

Dieser Auflauf stammt aus der sephardischen Küche. Er wurde in der Diaspora gern zu Pessach gegessen, weil seine Grundsubstanz aus Mazza besteht.

2–3 Stangen Lauch (500 g), 6 Scheiben
Mazzot (in Spezialläden mit israelischen
Produkten), 6 Eier, 1 Becher Cottage-
käse, 1 Becher Joghurt, 200 g geriebener
Hartkäse (Katschkaval, Parmesan oder
eine andere Sorte), Salz, Pfeffer, Muskat,
1 Stückchen Margarine

Lauch sehr gut reinigen, in 2 cm dicke Röllchen schneiden. In Salzwasser ca. 10 Minuten weichkochen. In ein Sieb geben und gut abtropfen lassen.
Mazzot mit der Hand zerbröckeln. Vom Lauchwasser so viel zu den Bröseln geben, daß sie aufweichen und zu Brei werden.
Aus Mazzot, Eiern, Cottagekäse, Joghurt und Käse eine dickflüssige Sauce anrühren (evtl. im Mixer), gut würzen. Den Lauch mit der Gabel leicht verzupfen. Lauch und Käsesauce mit einem Löffel vermischen.
Eine feuerfeste Form ausfetten. Den Auflauf hineingeben. Die Form (nicht zugedeckt) in den Ofen schieben, den Auflauf bei mittlerer Hitze etwa 30 Minuten backen, so daß er eine goldbraune Kruste bekommt.
Man serviert häufig Zitronenscheiben und ißt Mazza dazu.

Lauch mit Knoblauch

פורי עם שום

Lauch ist in Israel ein junges, gerade erst entdecktes Gemüse. Es wird zum Teil eingeführt, neuerdings auch angebaut. Die fleischigen dunklen Blätter und die weißen, zwiebelartigen Lauchspitzen entsprechen den Gaumengewohnheiten dieses Landes.
Lauch sehr gut reinigen. In 2 cm dicke Röllchen schneiden, bei schwacher Hitze 10 Minuten in Salzwasser kochen. In ein Sieb geben und abtropfen lassen.
Butter im Topf zergehen lassen, den Lauch hinzugeben. Knoblauchzehen zerdrücken, zum Gemüse geben. Mit Salz und Muskat würzen. Etwa 5 Minuten schmoren, derweil ständig umrühren.
Beliebt als Beilage zu Fleisch.

*2 dicke Stangen Lauch, Salzwasser,
1 Stück Butter, 3 Knoblauchzehen,
etwas Muskat, Salz*

Blumenkohl mit Fleisch

בשר וכרובית

Den Blumenkohl in kleine Röschen zerteilen, die Kohlröschen gut reinigen. Die Stiele aus den Kohlröschen so ausschneiden, daß kleine Höhlen entstehen. Diese Höhlen werden mit Hackfleisch gefüllt. Gut festpressen!
Die Eier verschlagen, die gefüllten Kohlröschen darin wenden, anschließend in Semmelmehl panieren. In einer Pfanne in heißem Öl rundherum kurz schmoren.
Die Stiele von den Kohlröschen grob hacken und ebenfalls in Öl anbraten, bis sie bräunlich sind. Eine feuerfeste Form dünn mit Öl bestreichen. Die Kohlröschen hineinsetzen, darüber das angebratene Gemüse verteilen. Sehr wenig Bouillon zugießen, und das Ganze mit einer dicken Schicht Käse bestreuen.
Die Form schließen und im vorgeheizten Ofen bei 180 Grad 45 Minuten backen.

*Die Zutaten für 4 Personen
1 mittelgroßer Blumenkohl,
400–500 g Hackfleischfüllung (S. 115),
2 Eier, etwa 4 EL Semmelmehl, Öl,
1/2 Tasse geriebener Hartkäse (Katschkaval, Parmesan oder eine ähnliche Sorte),
1/2 Tasse Gemüsebouillon (Würfel)*

Variante
Statt Käse können Sie eine weiße Sauce über das Gemüse gießen, die pikant mit Pfeffer, Muskat und Zitronensaft abgeschmeckt ist. Obenauf setzen sie ein paar Butterflöckchen.

Kürbiseintopf

סיר דלעת

Den geschälten Kürbis in mundgerechte Würfel schneiden und hauchdünn in Mehl wälzen. Zwiebel grob, Nüsse fein hacken. Öl erhitzen. Zwiebel und Kürbis ins Fett geben und unter gelegentlichem Rühren bei mittlerer Hitze dünsten. Nach einer Weile auch die Nüsse zugeben und mitdünsten. Nach etwa 10 Minuten den zerdrückten Knoblauch, Majoran und Thymian zufügen, etwas pfeffern und salzen. Nach und nach Hühnerbouillon zugießen, währenddessen immer wieder umrühren.
Den Topf halb zudecken und den Kürbis einige Minuten weiterkochen, bis er weich ist. Honig in etwas Zitronensaft verrühren. Das Gericht damit abschmecken.
Minze hacken. Datteln halbieren und entkernen, ebenfalls hacken. Beides vor dem Servieren über den Kürbis streuen.

*1 kg Kürbis, 2–3 EL Mehl, 1 Zwiebel,
1 Handvoll Nüsse, etwa 4 EL Öl,
1 Knoblauchzehe, Majoran, Thymian,
Pfeffer, Salz, 1–1 1/2 Tassen Hühnerbouillon, 1 EL Honig, 2–3 EL Zitronensaft, einige Blätter Minze,
1 Handvoll Datteln*

שעועית לבנה עם עגבניות

250 g weiße Bohnen (über Nacht eingeweicht), 4 große Tomaten, etwas Öl, 1 große Zwiebel, 3 Knoblauchzehen, 1/2 TL Basilikum, 1 Handvoll gehackte Petersilie, Salz, Pfeffer

Weiße Bohnen mit Tomaten

Die Bohnen im Einweichwasser 1–1 1/2 Stunden kochen. Die Tomaten überbrühen, enthäuten und hacken. Zwiebel und Knoblauch hacken. Das Öl in einer Pfanne erhitzen, Zwiebeln und Knoblauch glasig dünsten. Tomaten und Kräuter zugeben. Gut umrühren und 15 Minuten schmoren. Die Flüssigkeit von den weißen Bohnen abgießen. Das Gemüse zu den Bohnen geben. Mischen, gut würzen, einige Minuten miteinander dünsten.
Eine beliebte Gemüsebeilage zu Fleisch, die auch kalt gegessen wird.

Die Bohnenschalen

Da war einmal ein Armer, der war des Lebens überdrüssig. Er sagte: »Ich geh und stürze mich von der Mauer. Ich will sterben! Ich hab genug!« Das war in der Altstadt von Jeruscholajim. Von dem letzten Geld, das ihm übrig geblieben war, kaufte er ein paar Bohnen. Er stieg auf die Mauer und setzte sich hin, um die Bohnen zu essen. Er sagte sich: »Erst esse ich die Bohnen und dann stürze ich mich von der Mauer.« Er aß, bis er fast fertig war. Er schaute hin, und in seiner Hand waren nur noch ganz wenige. »Ah, gleich werde ich mich hinabstürzen!« sagte er. Dabei sieht er sich um. Inzwischen hörte er zu essen auf. Plötzlich hörte er von unten eine Stimme: »Du, ich warte! Wirf mir die Schalen herunter!« Das war ein Unglücklicher, der hatte nichts zu essen – er wartete nur auf die Schalen der Bohnen. Da sagte sich der Mann: »Wenn es jemanden gibt, der noch nicht einmal Bohnenschalen zu essen hat, dann stürze ich mich nicht hinunter!«
Er stand auf und ging nach Hause.[8]

Gefüllte Gemüse

Manche Gemüse laden geradezu zum Füllen ein: Auberginen, Tomaten, Paprika, Kartoffeln, Zucchini. Gefüllte Gemüse sind Augen- und Gaumenfreude gleichermaßen. Sie sehen farbenfroh und appetitlich aus und haben viele Vorteile. Sie können etliche Stunden im voraus zubereitet werden. Während des Kochens brauchen sie wenig Beachtung. Man kann sie gut im Kühlschrank aufheben oder gar einfrieren. In den meisten israelischen Haushalten werden gefüllte Gemüse in feuerfesten, quadratischen oder viereckigen Formen oder in großen, flachen Pfannen im Ofen gebacken. Natürlich können Sie sie genausogut auf dem Herd garen.

Gefüllte Auberginen

Für gefüllte Auberginen nimmt man eher kleine, längliche Früchte. Die kelchförmigen Stiele abschneiden. Die Früchte nach Belieben schälen, kalt abspülen und abtrocknen. Sie zu entbittern, ist nicht nötig. Die Auberginen der Länge nach halbieren. Mit einem scharfen Küchenmesser das Fruchtfleisch ausschaben. Etwa 1/2 cm rundherum in der Schale lassen. Das Fruchtfleisch hacken und unter die Fleischfüllung mischen. Die Auberginenschiffchen füllen. Eine feuerfeste, flache Form einölen und das Gemüse hineinstellen.

Die Tomatensauce mit Pfeffer und Cayennepfeffer würzig abschmecken und zum Gemüse gießen, so daß die Auberginen halbhoch bedeckt sind. Die Form schließen, in den vorgeheizten Ofen schieben und 20 Minuten bei starker Hitze backen. Die Hitze reduzieren. Deckel oder Folie abnehmen und etwa eine halbe Stunde weiterbacken. Die Auberginen müssen weich, die Füllung gar sein.

Vegetarische Füllung
Das Fruchtfleisch wie oben aus den Auberginenschiffchen schaben. Eine Füllung aus Tomaten, Zwiebeln, Knoblauch, reichlich frischen Kräutern und Auberginenfleisch herstellen. Auberginen backen wie oben. Vor dem Servieren mit Zitronensaft beträufeln.

חצילים ממולאים

Die Zutaten für 4 Portionen
4 mittlere oder 8 kleine Auberginen,
400 g Hackfleischfüllung (S. 115),
1/2 l Tomatensauce (aus der Dose oder Instant), schwarzer Pfeffer,
1 Prise Cayennepfeffer

חצילים ממולאים אפויים

Überbackene gefüllte Auberginen

Die gefüllten Auberginen im geschlossenen Topf in wenig Wasser dünsten, bis sie weich sind. Die Früchte vorsichtig in eine feuerfeste, leicht geölte Form umsetzen. Eine weiße Sauce kochen, mit geriebenem Käse abschmecken. Die Sauce über die Auberginen gießen. Das Gemüse bei 200 Grad 15 Minuten im Ofen gratinieren. Die Oberfläche soll goldgelb aussehen.

פלפל ממולא עם אורז

Gefüllte Paprikaschoten mit Reis

Die Zutaten für 12 halbierte Paprikaschoten
2–3 große Zwiebeln, 2 Knoblauchzehen, Öl, 2 Tassen Reis, 2 Gläser oder 1 kleine Dose Tomatensaft, 6 gleichmäßig gewachsene, grüne Paprikaschoten, 2 Tomaten, 1 TL Zucker, Salz, Pfeffer, scharfer Paprika

Zwiebeln und Knoblauch hacken, in Öl dünsten, bis sie goldbraun sind. Paprika der Länge nach aufschneiden, Kerngehäuse entfernen, in eine leicht geölte, feuerfeste Form stellen. In jede Paprikahälfte verteilen Sie folgende Zutaten: wenig Zwiebeln und Knoblauch, 1 EL Reiskörner, je 2 TL Tomatensaft. Würzen mit Salz, Pfeffer, Paprika, Zucker. Obenauf legen Sie je eine dicke Scheibe Tomaten, diese nochmals etwas salzen. Den restlichen Tomatensaft mit einem Glas Wasser verlängern, würzen und zum Gemüse geben.

Das Gemüse in der Kasserolle auf dem Herd zum Kochen bringen. Mit einem Deckel oder mit Alu-Folie schließen, in den Ofen schieben und 30 Minuten bei mittlerer Hitze backen. Die Folie entfernen und weitere 20 Minuten bei mäßiger Hitze backen und austrocknen lassen. Die Flüssigkeit soll ganz aufgesaugt werden.

פלפל ממולא עם בשר

Gefüllte Paprikaschoten mit Fleisch

6 mittelgroße Paprikaschoten,
500 g Hackfleischfüllung (S. 115)

Paprika waschen. Einen kleinen Deckel am Stielende abschneiden und zur Seite legen. Kerne und weiße Innenwände entfernen. Schoten einige Minuten in Wasser vorkochen, so daß die harte Schale schneller weich wird. Abtropfen lassen.

Eine Hackfleischfüllung zubereiten und diese in die Paprika verteilen. Mit den zuvor abgeschnittenen Deckeln schließen. Eine flache, feuerfeste Form mit Öl fetten, das Gemüse hineinstellen.

Für die Tomatensauce
2 EL Öl, 1 kleine Zwiebel, 1 TL Mehl, 2–3 Tassen Wasser, 1 kleine Dose Tomatenmark, Salz, Pfeffer, 1 Prise Zimt

Die Tomatensauce kochen: Zwiebel hacken. In Öl goldgelb dünsten. Mit Mehl bestäuben. Mit Wasser glattrühren. Tomatenmark einrühren. Abschmecken. Die Sauce über das Gemüse gießen. Es soll halb bedeckt sein.

Die Form mit einem Deckel oder mit Alufolie bedecken. Im vorgeheizten Ofen bei mittlerer Hitze 30 Minuten backen. Anschließend ohne Deckel mindestens 20 Minuten weiterbacken, bis die Schoten wirklich weich sind.

עגבניות ממולאות עם אורז

Gefüllte Tomaten mit Reis

Kaum eine Mahlzeit, bei der nicht Tomaten auf dem Tisch stehen: frische Tomaten, in Scheiben geschnitten, als Salat, gefüllt mit Reis oder Fleisch. Gefüllte Tomaten werden warm oder kalt, als Vorspeise oder als Beilage zur Hauptmahlzeit gegessen.

Von den Tomaten Deckel abschneiden und aufheben. Die Tomaten aushöhlen, mit der offenen Seite nach unten legen, damit sie abtropfen können.
Das Tomatenfleisch hacken. Zwiebel, Knoblauch, Petersilie, Dill hacken. Öl in der Pfanne erhitzen. Die Zwiebel goldbraun dünsten, das Tomatenfleisch darunter rühren, 2–3 Minuten einkochen lassen.
Den gewaschenen Reis zugeben, mit Wasser auffüllen, gut umrühren. Die Pfanne schließen, alles auf kleiner Hitze 15 Minuten kochen. Gelegentlich prüfen, ob noch etwas Wasser zugeführt werden muß. Zum Schluß die Pinienkerne untermengen. Mit Salz und Pfeffer kräftig abschmecken. Abkühlen lassen.
Die Tomaten mit dem gegarten Reis füllen. Deckel obenauf setzen, mit Öl bepinseln. Eine feuerfeste Form mit Öl einfetten, die Tomaten hineinsetzen und eine Tasse Bouillon hinzufügen. Die Tomaten im gut vorgeheizten Ofen bei Mittelhitze rund 30 bis 45 Minuten backen.

Variante
Tomaten mit Reis-Hummus-Mischung füllen (S. 115).

8 feste, reife, gleich große Tomaten, 1 große Zwiebel, 2 Knoblauchzehen, 1 Handvoll Petersilie, 1 Handvoll frischer Dill, Olivenöl, 1 1/2 Tassen Reis, 3 Tassen Wasser, 1 Tasse Pinienkerne, Salz, Pfeffer, 1/2–1 Tasse Gemüsebouillon (Dose oder Würfel)

Gefüllte Tomaten mit Fleisch

עגבניות ממולאות עם בשר

Die Tomaten aushöhlen wie im voran beschriebenen Rezept. Die Deckel zur Seite legen und später auf die Füllung setzen. Eine Fleischfüllung zubereiten (S. 115). Die Tomaten füllen. Eine feuerfeste Form mit Öl ausstreichen. Die Tomaten in die Form stellen.
Eine Tomatensauce kochen (S. 110), über das Gemüse gießen. Die Tomaten im vorgeheizten Ofen bei mittelstarker Hitze 30 Minuten backen.
Gelegentlich sieht man Tomaten und Paprikaschoten bunt durcheinander auf einer Platte. Das gibt Abwechslung für den Gaumen und im Aussehen.

Gefüllte Zucchini nach marokkanischer Art

קישואים ממולאים בטעם מרוקאי

Die Zucchini waschen, quer halbieren, dann der Länge nach halbieren. Mit einem Löffel aushöhlen. Die Zucchinischiffchen und das Gemüseinnere in eine Schüssel legen. Mit Essigwasser übergießen und 15 Minuten einziehen lassen. Gut abtropfen lassen und abtrocknen. Die Zucchinischiffchen mit Fleisch füllen.
Die Eier verschlagen, die gefüllten Gemüse darin wenden. Anschließend im Semmelmehl panieren. Wenig Öl in eine Pfanne geben. Die Zucchini rundherum anbraten. Die Zwiebeln hacken und das Gemüseinnere hacken, beides in heißem Öl goldgelb dünsten.
Zwiebeln und Gemüse in eine feuerfeste Form füllen. Darauf die gefüllten Zucchini dicht nebeneinander anordnen.
Aus Sojasauce, Bouillon, den Gewürzen eine Sauce anrühren und über das Gemüse gießen. Form mit einem Deckel oder mit Alufolie schließen, in den vorgeheizten Ofen schieben und während rund einer Stunde bei etwa 180 Grad garen.

1 kg große, schlanke Zucchini, Essigwasser, 500 g Hackfleischfüllung (S. 115), 2 Eier, Semmelmehl, Öl, 2 große Zwiebeln, 2 EL Sojasauce, 2 TL Zucker, 1 Tasse Fleischbouillon (Würfel), etwas Zimt, 1/2 Tasse Essig

קישואים ממולאים עם טחינה
Gefüllte Zucchini mit Tahina

10–12 kleine Zucchini,
500 g Hackfleischfüllung (S. 115), Öl,
1 1/2 Tassen Fleischbouillon (Würfel),
etwa 6 EL Tahina (S. 69), Zitronensaft,
1 Knoblauchzehe, Salz

Die Zucchini der Länge nach halbieren. Das Gemüseinnere herausschaben; dieses später hacken, kurz in Öl dünsten und den gefüllten Zucchini beim Backen beigeben. Die Zucchinischiffchen mit einer Hackfleisch-Mischung füllen, in Öl kurz anbraten, anschließend in eine feuerfeste Form schichten. Bouillon dazugießen (und gehacktes Gemüseinnere). Die Zucchini zugedeckt im Ofen bei mittlerer Hitze rund 30 Minuten backen.
Tahina mit zerdrücktem Knoblauch, Zitronensaft und Salz abschmecken, über dem Gemüse verteilen und (nicht zugedeckt) im Ofen 15 Minuten überbacken.

קישואים ממולאים עם בשר ואורז
Gefüllte Zucchini mit Fleisch und Reis

10–12 kleine Zucchini, 3 EL Öl, 1 Tasse Reis, 500 g Hackfleischfüllung (S. 115), 2 Tassen Fleischbouillon (Würfel), Salz, Pfeffer, 2 Hände voll Petersilie

Die gewaschenen Zucchini der Länge nach halbieren und das Gemüseinnere herausschaben. Jedes Schiffchen folgendermaßen füllen: eine dünne Schicht roher Reis, darauf Hackfleisch-Mischung. Gut andrücken. Die Zucchinischiffchen in einer Pfanne in Öl anbraten, anschließend in einem Topf neben- und übereinander schichten. Die Bouillon dazugeben, das Gemüse 40 Minuten kochen.
Parallel das Gemüseinnere hacken, kurz in Öl dünsten, mit Salz und Pfeffer abschmecken und die gehackte Petersilie hinzufügen. Die Mischung zu den gefüllten Zucchini in den Topf geben.
Auf gleiche Weise füllt Shiboleth grüne Paprika, Tomaten und Auberginen.

קישואים ממולאים עם גבינה
Gefüllte Zucchini mit Käse

10–12 kleine Zucchini, 1 Paket magerer Quark (250 g), 250 g geriebener Käse, 1 Ei, Pfeffer, Salz, Paprika, etwas Öl, einige Streifen Hartkäse

Die Zucchini schälen, der Länge nach halbieren, das Gemüseinnere herausschaben. Aus Quark, Käse, (evtl. etwas Milch) und Gewürzen die Käse-Füllung mischen. Sie soll sehr herzhaft sein. In die Zucchini-Schiffchen füllen.
Eine feuerfeste Form einölen, das Gemüse hineinsetzen. Jedes Schiffchen mit einem Streifen Käse garnieren. Im vorgeheizten Ofen etwa 45 Minuten backen: die ersten 30 Minuten mit Deckel oder Alu-Folie abgedeckt; später unbedeckt, damit die Füllung goldgelb bäckt.

פרוסות סלרי ממולאות
Gefüllte Selleriescheiben

1–2 mittlere Knollen Sellerie mit Blättern, 500 g Hackfleischfüllung (S. 115), 2 Eier, 3–4 EL Semmelmehl, Öl, 1 Knoblauchzehe, Salz, Pfeffer, 1 Tasse Wasser, Zitronensaft

Den Sellerie gut reinigen und schälen, in dünne Scheiben schneiden. Die Sellerieblätter grob hacken. Eine Hackfleischfüllung zubereiten, auf der Hälfte der Selleriescheiben verteilen und je eine zweite Scheibe obenauf drücken.
Eier verschlagen. Semmelmehl in einen zweiten Teller geben. Die gefüllten Selleriescheiben in Ei, dann im Semmelmehl panieren. So haften sie gut zusammen.
Zum Schmoren benötigt man einen großen Topf. Zunächst in wenig Öl die gehackten Sellerieblätter kurz dünsten, wieder herausnehmen. Jezt die Selleriescheiben nach und

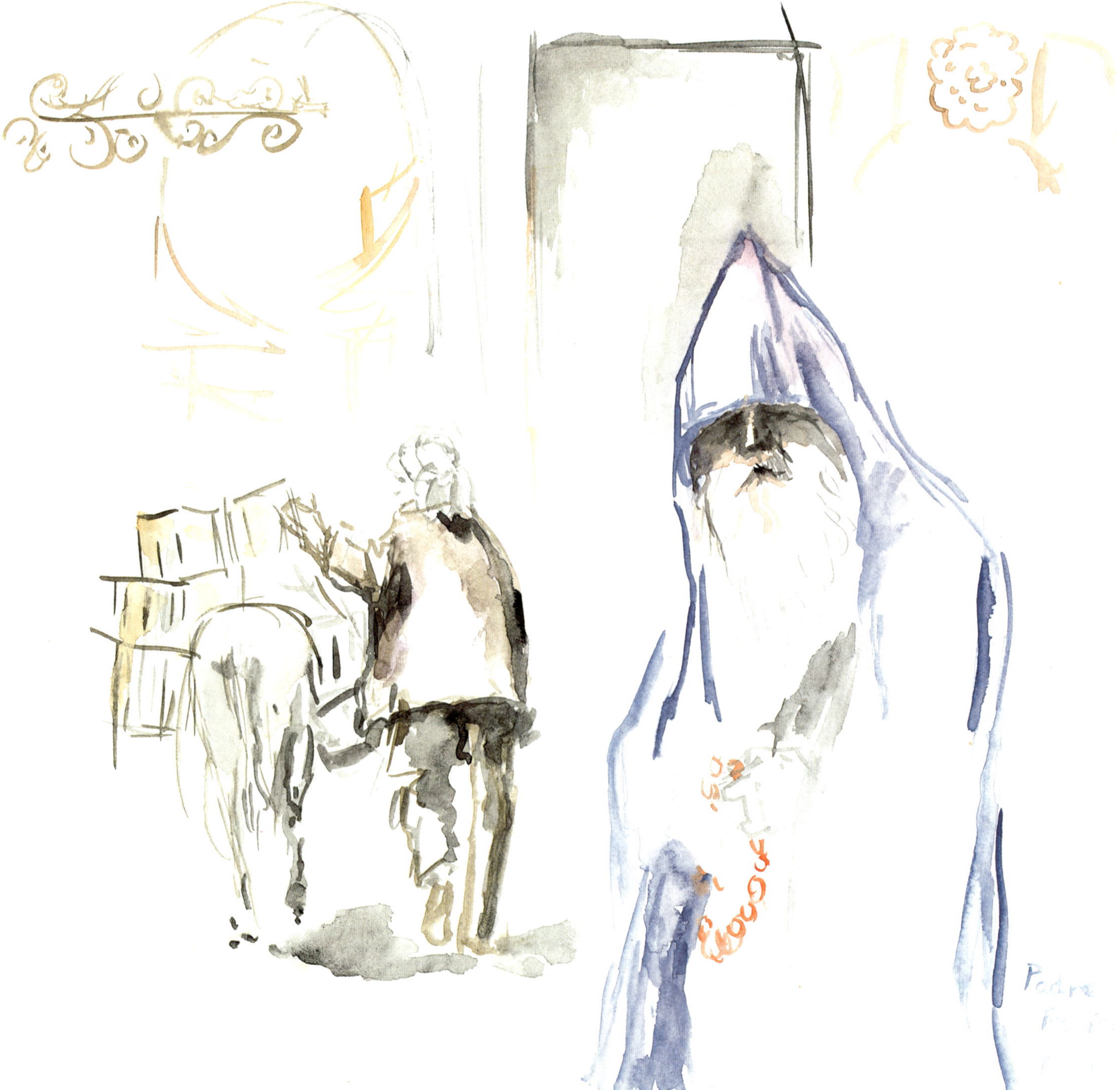
Padre

nach von beiden Seiten goldbraun anbraten. Sämtliches gefüllte Gemüse in den Topf schichten, die gehackten Blätter, gehackte Knoblauchzehe, Gewürze und Wasser hinzugeben.
45 Minuten zugedeckt schmoren lassen. Zum Schluß mit Zitronensaft abschmecken.

עלי גפן ממולאים / Gefüllte Weinblätter

Die Zutaten für 12 Portionen
12 Weinblätter, 500 g Fleisch-Reis-Füllung (S. 116), 1 EL Butter oder Margarine, 1–2 Tassen Wasser, frischer Zitronensaft

Gefüllte Weinblätter werden als Beilage oder als Vorspeise, warm oder kalt gegessen. Frische Weinblätter sind am besten. Man kann sie aber auch eingelegt in orientalisch orientierten Läden kaufen. Eingelegte Weinblätter sollte man vor dem Gebrauch mit kochendem Wasser übergießen, 15 Minuten im Wasser ziehen lassen, anschließend mit frischem Wasser abspülen und vorsichtig trocknen.
Frische Weinblätter 5 Minuten in kochendem Wasser weichen lassen. Vorsichtig herausnehmen und abtrocknen. Die Blätter auf dem Tisch ausbreiten, die harten Stengel abschneiden. Die glänzende Seite der Blätter liegt unten. Jedes Blatt etwa 1 cm dick mit der Füllung bestreichen. Dabei 1/2 cm Rand freilassen. Den Blattrand über die Füllung falten und fest zusammenrollen. Eine Kasserolle mit Butter ausstreichen. Die gefüllten Weinblätter dicht nebeneinander hineinlegen und am besten mit einem Brett bedecken, damit sie während des Kochens ruhig liegen bleiben. Wasser hinzufügen. Die Kasserolle schließen, das Gemüse etwa 50 Minuten bei kleiner Hitze kochen. Auf einer Platte servieren und jedes Weinblatt mit Zitronensaft beträufeln.

הולישקס / Hollischkes

Hollischkes sind nichts anderes als Kohlrouladen. Weil sie aber ein typisch russisches und polnisches Essen alter jüdischer Tradition sind, fanden sie auch in der israelischen Küche ihren festen Platz. Hollischkes werden in gleicher Weise zubereitet wie gefüllter Kohl bzw. Kohlblätter.

Die Zutaten für 10–12 Hollischkes
1 mittelgroßer Weißkohl, Zitronensaft, Tomatensauce (S. 110)

Für die Füllung:
500 g gehacktes Rindfleisch, 1 Ei, 2–3 EL Mazzamehl, 1 geriebene Zwiebel, 1 geraffelte Karotte, Salz, Pfeffer, Muskat, 1 Handvoll Petersilie

Äußere Kohlblätter entfernen. Den Kohlkopf 15 Minuten in Salzwasser kochen, kalt abspülen. Die Blätter sind nun weich und lassen sich einfach vom Strunk pellen. Den Kohlkopf in Blätter zerlegen. Die dicken Rippen von den äußeren Blättern wegschneiden.

Die Hackfleischfüllung zubereiten, würzig abschmecken.
Je nach Größe der Blätter 1–2 EL Füllung in jedes Blatt geben, vom Strunk zur Blattspitze fest einrollen. Eine feuerfeste Form mit den vorrätigen Blättern auslegen. Die Hollischkes in die Form schichten. Mit Zitronensaft beträufeln. Tomatensauce über die Hollischkes gießen, so daß sie zur Hälfte in Flüssigkeit liegen. Die Form schließen. Das Gemüse auf großer Hitze zum Kochen bringen. Im Ofen 1 1/2 Stunden bei kleiner Hitze garen, bis die Blätter weich sind. Weitere 30 Minuten unbedeckt backen, damit die Flüssigkeit weitgehend einkocht.
Der Tradition nach werden zu Hollischkes Latkes gegessen (S. 34). Aber auch andere Gemüse oder Reis passen dazu.

Gemüsefüllungen aus Hackfleisch, Reis und Hummus

Kräftig gewürzte Hackfleischfüllung

Zwiebel und Knoblauch im Öl glasig dünsten. Alle Zutaten mischen. Würzig abschmecken.

מלוי בשר קצוץ חריף

500 g Hackfleisch (Rind oder Lamm),
1 große Zwiebel, fein gehackt,
1 Knoblauchzehe, fein gehackt,
1 Handvoll Petersilie, gehackt,
etwas Öl, 1 Ei, Salz, Pfeffer,
scharfer Paprika, 1 TL S'chug,
2 EL Semmelmehl

Reis-Hummus-Füllung

Die Kichererbsen pürieren (am besten mit wenig Kochwasser im Mixer). Mit allen anderen Zutaten mischen. Ausgewogen abschmecken. Die Füllung ist beliebt für Tomaten und Paprikaschoten, die man kalt ißt.

מלוי אורז וחומוס

1 Tasse Hummus (Kichererbsen),
eingeweicht und weich gekocht,
1 Tasse Reis, gewaschen und abgetropft,
2 Tomaten, enthäutet und fein gewürfelt,
1 große Zwiebel, fein gehackt,
1 Handvoll Petersilie, gehackt,
Salz und Pfeffer, 1/2 TL Zimt

Hackfleischfüllung mit Nüssen

Die Zwiebel im heißen Öl glasig dünsten. Fleisch in die Pfanne geben und anbraten, bis es die rote Farbe verloren hat – währenddessen ständig wenden. Würzen. Zum Schluß die Nüsse bzw. Pinienkerne unter das Fleisch mischen.

מלוי בשר קצוץ עם אגוזים

500 g Hackfleisch (Rind oder Lamm),
1 große Zwiebel, fein gehackt,
etwas Öl, Salz, Pfeffer,
1/2 TL Zimt, gemahlen,
3/4 Tasse Walnüsse, gemahlen oder
Pinienkerne

Scharfe Hackfleisch-Reis-Füllung

מלוי חריף: בשר קצוץ ואורז

400 g Hackfleisch (Rind oder Lamm),
1 Ei, 1 kleine Zwiebel, fein gehackt,
2 Knoblauchzehen, fein gehackt,
1 getrocknete scharfe und zerriebene Paprikaschote,
Salz, Pfeffer, 1 Prise Cayennepfeffer,
1 Tasse Reis, gewaschen und abgetropft

Alle Zutaten gut mischen und kneten. Kräftig abschmecken.

Hackfleisch-Reis-Füllung mit Kräutern

מלוי בשר קצוץ ואורז עם תבלינים

400 g Hackfleisch (Rind oder Lamm),
1 Tasse Reis, gewaschen und abgetropft,
1 große Zwiebel, fein gehackt,
1 kleine Tomate, enthäutet und gewürfelt,
einige Blätter Minze, gehackt,
1 Handvoll Petersilie, gehackt,
1 Prise Zimt, Salz, Pfeffer

Alle Zutaten gut mischen und kneten. Würzig abschmecken.

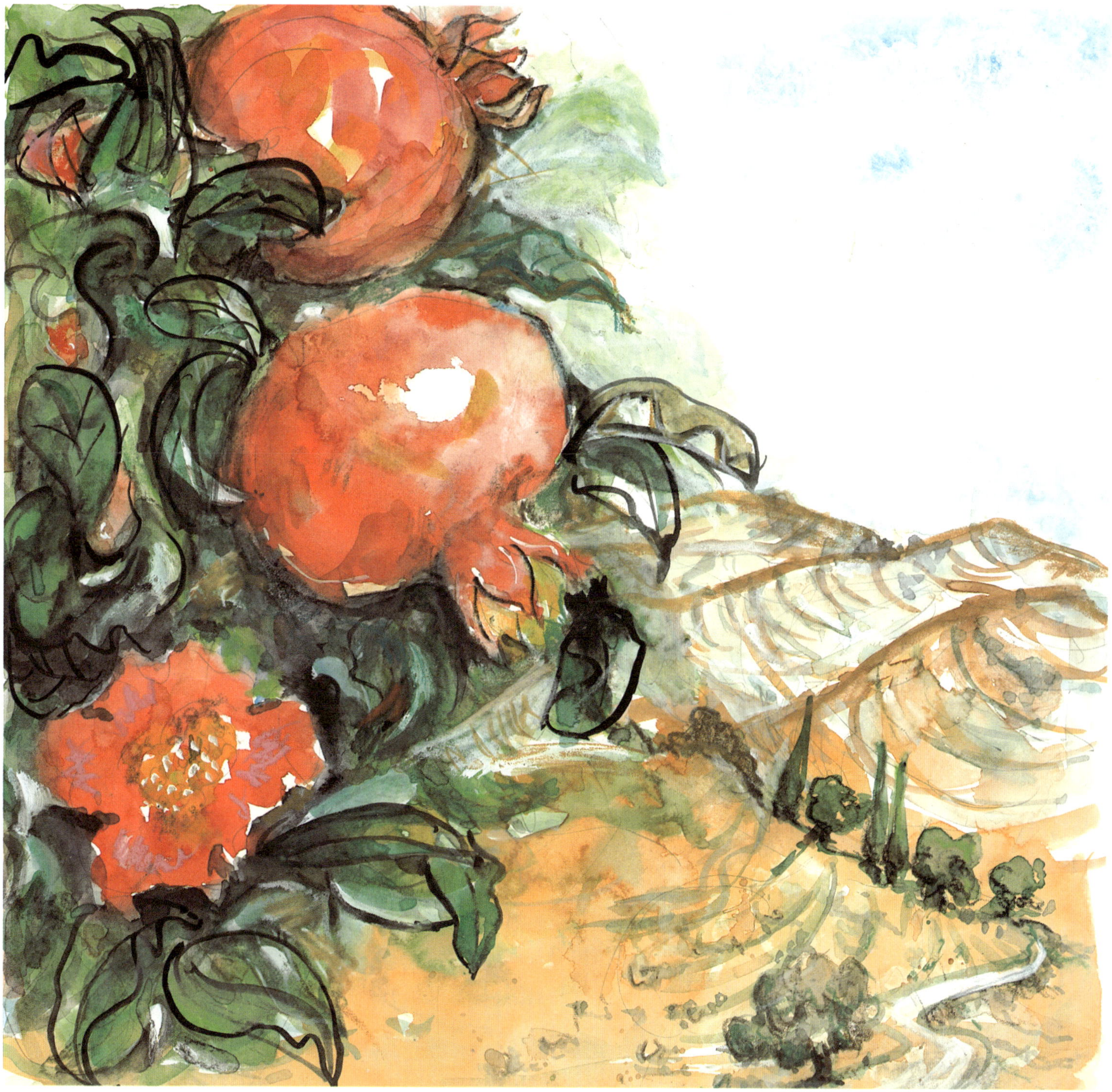

Fleisch

Zum Maggid von Kosnitz kam einst ein reicher Mann. „Was pflegt ihr zu essen?" fragte der Maggid. „Ich führe mich bescheiden", sagte der reiche Mann. „Brot mit Salz und ein Trunk Wasser sind mir genug." „Was fällt euch ein!" schalt der Maggid. „Braten sollt ihr essen und Met sollt ihr trinken, wie alle reichen Leute." Und er ließ den Mann nicht gehen, bis er ihm versprochen hatte, es fortan so zu halten.
Nachher fragten die Chassidim nach dem Grund der wunderlichen Rede. „Erst wenn er Fleisch ißt", antwortete er, „wird er wissen, daß der Arme Brot braucht. Solange er Brot ißt, meint er, der Arme könne Steine essen."[9]
Martin Buber schreibt diese Geschichte in den „Erzählungen der Chassidim". Fleisch, so weiß man aus der schicksalschweren Vergangenheit der Juden, war immer nur den Reichen, und das heißt: wenigen vergönnt. Auch in der arabischen Volksdichtung sind Fleischgerichte den Reichen und Privilegierten vorbehalten; üppige Mahle, mit verschwenderischem Aufwand angerichtet. Das Volk sättigte sich von Hirse, Linsen, Bohnen, Weizen.
Nun, Hunger im Sinne von „hungern" gibt es im heutigen Israel nicht. Für seine landwirtschaftlichen Leistungen, die das Land seit den ersten Gründungen der Kibbuzim vollbringt, ist Israel weltweit bekannt. Stolz ist man auf das, was dem Boden abgerungen wird und das Volk zum großen Teil selbst ernährt.
Wenn mir die Felder in der Carmel-Ebene in den Sinn kommen, ich an die gelben, die grünen, die rot-braun bebauten Landflächen im Jordantal denke, an die Obstplantagen im Süden, so heißt das: Getreide, Gemüse, Früchte. Die Viehwirtschaft hingegen wird klein betrieben. Um so mehr war ich erstaunt, im Kibbuz *Ein-Gew,* am Rande des Golans, schwarz-weiß gescheckte Kühe zu sehen. Ein-Gew, das man eigentlich besucht, um Fisch zu essen, schließt einen beachtlichen Gutsbetrieb mit Rinderzucht ein. Ein Hauch norddeutsche Tiefebene – kam mir in den Sinn. Doch gleich im Hintergrund der *Susita,* der einzige Berg östlich des Sees Genezareth, den Israel im Unabhängigkeitskrieg eroberte, erinnert an die Realität. Israel ist ein Land des Orients, ausgestattet mit westlicher Zivilisation. Jossi belehrte mich später, daß „meine" Kühe kein Zuchtvieh seien, vielmehr der Milchwirtschaft dienen.

Schwerpunkt der schmalen Tierzucht liegt in der Hühner- und Putenhaltung (Truthahn). Hühnerfleisch ist auch dasjenige, das von den Juden bevorzugt gegessen wird, nicht erst, seitdem sie in Israel leben. Ein Grund dafür mag in der Tatsache liegen, daß es den Juden in der Fremde immer verboten war, Großvieh zu halten. Eine andere Ursache mag mit dem koscheren Schlachten zusammenhängen, das bei einem Huhn lange nicht so umständlich ist wie bei einem Rindvieh.

Hühnergerichte sind so vielfältig, daß man allein mit ihnen eine Rezeptsammlung herausgeben könnte. Natürlich haben die schnell gegrillten Hähnchen der „Kentucky fried chicken"-Kette auch Tel Aviv erobert. Zu Hause entfaltet sich mehr Fantasie. Da gibt es gekochte und gefüllte Hühnchen; Huhn mit Kräutern, Nüssen, Früchten, mit Oliven und Hummus, mit Granatapfel- und Zitronensauce, mit Joghurt und mit Fleischfarce.

Im Orient werden fast alle Fleischgerichte über dem Feuer gegrillt. Vor allem Lammfleisch, das, je nach Alter der geschlachteten Tiere, in Schaf-, Lamm- oder Hammelfleisch unterschieden wird. Lammfleisch ist nicht wegzudenken aus der orientalischen Küche. Nicht wegzudenken auch aus der Welt des Islam. Ein gegrilltes Schaf oder Lamm ist der Inbegriff festlichen Essens. Es wird bei großen Familienereignissen und für freundschaftliche Einladungen bereitet. Ebenso hat es zeremonielle Bedeutung, wenn nämlich am 10. Tag des letzten Monats im moslemischen Jahr, am *Id el Adha*, an die Opferung Isaaks durch Abraham gedacht wird. Jeder wohlhabende Moslem grillt ein Opferlamm, ein Schäflein oder einen Hammel, und die Sitte gebietet ihm, es mit den Armen zu teilen.

Im israelischen Straßenbild wiederum sind jene Kioske und Snackbars nicht wegzudenken, in denen Lammfleisch am Drehspieß gebraten wird: *Schawarma,* eine Spezialität aus der Türkei, bei der die Fleischstücke senkrecht dicht aufeinandergespießt sind und jeweils die äußeren, fertig gegrillten Partien abgeschabt werden. Eine Köstlichkeit, die, mit Salaten gemischt und in Pitah verpackt, gegessen wird.

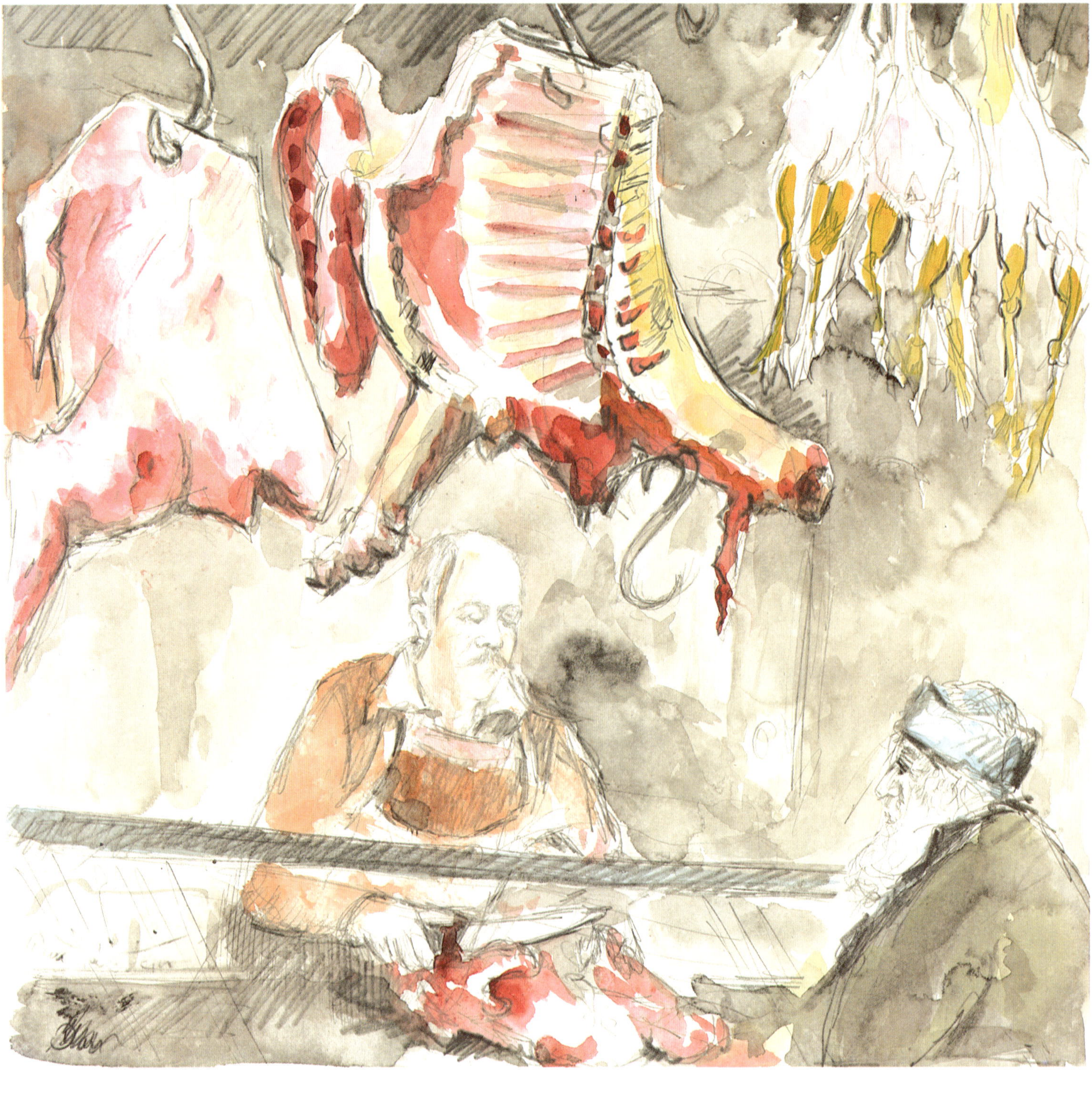

Geflügel

Gehackte Hühnerleber

כבד עוף קצוץ

Hühnerleber-Rezepte gelten als klassisch und kommen meist aus der polnisch-jüdischen Küche. Man serviert Hühnerleber als Vorspeise zu festlichen Mahlzeiten. Einen originellen Akzent setzt sie auf einem Fleisch-Buffet: Sie garnieren eine Glasplatte mit Orangenscheiben und geben je einen Teelöffel gehackte Hühnerleber auf die Früchte.

Die Zwiebeln sehr fein hacken, im heißen Fett glasig dünsten. Die Leber hinzufügen und 10 Minuten nicht zu scharf braten, währenddessen häufig wenden.
Das Fleisch abkühlen lassen, dann sehr fein hacken. Auch die Eier hacken. Fleisch und Eier vermengen, würzen und sorgfältig mit Zitronensaft abschmecken. Wenn es der Lebermasse an Geschmeidigkeit fehlt, geben Sie einen Eßlöffel Bouillon oder Milch (nicht koscher) dazu. Die Leber auf grünen Salatblättern anrichten und mit Tomatenscheiben garnieren.

Die Zutaten für 8 Portionen Vorspeise
500 g Hühnerleber, Margarine, 2 große Zwiebeln, 3 hartgekochte Eier,
etwa 1 TL Salz, 1 Prise Zucker,
schwarzer Pfeffer,
einige Tropfen Zitronensaft

Variante

Anstelle der Hühnerleber verwenden Sie Kalbsleber. Außerdem brauchen Sie zwei Zwiebeln, die Sie nicht hacken, sondern raffeln, etwas Fett, 1 Tasse weiße, weichgekochte Bohnen, Salz und Pfeffer.
Die Leber zerkleinern, im Fett anbraten, abkühlen lassen und hacken. Alle Zutaten in einen Mixer geben und pürieren. Würze nicht vergessen! Diese Fleischcreme eignet sich auch vorzüglich als Brotaufstrich.

כבד עוף ברוטב יין

Die Zutaten für 8 Portionen Vorspeise
500 g Hühnerleber, 2 mittelgroße
Zwiebeln, Margarine, Salz, Pfeffer,
1 EL Mehl, 1/2 Glas Rotwein,
1 Glas Apfelsaft

Hühnerleber in Weinsauce

Auch das ist eine echte jüdische Delikatesse! Eine Vorspeise, eine Fleischbeilage, eine Füllung, auch ein Brotaufstrich.

Die Zwiebeln sehr fein hacken und im heißen Fett glasig dünsten. Die Leber hinzufügen, von allen Seiten während einiger Minuten anbraten, währenddessen häufig wenden. Mit Salz und Pfeffer würzen. Jetzt das Mehl übers Fleisch stäuben, mit einem Holzlöffel verrühren. Nach und nach mit Wein und Apfelsaft ablöschen. Derweil beständig rühren.

Je nach Verwendungsart bleibt die Sauce flüssig, oder sie wird, z.B. als Vorspeise, eingekocht.

שוקי עוף ברוטב סויה

Die Zutaten für 4 Portionen
4 große fleischige Hühnerschenkel,
3 EL Sojasauce, 1/2 Glas Rotwein,
2 EL Öl, 1/2 TL gemahlener Ingwer,
Knoblauchpulver, 1 Prise scharfer Pfeffer,
1 Prise Salz, 1 Quäntchen Zucker,
etwas Mehl, Öl

Hühnerschenkel in Sojasauce

Aus Sojasauce, Wein und allen Gewürzen eine Marinade anrühren und die Hühnerschenkel 1/2 Stunde darin einlegen. Abtropfen lassen und dünn in Mehl panieren. In reichlich heißem Öl von allen Seiten knusprig braten.

שניצל חזה עוף

Die Zutaten für 4 Personen
1 kg Hühnerbrust, 2–3 Eier, Salz,
Semmelmehl, 3 mittelgroße Zwiebeln,
1 Handvoll Petersilie, 1 Handvoll Dill,
Öl, 3 EL Sojasauce, Salz, Pfeffer,
Paprika, 1 Tasse Hühnerbouillon
(Würfel), 1/2 Glas Weißwein

Hühnerbrust-Schnitzel

Die Eier verschlagen, würzen. Das Fleisch in Ei und Semmelmehl panieren. Zwiebeln und Kräuter hacken. Öl in einer großen Pfanne erhitzen, Zwiebeln darin goldgelb dünsten. Alle anderen Kräuter und Gewürze hinzufügen und eine pikante Sauce abschmecken. Die Hühnerschnitzel in die Sauce legen, darüber den Wein gießen. Die Pfanne schließen, das Fleisch etwa 20 Minuten auf schwacher Hitze schmoren.

תרנגולת צפון אפריקאית

Die Zutaten für 4 Personen
1 großes Brathuhn
etwas Öl

Für die Marinade zum Bestreichen
2 EL Öl, Salz, 1 EL Orangenschalen-
Essenz, Pfeffer, süßer Paprika

Berber-Huhn

So wie die Juden durch die Wüste wanderten, wandern auch Gerichte über weite Strecken. Das Berber-Huhn, eine Art Hühner-Kasserolle mit Gemüse, brachten die marokkanischen Juden vom Atlasgebirge ins Galiläagebirge.

Zunächst die Marinade anrühren; dann das Huhn damit außen und innen bestreichen. In der Pfanne von allen Seiten anbraten.
Eine große, feuerfeste Form vorwärmen, dünn mit Öl bestreichen. Das Huhn hineinlegen (mit der Brust nach oben) und bei 200 Grad 3/4 Stunde braten.

Währenddessen die Zwiebeln in Scheiben, die Zucchini in Röllchen schneiden; die Auberginen entbittern (S. 99) und würfeln. Die Gemüse einzeln in der Pfanne in wenig Öl goldbraun braten, jeweils auf einem Teller zur Seite stellen. Tomaten überbrühen, enthäuten, zerkleinern. Nun alle Gemüse zurück in die Pfanne geben, auch gehackten Knoblauch und Petersilie. Würzen mit Pfeffer und Salz. Tomatenmark und S'chug im Wasser verrühren, über das Gemüse gießen, gut mischen.
Das Gemüse zum Huhn geben; rundherum arrangieren. Weitere 30 – 40 Minuten bei 180 Grad im Ofen garen.
Wenn das Hühnerfleisch weich ist, das Huhn in kleine Stücke zerlegen. Das Gemüse in der Form verteilen, die Hühnerteile obenauf legen und servieren.

Für das Gemüsebouquet
2 große Zwiebeln, 2 große Zucchini,
1 große Aubergine, 4 Tomaten,
1 Knoblauchzehe, 1 Handvoll Petersilie,
Salz, Pfeffer, 1/2 – 1 Glas Wasser,
1 EL Tomatenmark, etwa 1/2 TL S'chug
oder Harissa

Gefülltes Huhn mit Reis und Joghurt

Die Zwiebel fein hacken, im Öl dünsten. Den gewaschenen Reis zu den Zwiebeln geben, mitdünsten, bis die Körner glasig sind.
Den Reis mit Bouillon auffüllen, Rosinen dazugeben. Würzen mit Salz, reichlich Pfeffer und Zimt. Den Reis sanft kochen, bis die Flüssigkeit aufgenommen ist. Jetzt die Pinienkerne unter den Reis mischen. Parallel die Leber in wenig Öl braten, abkühlen lassen, grob hacken, unter den Reis mischen. Die Füllung nochmals abschmecken.
Die gewaschenen Hühner abtrocknen, innen leicht salzen und mit dem Reis-Pilaw füllen. Das Loch zunähen und die Schenkel zusammenbinden. Falls Sie nicht den ganzen Reis zum Füllen benötigen, servieren Sie den Rest auf einer Platte extra. Joghurt mit dem zerdrückten Knoblauch, mit Salz und Pfeffer kräftig abschmecken. Die Hühner mit der Joghurtsauce dick einpinseln.
Den Ofen vorheizen, die Hühner auf den Grill legen und zunächst 20 Minuten bei 200 Grad backen. Dann die Hitze auf 180 Grad reduzieren. Die Hühner mit dem Rest der Joghurtsauce einpinseln, weitere 60 – 90 Minuten backen. Während der Garzeit werden die Hühner einmal gewendet. Sie sollen innen zart und weich, außen knusprig und braun sein.

עוף ממולא באורז ויוגורט

Die Zutaten für 4–6 Personen
2 Brathühner, 1 große Zwiebel, Öl,
2 Tassen Reis, 3 1/2–4 Tassen schwach
gewürzte Hühnerbouillon (Würfel),
1 Tasse Rosinen, Salz, Pfeffer,
1/2 TL Zimt, 100 g Hühnerleber,
2 EL Pinienkerne, 1 Becher Joghurt,
2 Knoblauchzehen

Gefülltes Huhn mit Früchten

Die ausgenommenen Hühner waschen und innen wie außen abtrocknen. Die Hühner außen mit Öl einpinseln und mit den Gewürzen einreiben. Die Hühner innen salzen.

Den Apfel schälen und raspeln. Die Banane in dünne Röllchen schneiden, die Trauben halbieren, das Orangenfleisch winzig würfeln. Alle Früchte mischen, mit Orangenschale und wenig Salz würzen. Die Hühner füllen, das Loch am besten zunähen und die Schenkel zusammenbinden.
Eine große, hohe, feuerfeste Form mit Wasser ausspülen. Die Hühner hineinlegen, im vorgeheizten Ofen während 1 1/2 Stunden zunächst bei 200, später 180 Grad backen. Hin und wieder etwas Wasser nachfüllen, sobald die Flüssigkeit verdunstet ist.

עוף ממולא עם פירות

Die Zutaten für 4–6 Personen
2 Brathühner, Öl, gemahlene Orangenschale, gemahlener Koriander, süßer Paprika, Salz

Für die Füllung
1 großer, saftiger Apfel, 1 Handvoll Rosinen, 1 Handvoll Weintrauben,
1/2 Orange, 1 Banane,
etwas Orangenschale, Salz

עוף ברוטב תפוזים

Die Zutaten für 4 Personen
1 großes ca. 1 kg schweres Brathuhn,
1/2 Tasse Öl, 2 TL Salz,
1 TL Knoblauchpulver, 2 TL edelsüßer
Paprika, 1 kräftige Prise scharfer Paprika,
einige Umdrehungen Pfeffer,
1 kräftige Prise gekerbelten Thymian,
1 kräftige Prise gekerbelten Estragon
geriebene Schale von 1/2 Zitrone,
geriebene Schale von 1 mittelgroßen
Orange, 1/2 Glas frischen Orangensaft,
1/4 Glas Zitronensaft, 1/4 Glas Wasser

Huhn in Orangensauce

Hühner und Orangen – das sind zwei wichtige Bestandteile in der israelischen Küche. Beides kombiniert, wird zu einem köstlichen Gericht.

Das Huhn in Teile zerlegen.
Aus Öl und den getrockneten Gewürzen eine Marinade anrühren. Mit dieser Marinade die Hühnerteile gut einreiben und eine halbe Stunde einziehen lassen.
Das Fleisch in eine flache, feuerfeste Form legen, mit den Hautseiten nach unten. Die geriebenen Fruchtschalen, Säfte und Wasser zum Fleisch geben. Die Form schließen und das Fleisch bei 200 Grad 30 Minuten im Ofen garen. Die Hühnerteile wenden; jetzt ohne Deckel etwa 30 Minuten weiterschmoren. Währenddessen das Fleisch hin und wieder mit der Bratensauce löffelweise begießen. Es soll innen zart und weich sein, außen eine braune Haut erhalten.

שניצל הודו ברוטב פיטריות

Die Zutaten für 4 Personen
500 g Truthahnfleisch für Schnitzel
(oder 4–6 Schnitzel), Margarine, Salz,
Pfeffer, 1 grüne Zwiebel,
etwa 250 g frische Champignons,
1 gestrichener EL Mehl,
1 1/2 Gläser Gemüsebouillon (Würfel),
1/2 Glas Weißwein, 1/2 Glas saurer Rahm

Truthahnschnitzel mit Pilzsauce

Truthahnfleisch gehört zur alltäglichen Sabre-Küche. Es ist seines weißen Fleisches wegen sehr populär, es ist einfach zu bereiten und es ist preiswert. Daß Truthahnfleisch auch delikat – und gar nicht alltäglich – zubereitet werden kann, belegen die folgenden beiden Rezepte.
Die Schnitzel (evtl. selber schneiden) leicht würzen, in heißem Fett von beiden Seiten braten, so daß sie garen und bräunliche Farbe annehmen. Fleisch aus dem Fett nehmen und in einer feuerfesten Form im Ofen warm halten. Im Bratensud die fein gehackte Zwiebel dünsten. Die gewaschenen und geputzten und zerkleinerten Pilze hinzufügen, beides miteinander 10 Minuten dünsten. Mit Mehl bestäuben, die Bouillon einrühren, etwas einkochen lassen. Den Wein zur Sauce geben, kurz aufkochen. Die Pfanne von der Kochstelle nehmen und den sauren Rahm unter die Sauce rühren. Abschmecken und über die Truthahnschnitzel gießen.

שניצל הודו עם אפרסק

Die Zutaten für 4 Personen
500 g Truthahnfleisch oder entsprechend
Schnitzel, 2 EL Sojasauce,
1 gestrichener EL Maisstärkemehl, Öl,
1 große, grüne Zwiebel, 1 grüne Paprika,
4 feste, saftige Pfirsiche,
1 Glas Apfelsaft, 2 EL Zucker,
2 TL Tomatenmark, 2 EL Essig

Truthahnschnitzel mit Pfirsichen

Hier stand zweifellos die chinesische Küche Pate. Man verquirlt die Sojasauce mit dem Stärkemehl und läßt die Truthahnschnitzel darin 15 Minuten marinieren. Derweil Zwiebel und Paprika grob würfeln und im Öl glasig bzw. weichdünsten. Das Gemüse aus der Pfanne nehmen, stattdessen die abgetropften Schnitzel (Sauce aufbewahren) im Bratenfett bei mittlerer Hitze schmoren, bis sie innen weiß aussehen.
Die Schnitzel in eine vorgewärmte feuerfeste Form legen. Die inzwischen geschälten, entkernten und in Scheiben geschnittenen Pfirsiche auf dem Fleisch verteilen. Jetzt die Sojasauce mit Apfelsaft, Tomatenmark, Zucker, Essig verrühren. Zusammen mit dem vorgebratenen Gemüse in der Pfanne aufkochen. Die eigenwillig süß-saure Sauce über Fleisch und Früchten verteilen. Warm servieren.
Eine besonders gut harmonierende Beilage ist Burghul.

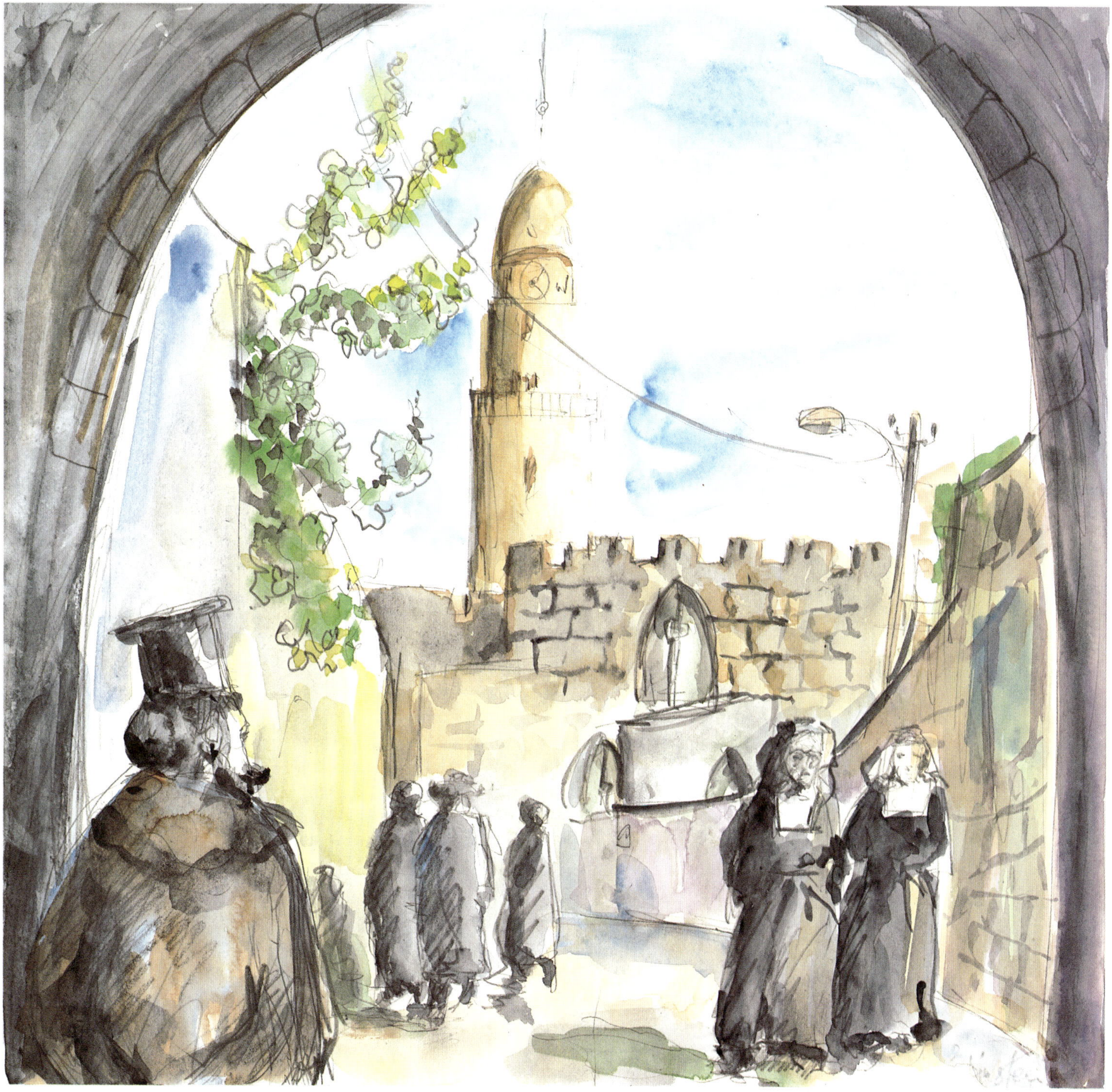

אווז עם מנגו

*Zutaten für 5–6 Personen
1 Ente, ca. 1 1/2–2 kg, küchenfertig;
1 EL Salz, 3 EL Essig, 1 EL gemahlener Koriander, 2 Knoblauchzehen, 1 mittelgroße Zwiebel, 1/2 Glas warmes Wasser, 1 EL Kardamomkapseln, 1–2 frische, reife Mango (je nach Größe)*

Ente mit Mango

Die Ente abspülen und trockenreiben. Die Fettdrüsen an den Oberseiten des Schwanzes herausschneiden. Die Haut auf der Brust wenig einritzen, ohne dabei das Fleisch zu verletzen.

Die Ente innen und außen mit Salz einreiben. Aus Essig, Koriander, gehackten Knoblauchzehen und Zwiebel eine Gewürzpaste herstellen: mit einer Gabel (oder im Mixer). Mit dieser Paste die Ente innen und außen einreiben. Die Flügel des Tieres auf dem Rücken, die Keulen unter der Brust zusammenbinden. Das Tier mit der Brust nach unten in eine Kasserolle legen, Wasser hinzugießen, in den Backofen schieben und bei 200 Grad etwa eine Stunde braten. Die Mango schälen, halbieren, den Kern herausnehmen, die Früchte in Scheiben schneiden. Die Ente in der Kasserolle wenden. Die Mangoscheiben auf der Entenbrust und rund um das Tier anrichten. Die Kardamomkapseln darüber streuen. Die Ente eine weitere Stunde (evtl. auch etwas länger), bei 180 Grad garen. Prüfen Sie von Zeit zu Zeit, ob etwas Wasser nachgegossen werden muß! Die Flüssigkeit darf nie ganz verdunsten.

Jeden Tag ein Huhn

Einst lebten zwei Brüder in einem Haus, das nur durch eine dünne Wand geteilt war. Einer der Brüder war reich (obwohl niemand reich ist außer Gott), der andere war arm (obwohl niemand arm ist außer dem Teufel). Der reiche Bruder, wie konnte es anders sein, war geizig. Jeden Tag, wenn die Sonne am Himmel unterging und es Zeit wurde für das Nachtmahl, rief er mit so lauter Stimme nach seiner Frau, daß auch sein Bruder sie im angrenzenden Hausteil hören konnte: „Oh, du Tochter eines Menschen, schlachte ein Huhn für mich zum Nachtmahl." So rief er, damit jeder hörte, daß er Geflügel aß. Die Frau pflegte zu antworten: „Beim Licht meiner Augen, möge es auf meinem Haupt lasten, ich werde tun, was du wünschest, mein Herr." Kein Abend verging, an dem der Reiche nicht nach einem Huhn oder einem Brathähnchen rief.

Doch wie oft kann sich ein armer Mann leisten, ein Huhn zu essen, einer wie du und ich? Wann durchdringt der Geruch von Fleisch je seine Nase? Kein Wunder also, daß sich die Brust des Bruders mit Neid erfüllte, wenn er nur von Brathühnern hörte.

Neid und Schlauheit aber sind auch gute Nachbarn im Herzen der Frau, seit die Welt besteht. Eines Tages sagte die Frau des armen Bruders zu ihrer Schwägerin: „Oh, meine Schwägerin, der Apfel meines Auges, möge Gott dir Freude schenken. Jeden Abend hast du Geflügel zum Essen; manchmal ein Huhn und manchmal ein Brathähnchen, je nach deinen Gelüsten. Macht dich der Geschmack des Fleisches auf die Dauer nicht krank?"

Die Frau antwortete: „Gott möge mein Zeuge sein, daß mir nichts ferner liegt als die Wahrheit. Es ist schon einen Monat her, seitdem wir Huhn gekostet haben."

„Für wie dumm hältst du mich", rief die erste. „Jeden Abend schlachtest du ein Huhn. Wie kannst du nur sagen, daß du deren Fleisch nicht einmal gekostet hast?"

Aber die Frau des Reichen antwortete: „Oh Schwägerin, wenn mein Mann Huhn sagt, so meint er eine große Zwiebel, und wenn er Brathähnchen sagt, so meint er eine kleine Zwiebel. Wenn er möchte, daß ich ihm eine große Zwiebel schäle, so ruft er: ‚Schlachte ein Huhn für mich.' Wenn es ihn nach einer Frühlingszwiebel gelüstet, so ruft er: ‚Bring mir ein Brathähnchen.' Beim Leben aller, die ich liebe, schwöre ich, daß es so ist. Er ist so geizig, daß er sich sogar vor sich selbst schämt."

„Bei Gott, ich glaube, du sagst die Wahrheit", rief die Schwägerin. „Wir leben alle in demselben Haus und ich habe niemals einen Tropfen Blut gerochen oder eine Feder vor deiner Tür gesehen."

„Siehst du!" Und die Frau des Reichen erzählte weiter über die Fehler ihres Mannes, übertrieb seinen Geiz und redete so viel davon, daß ihr Schwager sich entschloß, dem Geizhals eine Lektion zu erteilen.

Er rief zwei Freunde zu sich. Zusammen gruben sie eine tiefe Höhle. In der Nacht, als der Geizige fest schlief, schlichen sich die Männer leise in sein Haus. Sie hoben ihn aus dem Bett und trugen ihn in die Höhle. Die beiden Freunde krochen ebenfalls in die Höhle, ganz eingehüllt in weiße Leintücher. Der eine hielt einen Stock in der Hand, der andere eine Laterne. Sie setzten sich in eine Ecke und begannen, sich laut zu unterhalten. Der Geizige wachte auf, sah die Figuren und wußte, daß es Nahakir und Naheer waren[*], die beiden Engel des Todes. Er war so erschrocken, daß er liegen blieb, ohne sich zu bewegen und ohne einen Laut von sich zu geben. Er tat so, als ob er noch schlief. Einer der Männer beugte sich zu ihm nieder und roch an seinem Körper: „Du mußt ihn prügeln, Nahakir." Da gab ihm der andere eine Tracht Prügel. Aber der Geizige bewegte keines seiner Glieder, so ängstlich war er.

Dann sagte Naheer: „Du mußt das Zwiebelessen aufgeben, Mensch. Nur so ersparst du dir weitere Prügel."

Der Geizige schrie: „Ich bereue, ich bereue. Möge ich verflucht sein, wenn ich auch nur eine Zwiebel anrühre."

„Mach, daß du hier wegkommst," riefen die beiden ihm zu. „Rasch, du hast die Toten entehrt."

Der Geizige erhob sich, kletterte aus der Höhle und lief nach Hause, so schnell wie seine Beine ihn trugen. Zu Hause hatte er eine große Vorratskammer, gefüllt mit Zwiebeln. Noch am gleichen Tag brachte er alle Zwiebeln in das Haus des Bruders. Er gab seine geizige Lebensweise auf, beschenkte seinen Bruder reichlich und verwendete sein Geld für ein eigenes Haus. Und so lebte er bis zum Ende seines Lebens.[10]

Asher Barash

---

[*] Nahakir und Naheer sind die zwei Engel des Todes, die in der arabischen Mythologie immer zusammen erscheinen.

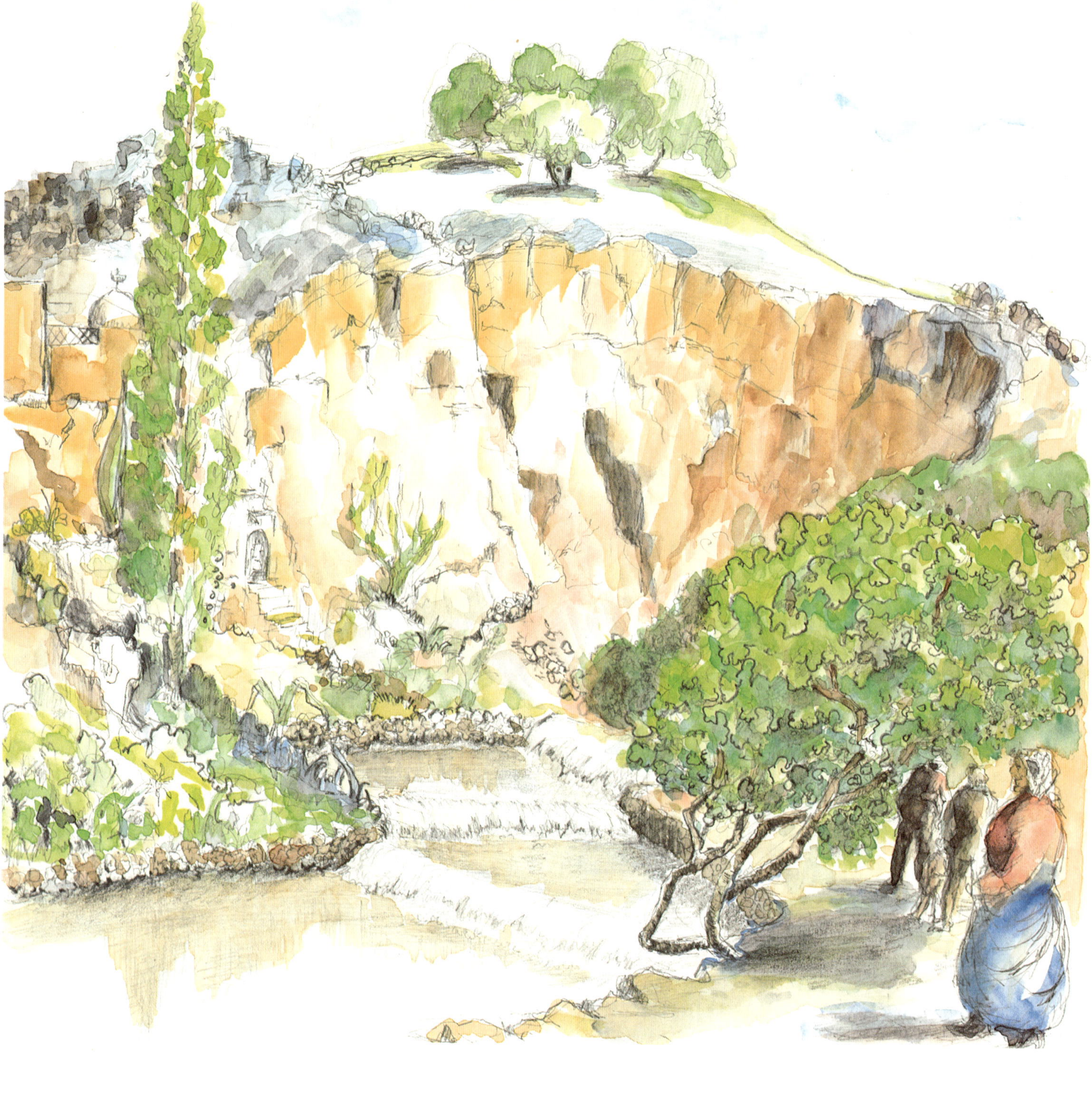

Kalb und Milchkalb

Marinierte Kalbsleber

Die Kalbsleber in kleine Stücke schneiden. Aus Öl, Essig, Salz, Pfeffer, der geriebenen Zwiebel und Kümmel eine kräftige Marinade anrühren. Die Leber eine Stunde marinieren, dann gut abtropfen lassen.
Öl in einer Pfanne erhitzen, die Leberstücke von beiden Seiten während weniger Minuten braten. Nicht zu scharf und nicht zu lange, damit sie weich bleiben. Leber aus der Pfanne nehmen, abtropfen lassen.
Die Orangen schälen, in dünne Scheiben schneiden. Leberstückchen auf die Orangenscheiben setzen und mit einigen Tropfen Zitronensaft beträufeln.
Die hübsch angerichtete Vorspeise wird warm oder kalt serviert.

Variante
Anstelle von Kalbsleber können Sie auch Lammleber oder Geflügelleber verwenden.

כבד עגל כבוש

Die Zutaten für 4 Portionen
4–6 Scheiben Kalbsleber, 3 EL Öl,
2 EL Essig, 1 kleine Zwiebel,
etwa 1/4 TL gemahlener Kümmel, Salz,
Pfeffer, nochmals etwas Öl, 2 Orangen,
Saft von 1/2 Zitrone

Milchkalbsteak in Wein

Kalbfleisch wird in Israel auch *Milchkalb* genannt. Gemeint ist damit das wirklich zarte, weiße Fleisch junger Rinder. Kalbfleisch wird zum größten Teil importiert und ist teuer. Milchkalb ist für Juden Inbegriff besonders wertvollen Fleisches, und es kommt dementsprechend gern zu feierlichen Anlässen auf den Tisch.

Die Steaks würzen, leicht in Mehl panieren.
In der geschmolzenen, sehr heißen Butter in einer Pfanne von beiden Seiten kurz anbraten. Das Fleisch in eine heiße feuerfeste Form legen, den Wein über das Fleisch gießen. Die Form schließen und im vorgeheizten Ofen bei mittlerer Hitze 5 Minuten kochen. Zucker im Zitronensaft auflösen, über das Fleisch gießen. Weitere 15 Minuten ohne Deckel im Ofen bräunen und durchziehen lassen.

אומצת עגל עם יין

Die Zutaten für 4 Personen
4 Kalbsteaks, Salz, Pfeffer, etwas Mehl,
2 EL Butter, 1 1/2 Gläser Weißwein,
Saft von 1/2 Zitrone, 1/2 TL Zucker

צלי עגל עם תפוזים

Die Zutaten für 4 Personen
Etwa 800 g Kalbsbrust oder Kalbsschulter, grob gemahlener Pfeffer,
1 TL zerriebener Rosmarin, Margarine,
Salz, 1 Zwiebel, 1/2 Glas Weißwein,
1/2 Glas Orangensaft, 1/2 Glas Wasser,
Schale von 1 Orange oder 2 TL Orangen-Essenz, 2 Knoblauchzehen,
2 TL Maismehl (Stärkemehl),
1 EL Tomatenmark, 1 TL Zucker,
1/2 Glas Orangenlikör, 1 geschälte Orange

Kalbsbraten mit Orangen

Das Fleisch mit Pfeffer und Rosmarin einreiben; die Gewürze gut einklopfen. Das Fleisch von beiden Seiten in einer Kasserolle im heißen Fett anbraten. Salzen, die grob gehackte Zwiebel hinzufügen, eine Weile schmoren. Mit Wein, Orangensaft und Wasser ablöschen. Die geraspelten Orangenschalen und zerdrückten Knoblauch zum Fleisch geben. Die Kasserolle schließen, den Braten 1 – 1 1/2 Stunden schmoren. Wenn der Braten gar ist, aus dem Topf nehmen und im Backofen warmstellen.

Maismehl in wenig Wasser anrühren, zusammen mit Tomatenmark, Zucker und Orangenlikör unter den Bratensud rühren, kurz aufkochen. Abschmecken, dann über das Fleisch gießen. Den Braten mit dünnen Orangenscheiben garnieren.

כתף עגל ממולא

Die Zutaten für 4–6 Personen
1 kg Kalbsschulter, 1–2 Kalbsknochen,
Salz, Pfeffer, 1/2 TL süßer Paprika,
scharfer Paprika, Knoblauchpulver,
Margarine, 1 Glas leicht gewürzte
Bouillon, 1/2 Glas Wasser, saurer Rahm
oder Zitronensaft

Für die Füllung
1 große rohe Kartoffel, 1 mittelgroße
Zwiebel, 1 Handvoll Petersilie,
1 EL Semmelmehl, 2 Eidotter, Salz,
Pfeffer, Muskat

Beliebt ist eine Brotfüllung.
2 alte Semmeln (Brötchen), 1 Schüssel
Milch oder Wasser zum Einweichen,
2 EL gewürfelter, magerer Speck (oder
eine aromatische Wurst aus Rindfleisch
oder Truthahn), 1 Handvoll Petersilie,
1 kleine Zwiebel, 1 Handvoll gehackte
Sellerieblätter, 2 Eier, Salz, Pfeffer,
Muskat

Gefüllte Kalbsschulter

Das Fleisch sollte ein ovales schieres Stück sein. Sie können sich vom Metzger eine taschenartige Öffnung ins Fleisch schneiden lassen. Mit einem scharfen Messer kann man die Tasche auch gut selber schneiden. Das Fleisch mit Salz, Pfeffer, Paprika, Knoblauch außen einreiben. Auch die Innentasche einreiben.

Sie bereiten die Füllung zu: Die Kartoffel reiben, Zwiebel und Petersilie sehr fein hacken. Beides mit den anderen Beigaben gut mischen, abschmecken. Die Farce in die Fleischtasche füllen. Die Öffnung mit Zwirn zunähen.

Das Fett in einer Kasserolle erhitzen, den Kalbsbraten von allen Seiten kräftig anbraten. Während dieser Zeit den Backofen auf 200 Grad vorheizen. Bouillon und Knochen zum Fleisch geben, Kasserolle schließen. Braten in den Ofen schieben und ungefähr zwei Stunden garen. Sie sollten ihn etwa alle 15 Minuten mit dem Bratenfett übergießen.

Kurz vor dem Servieren 1/2 Tasse Wasser (nach Belieben) zum Bratenfond geben, aus dem Sie eine Sauce herstellen und diese mit saurem Rahm oder Zitronensaft abschmecken.

Variante
Die gefüllte Kalbsschulter ist natürlich in Anlehnung an die *Gefüllte Kalbsbrust* entstanden. Sie können ebenso Kalbsbrust verwenden.

Das Brot einweichen, anschließend sehr gut (zwischen zwei Holzbrettern) ausdrücken. Den Speck (bzw. Wurst), gehackte Petersilie, Sellerieblätter und Zwiebeln in Fett dünsten, etwas abkühlen lassen. Alle Zutaten zu einer schmackhaften Füllung mischen.

Rind

Israelisches Steak

אומצה ישראלית

Wenn der Fremde nach einem Steak fragt, wird er vermutlich enttäuscht sein: Es ist klein und bescheiden, das ganze Gegenteil von dem, was wir von einem Steak erwarten. Israelische Steaks haben den Beinamen *Sandwich-steaks*. Wenn man weiß, daß sie meist in einer Pitah gegessen werden, versteht man auch ihre Eigenart. Auf jeden Fall sind sie schmackhaft und scharf gewürzt. Die Gewürzmischung wird aus Pfeffer, Salz, Paprika, Koriander, Kümmel und gestoßenen, scharfen Pfefferschoten hergestellt, wobei die Mischungen sehr individuell sind. Mit der Gewürzmischung reibt man die Steaks ein, ritzt sie von beidenSeiten oberflächlich gitterartig ein und grillt sie auf einem Rost direkt über dem Feuer. Dann kommen sie in eine aufgewärmte Pitahtasche. Man gibt außerdem Pickles oder Salate in die Taschen und obenauf 1 – 2 Löffel Tahina. Das ist eine köstliche und typische Zwischenmahlzeit! Die Sandwich-Steaks werden meist in speziellen Imbißstuben verkauft, die nicht selten den Namen „Steakia" tragen.

Rinderzunge in Weinsauce

לשון בקר ברוטב יין

Rinderzunge ist in jüdischen Kreisen ein vornehmes Essen. In Israel serviert man sie vielfach kalt zum abendlichen Buffet. Die nachfolgenden Rezepte beschreiben sowohl eine warme als auch eine kalte Variante.
Da eine Rinderzunge recht groß und gewichtig ist, reicht sie meist für zwei Mahlzeiten (oder 8 – 10 Personen).
Die Zunge in einem großen Topf, knapp mit Wasser bedeckt, 1 1/2 Stunden vorkochen. Die geschälte Zwiebel, Karotten, Sellerie und Gewürze hinzufügen. Nochmals 2 Stunden kochen. Die Zunge aus ihrem Sud nehmen. Mit einem scharfen Messer die äußere zähe Haut abziehen, in Scheiben schneiden und warm stellen. Den Sud durch ein Sieb geben.
In einer Pfanne etwas Mehl in der Butter anrösten. Mit Wein ablöschen, mit Zungensud auffüllen. Die Gewürze und Rosinen zugeben und die Sauce 5 Minuten köcheln lassen.

1 Rinderzunge, ca. 1 – 1 1/2 kg, gepökelt,
1 große Zwiebel, 2 Karotten,
1/2 Knolle Sellerie, 2 Lorbeerblätter,
2 Nelken, Salz, Pfeffer

Für die Sauce
etwas Butter, Mehl, 2 Gläser Rotwein,
je 1 Messerspitze Zimt, Muskatblüte,
Ingwerpulver, 1 Handvoll Rosinen

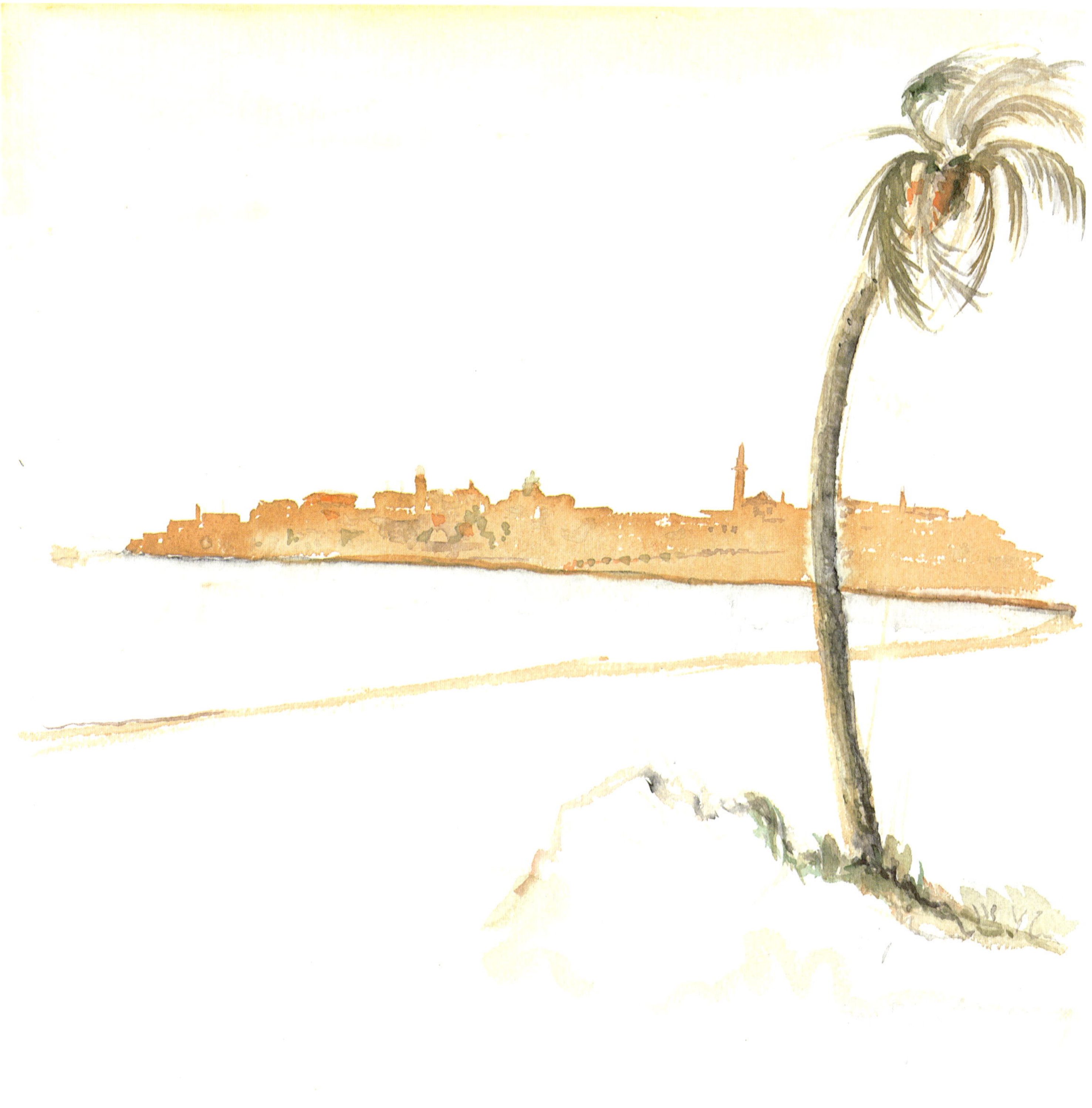

Kalte Rinderzunge   לשון בקר קרה

Die Grundzutaten für die Zubereitung der Zunge sind die gleichen wie im voran beschriebenen Rezept. Außerdem benötigen Sie 2 Gelatineblätter oder Gelatinepulver. Wenn die Zunge 3 – 4 Stunden gekocht worden ist, aus dem Sud nehmen und die äußere Haut mit einem scharfen Messer abziehen. Dann in Folie wickeln und einen Tag in den Kühlschrank legen. Den Sud durch ein Sieb geben, in einem geschlossenen Gefäß ebenfalls im Kühlschrank aufbewahren.
Am nächsten Tag schneiden Sie die Zunge in Scheiben und richten das Fleisch auf einer Platte an.
Den Zungensud entfetten und aufkochen. Die Gelatine nach Vorschrift auflösen bzw. direkt in den kochenden Sud rühren. 2 Minuten kochen und wieder abkühlen lassen. Etwa ein Glas der noch warmen Brühe über die Zungenscheiben gießen. An einem kalten Ort abkühlen lassen. Das Fleisch erhält einen reizvollen Glanzüberzug. Den Rest Brühe in eine Form gießen, im Kühlschrank erstarren lassen. Später in kleine Gelee-Würfel schneiden. Diese eignen sich ausgezeichnet zum Garnieren.

Rinderbraten in Weinaspik, kalt serviert   צלי בקר קר בקריש יין

Die Zutaten sind reichlich für ein großes Fleisch-Buffet. Kalter Rinderbraten eignet sich ebenfalls als Fleischbeilage zur Hauptmahlzeit.

Das Fleisch in heißem Öl von allen Seiten kräftig anbraten. Mit Bouillon und Wein ablöschen. Die Zwiebel (mit Schale), geschälten Knoblauch, Karotten, Lorbeerblatt, Sellerie, Pfefferkörner und Salz zum Fleisch geben. Mit Wasser auffüllen, so daß das Fleisch etwa 1/3 bedeckt ist. Es braucht etwa 2 Stunden zum Garen. Dann nehmen Sie es aus dem Sud und lassen es abkühlen.
Den Fleischsud durch ein Sieb geben, ebenfalls abkühlen lassen. Dann entfetten. Zum Gelieren wird der Sud wieder aufgekocht, die Gelatine nach Anweisung in Wasser aufgelöst bzw. direkt in den Sud gerührt.
Wenn das Fleisch abgekühlt ist, mit einem scharfen Messer in dünne Scheiben schneiden, auf einer großen Platte anrichten. Mit grünen Oliven und roten Gambastreifen garnieren. Die Sauce über das Fleisch gießen, das dadurch einen hübschen Glanzüberzug erhält.

1 kg mageres Rindfleisch, 3 EL Öl,
1 Glas Bouillon (Würfel), 1 Glas Rotwein,
1 mittelgroße Zwiebel, 1 Knoblauchzehe,
2 Karotten, 1 Lorbeerblatt, 1 Stange
Sellerie, Salz, einige Pfefferkörner,
Wasser, 2 Gelatineblätter oder Gelatinepulver, Oliven, eingelegte Gama

Lammfleisch

ששליק Schaschlik

Die Zutaten für 6–8 Portionen
1 kg Lamm- oder Hammelfleisch

Marinade I
3/4 Tasse Olivenöl, 1/2 Tasse Zitronensaft, 2 zerdrückte Knoblauchzehen, 1 feingehackte kleine Zwiebel, Salz, Pfeffer, 1/2 TL gekerbelter Thymian,
Marinade II
1/2 Tasse Olivenöl, Schale und Saft von 1/2 Zitrone, 2 TL Curry, 1 zerdrückte Knoblauchzehe, 1 Glas Weißwein, Salz, Pfeffer

Schaschlik ist der Name für kleine Fleischwürfel aus Lammfleisch. Sie werden würzig mariniert, auf Metallspieße gesteckt und meist über dem offenen Feuer gegrillt.

Alle Zutaten für eine Marinade in eine Schüssel geben, verrühren. Kurze Zeit ziehen lassen, damit sich die Gewürze verbinden.

Das Fleisch waschen und abtrocknen. In 3 – 4 cm große Würfel schneiden und in die Marinade legen. Im Kühlschrank etwa zwei Stunden durchziehen lassen.
Später die Fleischstücke auf Spieße stecken und auf dem Rost braten. Sie können Schaschlik auch im Ofen grillen oder in der Pfanne braten. Dann müssen die Fleischwürfel nochmals leicht mit Öl bestrichen werden.

ששליק תימני Schaschlik auf jemenitische Art

Die Zutaten für 6–8 Portionen
800 g Lamm- oder Hammelfleisch,
1/2 Tasse Olivenöl, 1/2 Tasse Zitronensaft, Salz, Pfeffer, 2 grüne Zwiebeln,
2–3 Tomaten, einige Lorbeerblätter,
1–2 grüne Pfefferschoten,
1–2 schmale, lange Auberginen

Während die israelische Küche Schaschlik im allgemeinen ohne Gemüse zusammenstellt, kombiniert die jemenitische Küche Fleischwürfel mit Gemüse.
Das Fleisch waschen und gut abtrocknen, in Würfel schneiden. Öl und Zitronensaft verrühren und das Fleisch darin marinieren. 1 Stunde einwirken, dann gut abtropfen lassen. Das Fleisch dicht zusammengedrängt auf eine Platte legen, mit Salz und Pfeffer bestreuen. Zwiebel in Ringe, Tomaten in Scheiben schneiden. Das Fleisch mit Zwiebelringen, Lorbeerblättern, Tomatenscheiben bedecken und einige Stunden im Kühlschrank durchziehen lassen.
Die Auberginen in Scheiben schneiden, Pfefferschoten in schmale Streifen. Später abwechselnd die Zutaten auf Spieße stecken: Fleisch, Zwiebelringe, Pfefferschoten, Aubergine. Die Spieße wie im vorangegangenen Rezept braten oder grillen.

Lammkoteletts in Tomatensauce

Das Fett von den Koteletts wegschneiden. Öl erhitzen, das Fleisch von beiden Seiten kurz anbraten, salzen, aus der Pfanne nehmen und in einer feuerfesten Form im Ofen warmstellen.
Die Zwiebeln in dünne Ringe schneiden, Knoblauchzehen grob hacken, beides im Bratenfett goldbraun dünsten. Die Tomaten überbrühen, enthäuten, grob würfeln, zu den Zwiebeln geben. Petersilie hacken, über die Tomaten streuen. Mit Salz, Pfeffer, Zimt würzen. Gut verrühren, einige Minuten sanft schmoren. Dann Wasser hinzufügen, nochmals verrühren, nochmals abschmecken.
Die kräftige Tomatensauce über die Koteletts gießen. Das Fleisch in der geschlossenen Form etwa eine Viertelstunde im Ofen kochen, bis es gar ist.

אומצת כבש ברוטב עגבניות

Die Zutaten für 4 Personen
4 große oder 8–12 kleine Lammkoteletts, etwas Öl, 2 grüne Zwiebeln, 2–3 Knoblauchzehen, 4–6 mittelgroße Tomaten, 1 Handvoll Petersilie, Salz, Pfeffer, 1/2 TL Zimt, 1/2–1 Glas Wasser

Gegrillte Lammkoteletts auf Auberginen

Aus Öl, zerdrücktem Knoblauch, Zwiebelringen, Lorbeerblatt, Pfeffer und Salz eine Marinade anrühren.
Das Fett von den Lammkoteletts wegschneiden, sie dann in die Marinade legen und einige Stunden im Kühlschrank durchziehen lassen.
Die Auberginen in Scheiben schneiden und entbittern (S. 99). Die Zwiebeln grob würfeln. Etwas Öl in einer großen Pfanne erhitzen, die Zwiebeln darin bräunen, wieder herausnehmen. Anschließend die Auberginenscheiben in heißem Öl von beiden Seiten braun braten. Auf einem Küchenkrepp ausbreiten, damit das eingesaugte Öl abtropft.

Auberginen und Zwiebeln zurück in die Pfanne geben, Bouillon und Tomatenmark zufügen. Mit Kurkuma, Pfeffer, Salz würzen. Gemüse 15 Minuten schmoren. Die Tomaten in Scheiben schneiden, auf das Gemüse legen, mit Salz und Pfeffer würzen, weitere 10 Minuten garen.
Die Koteletts aus der Marinade nehmen, abtropfen lassen, von jeder Seite auf dem Rost oder in der Pfanne braten. Mit Salz und Pfeffer würzen und auf dem Gemüse anrichten.

אומצת כבש בגריל על חציל

Die Zutaten für 4 Personen
4 große oder 8–12 kleine Lammkoteletts, 1/2 Tasse Olivenöl, 1 Knoblauchzehe, 1 grüne Zwiebel, 1 Lorbeerblatt, Pfeffer, Salz, 1–2 Auberginen (etwa 500 g), 1 große Zwiebel, 1/2 Glas Olivenöl, 2 Gläser Fleischbouillon (Würfel), 2–3 EL Tomatenmark, 1/2 TL Kurkuma, grob gemahlener Pfeffer, Salz, 2–3 Tomaten

Lammhirn mit Minzesauce

Das Hirn eine Stunde in Essigwasser legen. Wasser abschütten, Hirn gut spülen, alle Häute mit einem spitzen Messer entfernen.
Salzwasser mit einem Eßlöffel Essig zum Kochen bringen. Hirn hineinlegen und 10 Minuten kochen. Hirn abtropfen lassen und in Scheiben schneiden.
Auf Salatblättern anrichten.
Die Sauce aus allen Zutaten anrühren, gut abschmecken und kurze Zeit durchziehen lassen. Dann über das angerichtete Fleisch träufeln. Es wird meist als Vorspeise gegessen.
Die originelle Sauce eignet sich übrigens für jedes kalte Fleisch- und Fischgericht.

מח כבש ברוטב מנטה

Die Zutaten für 2 Portionen
1 Lammhirn, Essig, Salz, Salatblätter

Für die Minzesauce
2–3 EL Olivenöl, 2–3 EL Zitronensaft, 2 EL Wasser, weißer Pfeffer, Salz, 1/2 TL Zucker, 1 Handvoll frische, feingehackte Minzeblätter

חזה כבש ממולא / Gefüllte Lammbrust

Die Zutaten für 4–5 Personen
800 g – 1000 g Lammfleisch (Brust oder Keule ohne Knochen), 2 EL Öl,
2 Tassen Fleischbouillon (Würfel)

Für die Füllung
1 Tasse Reis, 1 1/2 Tassen Wasser, Salz,
1 Handvoll Pinienkerne, 1 grüne Zwiebel,
1 Knoblauchzehe, 1 Handvoll Rosinen,
1 Handvoll Petersilie, Salz, Pfeffer,
1 hartgekochtes Ei, etwas Zimt,
wenig Koriander

Zunächst bereiten Sie die Füllung zu: Reis in gesalzenem Wasser 10 Minuten kochen, kurz abspülen, gut abtropfen lassen. Mit Pinienkernen, fein gehackter Zwiebel, zerdrücktem Knoblauch, Rosinen, gehackter Petersilie und gehacktem Ei gut vermischen. Mit Salz, Pfeffer, Zimt, Koriander würzen.

Das Fleisch waschen, gut abtrocknen und ausbreiten. Die Füllung auf das Fleisch geben. Das Fleisch aufrollen und mit Holzspießchen zusammenstecken. Außerdem mit einem kräftigen Faden mehrmals zusammenbinden (wie bei einem Rollbraten), damit es während des Garens zusammenhält.
Die Fettpfanne im Ofen mit Öl einpinseln. Fleisch auf die Pfanne legen und in den vorgeheizten Ofen schieben. Die Lammbrust braucht etwa 1 1/2 Stunden, um bei 200 Grad zu garen. Etwa nach 15 Minuten Bratenzeit begießen Sie das Fleisch mit der Hälfte Fleischbouillon. Später ersetzen Sie die verdampfte Flüssigkeit laufend durch weitere Bouillon.
Vor dem Servieren Holzspießchen und Faden entfernen. Aus dem Bratensatz können Sie eine feine Sauce kochen.

בשר כבש עם איטריות / Lammfleisch mit Nudeln

Wie viele Länder des Mittelmeers, so hat auch Griechenland in der Sabre-Küche einige delikate Akzente gesetzt. Dieses Lammfleischgericht wird, wie typisch in der griechischen Küche, in einer Auflaufform zubereitet und serviert.

Die Zutaten für 5–6 Personen
1 kg mageres Lammfleisch, Öl,
1 große Zwiebel, 2 Knoblauchzehen,
3–4 Blätter frischer Salbei, 4–6 Tomaten,
Salz, Pfeffer,
500 g kleine Nudeln oder Spätzle; in Griechenland nennt man sie Kritharaki.

Das Fleisch waschen, gut abtrocknen, in Würfel schneiden. In einer größeren feuerfesten Auflaufform auf dem Herd in heißem Öl von allen Seiten anbraten.
Die Fleischwürfel aus der Form nehmen. Zwiebel grob hacken, Knoblauch fein hacken, beides im Bratenfett dünsten. Das Fleisch zurück in die Form geben, leicht mit Salz und Pfeffer würzen.
Die Salbeiblätter grob hacken, über das Fleisch streuen. Die Tomaten überbrühen, enthäuten, grob würfeln und ebenfalls zum Fleisch geben. Nochmals abschmecken.

Die Auflaufform mit einem Deckel oder einer Folie schließen und das Fleisch auf kleiner Hitze etwa 30 Minuten köcheln.
Während dieser Zeit die Nudeln kochen und abtropfen lassen. Den Backofen vorheizen. Fleisch-Gemüse und Nudeln vermischen, die Auflaufform ohne Deckel in den Ofen schieben und das Gericht 15 Minuten backen, damit die Flüssigkeit austrocknet.

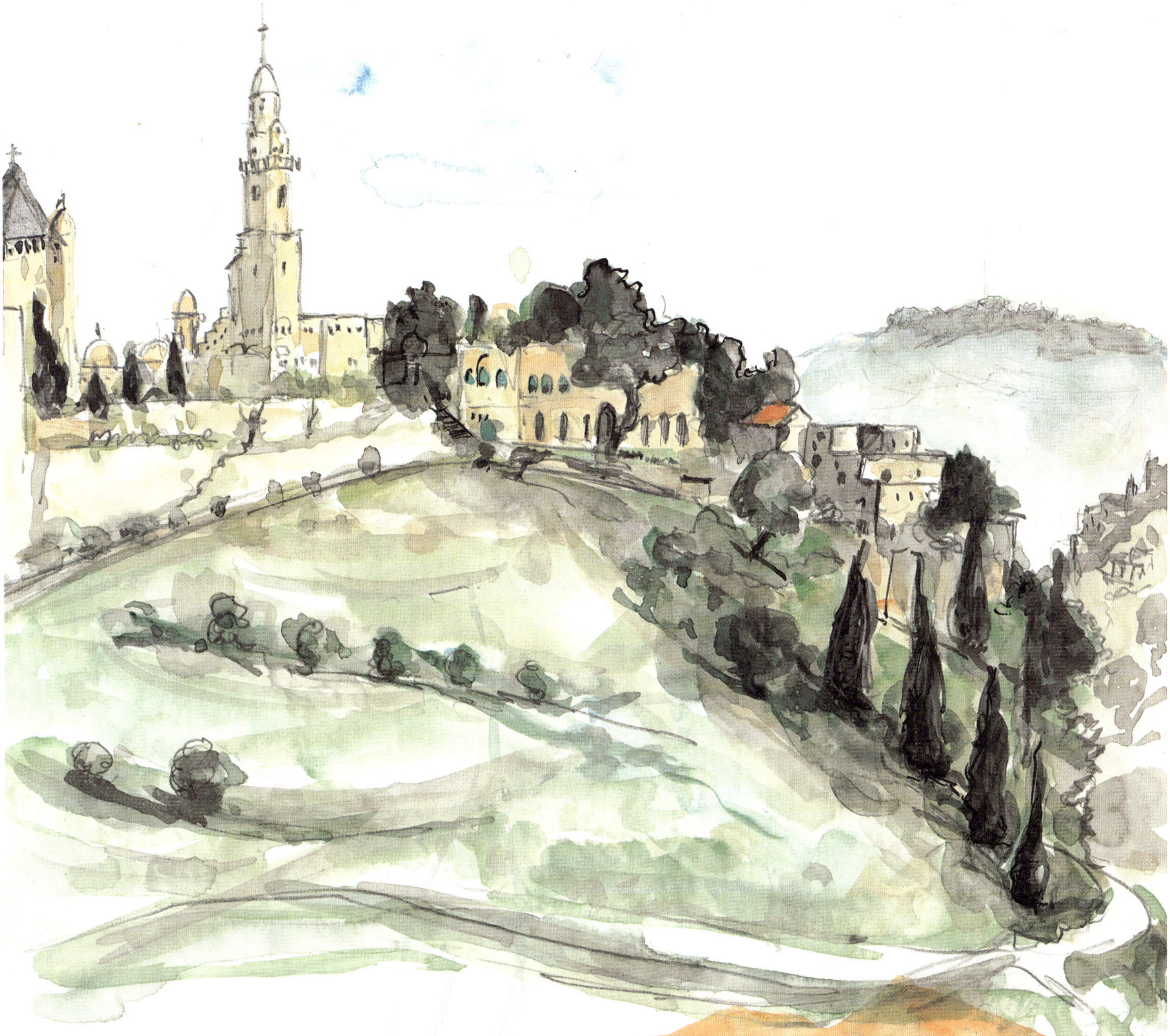

Hackfleisch

Hackfleisch ist nicht nur ein Privileg der einfachen Küche, es ist auch eine Angelegenheit der Phantasie. Hackfleischgerichte sind in diesem Land allein schon so ausgezeichnet, weil es zur Küchenehre einer jeden orientalischen Hausfrau gehört, ihren Fleischteig mit größter Sorgfalt zuzubereiten. Er ist geschmeidig, weich und gut gewürzt.

סיניה Sini'ye

Neben Falafel, Hummus und Kabab gehört Sini'ye zu den Lieblingsspeisen arabischer Küche. Sini'ye versteht sich als eine Art Nationalgericht – ein einfaches Hackfleischgericht mit warmer Tahina.

Die Zutaten für 4 Portionen
800–1000 g Hackfleisch vom Lamm,
1 mittelgroße Zwiebel, 2 Knoblauchzehen, 1 Handvoll Petersilie, Salz, Pfeffer,
1/2 TL Zimt, Olivenöl,
1/2 Tasse Pinienkerne, 1 Tasse Tahina

Zwiebel, Knoblauch und Petersilie fein hacken. Fleisch, Kräuter und Gewürze sorgfältig mischen, kneten und abschmecken.
Vier feuerfeste kleine Formen mit Öl einfetten (Pyrex zum Gratinieren). Die Fleisch-Farce in 4 Portionen teilen und in die Formen verteilen. Gut verstreichen, wie zu Pasteten, mit einer kleinen Höhle in der Mitte. Einige Tropfen Öl auf das Fleisch tropfen.

Das Fleisch im vorgeheizten Ofen bei 180 Grad 15 Minuten backen. Mit Pinienkernen bestreuen. Tahina mit 1–2 EL Wasser verdünnen, über die Fleisch-Pasteten gießen. Weitere 15 Minuten bei gleicher Hitze backen, bis das Tahina eine braune Kruste mit kleinen Bläschen bildet.

קבב Kabab

Wer nach Israel reist, darf einen Bummel durch die Künstlerkolonie der einstigen Hafenstadt Jaffa nicht versäumen. Er entdeckt zwei Welten: das attraktive Altstadtviertel neuer Architektur auf dem Stadthügel mit verlockenden Boutiquen voller Kunstgewerbe, Kunsthandwerk und Souvenirs. Zum Meer hinunter, nur ein paar

Schritte weiter, existiert das ursprüngliche Stadtviertel: grau, verkommen und wirklich alt; dabei überaus lebhaft vom frühen Morgen bis in die späte Nacht. Laden an Laden reihen sich, Werkstätten, Buden und Stände. Säcke, Fässer und Kisten stehen im Weg. Da werken Pitahbäcker, Gemüsehändler und Handwerker aller Art. Hier, zwischen Touristenschönheit und betriebsamem Alltag, speist man in kleinen Restaurants echt orientalisch-arabisch, meist an kargen Tischen im Freien. Hier kann man zusehen, wie Fische, Schaschlik und Kabab auf dem Rost gegrillt werden, und man beobachtet den Rauch, wie er sich, getränkt vom gebratenen Fleischgeruch, im Gewühl der Gassen verflüchtigt.

Kabab ist der Name für kleine Hackfleischstücke aus Lammfleisch, die wie Perlen auf zierliche Metallspieße aufgezogen werden. Kabab, ursprünglich eine türkische Spezialität, wird nach orientalischer Art im Freien über der Feuerglut auf dem Rost gegrillt.

Alle Zutaten in einer großen Schüssel mit den Händen mischen. Den Teig kneten, bis er glänzt. Falls er nicht geschmeidig genug wird, 1–2 EL Bouillon zugeben. Den Teig 1/2 Stunde kühl stellen. Kleine Bällchen oder fingerdicke Würstchen formen und auf Metallspieße reihen. Auf dem heißen Rost von allen Seiten braten.

Die Zutaten für 12 Spieße
800 g Hackfleisch vom Lamm, Pfeffer,
Salz, gemahlener Kümmel,
gekerbelter Thymian, Muskat,
1 grüne, gehackte Zwiebel,
1 zerdrückte Knoblauchzehe,
1/2 TL scharfer Paprika,
etwas zerriebene Pfefferschote,
1 Handvoll gehackte Petersilie

Armenische Hackfleischbällchen

Die gepellten Kartoffeln, Fleisch und Ei zu einer glatten Masse verarbeiten, mit Salz und Pfeffer abschmecken. Evtl. etwas Bouillon zufügen. (Am einfachsten pürieren Sie die Fleischmasse im Mixer.)
Die Pinienkerne in der Butter einige Minuten rösten, zusammen mit den Rosinen unter die Fleischmasse kneten. Jetzt kleine Bällchen (oder Frikadellen) formen, leicht in Mehl wälzen, im Öl knusprig ausbacken. Sie können die Fleischbällchen auch fritieren.

כדורי בשר קצוץ ארמניים

Die Zutaten für 4–6 Portionen
4 mittelgroße, gekochte Kartoffeln,
500 g gehacktes Lammfleisch, 1 Ei,
Salz, Pfeffer, evtl. etwas Bouillon,
1 Glas Pinienkerne, etwas Butter,
1 Glas Rosinen, Mehl, Öl zum Ausbraten

Fleischbällchen mit Minze

Zwiebel fein hacken, in sehr wenig Wasser in einem Topf weichkochen. Das Wasser während des Kochens verdunsten lassen.
Die Tomaten überbrühen, häuten, zerkleinern. Minzeblätter fein hacken.
In einer großen Schüssel Fleisch, Zwiebel, Tomate, Minze, Käse mischen. Wenig Semmelmehl hinzufügen, damit Sie eine feste, glatte Fleischmasse kneten können. Abschmecken. Sie formen Fleischkugeln, wenden diese in Mehl und backen sie im Öl aus.

כדורי בשר עם מנטה

Die Zutaten für 4 Portionen
1 große Zwiebel, 1 große Tomate,
1 Handvoll frische Minzeblätter,
500 g Hackfleisch vom Lamm oder Rind,
2 EL geriebener Käse (Katschkaval,
Parmesan o.ä.), Salz, Pfeffer,
1–3 EL Semmelmehl, Mehl, Olivenöl

קובה Kubeh in der Form

Kubeh (auf arabisch *Kibbeh*) ist die große Gaumenliebe der beiden Nachbarstaaten Israels, Libanon und Syrien. Kubeh ist ein Teig aus Hackfleisch und *Burghul* (S. 151), den die Frauen meist zu hüllenartigen Kugeln formen und mit einer zweiten Farce füllen, dann in Öl backen. Kubeh-Kugeln zu formen kommt der Arbeit eines Töpfers gleich, braucht Fingerfertigkeit und Übung. Jede Frau, die diese Kunst beherrscht, gelangt in ihrer Gemeinschaft als gute Hausfrau zu Ehren. Auch ein Kuchen aus Kubeh-Teig ist etwas besonderes, vor allem spart er ungeübten Händen langes Experimentieren.

Die Zutaten für eine normalgroße Kuchenform
500 g Hackfleisch vom Lamm (selten vom Rind), Salz, Pfeffer,
1 große Zwiebel, 1 Tasse Burghul,
50 g Butter

Für die Füllung
1 große Zwiebel, Öl, 250 g Hackfleisch,
1/2 Tasse Pinienkerne, Salz, Pfeffer,
1/2 TL gemahlener Zimt,
1 Tase Bouillon (Würfel)

Zwiebel sehr fein hacken. Mit Fleisch, Salz, Pfeffer und 1 EL Wasser zu einem püreeähnlichen Teig kneten (evtl. im Mixer).
Den Burghul in einem Sieb mit kaltem Wasser überspülen, gut ausdrücken, zur Fleischmasse geben und lange durchkneten. Am besten, ähnlich einem Hefeteig, den Knetvorgang ein paar Mal wiederholen.

Die Füllung
Zwiebel fein hacken, in Öl goldbraun rösten. Fleisch hinzufügen, von allen Seiten anbraten, 1–2 EL Bouillon zum Fleisch geben, auch die Pinienkerne und Gewürze. Alles gut mischen und abschmecken.
Die Kuchenform ausfetten. Die Hälfte des Kubeh-Teiges auf dem Boden verstreichen. Die Füllung auf dem Kubeh-Teig verteilen. Die zweite Hälfte Kubeh-Teig obenauf verstreichen. Die Oberfläche gitterartig einritzen.
Die Butter schmelzen und über den Fleischkuchen gießen. Den Kuchen im vorgeheizten Ofen bei 180 Grad etwa 45 Minuten backen. Während dieser Zeit den Kuchen hin und wieder mit etwas Bouillon bepinseln. So bleibt das Fleisch innen saftig. Die Kuchenoberfläche bekommt eine feste Kruste.
Man schneidet den Kuchen in Tortenstücke und ißt ihn warm. Dazu werden frischer Joghurt und Salate gegessen. Auch grüner Salat paßt ausgezeichnet zum Kubeh-Kuchen.

Ein fischreiches Land

Wenn früh am Morgen die Sonne mit erstem gelblichen Schimmer über dem See Genezareth aufgeht, kehren die Fischerboote nach En Gev zurück. Im Hafen von Tiberias, nahe dem türkischen Fort, warten die Händler mit ihren kleinen Transportautos, mit Esel- und Pferdekarren. Die Fischer sortieren das Getier, das sie in der Nacht gefangen haben. Die beste Beute ist der St. Petri-Fisch, welsartig und kräftig, schon zur Zeit des Neuen Testaments berühmt.
Israel ist ein fischreiches Land. In den alten Schriften spielen vornehmlich Fische aus dem Mittelmeer und aus dem Nil eine Rolle: Auf dem Marsch durch die Wüste erinnern sich die Juden wehklagend der Fische, die sie in Ägypten genossen hatten. Als Nehemia 440 v. Chr. Jerusalem neu aufbaute, wird von einem Fischtor in der Stadtmauer berichtet. Die Tyrener betreiben einen Fischmarkt sehr zum Ärger der frommen Juden, da sie ihre gepökelten Meerfische auch am Schabbat verkauften.
Als Hesekiel in seiner Endzeitvision das bis anhin unfruchtbare Wasser voll Leben sah, meinte er jedoch die Binnengewässer, den Jordan und das Tote Meer: „Und alle lebenden Wesen, alles, was dort wimmelt, wohin immer der Fluß kommt, das wird leben, und die Fische werden sehr zahlreich sein. Wenn dieses Wasser dorthin kommt, wird das Wasser gesund. Und es werden Fischer an ihm stehen; von En-Gedi bis En-Eglaim wird man die Fischernetze ausbreiten. Seine Fische werden sehr zahlreich sein, so zahlreich wie die Fische des großen Meeres." (Hesekiel 47, 9-10)
Sie sind wirklich zahlreich geworden, die Süßwasserfische im See Genezareth:
St. Petri-, Tiberias-Fisch, Süßwassersardinen, Barben liegen am frühen Morgen in den Fischerbooten.
Auch in der flachen Jordanmündung waten die Fischer durch das Schilf und legen ihre Wurfnetze aus. An den kühlen Jordanquellen *Dan* und *Banias* konzentrieren sie sich auf Forellen. In der *Sharon-Ebene* zwischen Tel Aviv und Haifa und inmitten der Ländereien der Kibbuzim *En Gev* und *Neot Mordechai* breiten sich die künstlich angelegten Fischteiche aus, in denen der klassische jüdische Fisch, der Karpfen, gezüchtet wird.

Reich ist das Land auch an Meeresfischen. Vielfältig zubereitet werden sie in Fischrestaurants der am Meer gelegenen Städte Tel Aviv, Haifa, Akko und Naharia angeboten. Im bekannten *Neptun,* in Bat-Galim am Meeressaum von Haifa, hängt eine übersichtliche Grafik, aus der man erfährt, was aus Mittelmeer und Rotem Meer kommt: Makrele, Seebrasse, Hecht, Pandora, Drumfish, Sardinen, Sultansfisch, White Bream, Lizardfisch – um nur einige zu nennen. Der Buri (Grey Mullett) und der Lokus sind die volkstümlichsten Fische: der Buri, flach und grätenreich, zum Grillen und Braten; der Lokus, dickbauchig und fleischig, zum Kochen, Backen, Füllen. Auch der Mosesfisch (Sole) ist hier zu Hause, von dem die Legende erzählt, daß er gerade in der Mitte lag, als Mose das Rote Meer teilte.

Fische

Gebratener Fisch

In Israel genießt man den Fischreichtum. Beliebt sind ganze gebratene und gegrillte Fische: Buri, Forelle, Flunder. Gebratene Fische werden in folgender Weise zubereitet: Man beträufelt die küchenfertigen Fische mit Zitronensaft und ritzt ihnen beidseitig vier diagonale Einschnitte in die Haut. Die Gewürzmischung, mit der sie eingerieben werden, ist scharf.
Die Gewürze werden gut gemischt und die Fische mit der Mischung kräftig eingerieben. Man brät die Fische im heißen Öl von beiden Seiten etwa 7 – 10 Minuten, so daß sie innen weich und außen knusprig sind.
Gebratene Fische werden immer mit frischer Zitrone serviert. Beliebte Beilagen sind Pommes frites oder Kartoffelpüree.

דג צלוי

Gewürzmischung für 2 Fische
Pro Person 1–2 Fische, je nach Größe,
Zitronen, 1 TL Salz, 1/2 TL Pfeffer,
1/2 TL gemahlener Kümmel,
ein wenig zerstoßene grüne Pfefferschote
oder Cayennepfeffer

Gegrillter Fisch mit Tahina

Gegrillte Fische werden ebenso wie gebratene Fische zubereitet. Allerdings wird die Gewürzmischung mit Olivenöl angerührt. Das Fett, das zum Grillen nötig ist, reibt man also direkt in die Haut ein. Die Tahina-Sauce ist typisch und ein Musterbeispiel für den orientalischen Kücheneinfluß.
Man zerläßt die Butter in einem Topf, gibt Tahina hinzu und würzt mit Salz, Pfeffer, Zwiebel und Knoblauch. Die warme Sauce wird über die gegrillten Fische gegossen. Darüber streut man gehackte Petersilie und serviert den Fisch mit frischer Zitrone.

דג גריל עם טחינה

Sauce für 2 Fische
1/2 Tasse Tahina, 1 Stückchen Butter,
Salz, Pfeffer, 1 kleine grüne gehackte
Zwiebel, 1 zerdrückte Knoblauchzehe

Gefüllter Fisch

Für die Juden sind Fische auch eine Festspeise. Fischgerichte werden an Feiertagen gegessen. Fischgerichte leiten den Schabbat am Freitagabend ein: Fischpasten und gefüllter Fisch als Vorspeise, Karpfen als Hauptspeise. Für den klassischen gefüllten Fisch kann man fast alle Fischsorten verwenden, bevorzugt wird Karpfen.

דג ממולא

Die Zutaten für 8–10 Klöße
1 kg Karpfen. 5 Karotten, 1 Ei,
3 Zwiebeln, Salz, Pfeffer, Mazzamehl, Öl

Den küchenfertigen Fisch waschen und trockentupfen, in kleine Stücke schneiden und zwei bis drei Mal durch den Fleischwolf treiben oder im Mixer hacken. Zum letzten Durchgang eine Karotte geben.

Die Fleischmasse mit Ei, zwei sehr fein gehackten Zwiebeln, Salz, Pfeffer und mit Mazzamehl (je nach Konsistenz) mischen. Der Fischteig soll locker sein, dabei doch so fest, daß man Klöße daraus formen kann.

Mit den Händen Fischklöße formen. In einem Topf etwas Öl erhitzen und die Klöße zusammen mit der dritten, gehackten Zwiebel von allen Seiten kurz anbraten. Wasser zugeben, so daß die Klöße bedeckt sind, etwas Salz und die restlichen, in Scheiben geschnittenen Karotten.

Die Fischklöße auf kleiner Hitze etwa eine Stunde kochen. Dann werden sie aus dem Sud genommen, in eine Schüssel gelegt und mit Karottenscheiben garniert. Den Fisch-Sud über die Klöße gießen. Er geliert, wenn man die Fischklöße auskühlen läßt. Gefüllter Fisch wird sowohl warm als auch kalt gegessen.

Variante
Mit einem scharfen Messer die Haut vom Karpfen trennen. Die fertige Fischmasse in die Fischhaut einrollen. Kochen und anrichten wie Fischklöße. Später schneidet man den gefüllten Fisch in Portionen.

גפילתה פיש Gefilte Fisch

Weltberühmt ist gefüllter Fisch unter dem Namen *gefilte Fisch*. Eine jiddische Bezeichnung, die auf die Herkunft dieser Fischspezialität hinweist, auf Osteuropa. Und weil *gefilte Fisch* eine klassische jüdische Vorspeise ist, gebe ich ein weiteres Rezept wieder aus dem handgeschriebenen Kochbuch der 85jährigen Julia Jacoby. Der Exodus aus Deutschland verschlug sie nach Argentinien.

1 kg Fisch, Brötchen, 1 Zwiebel, 2 Eier,
2 EL Öl, Salz, Pfeffer, geriebene Schale
von 1 Zitrone, 1 Handvoll gehackte
Petersilie, 2–3 EL geriebener Käse,
etwas Semmelmehl

Den gesäuberten rohen Fisch im Fleischwolf oder im Mixer zerkleinern. Die Brötchen in Wasser einweichen und wieder ausdrücken. Die Zwiebel in Ringe schneiden. Brötchen zusammen mit der Zwiebel in der Pfanne „austrocknen". Dies, so versichert Julia Jacoby, sei gut und wichtig, damit das Brot nicht zu naß ist und durch die Zwiebel einen ausgeprägten Geschmack erhält. Die behandelten Brötchen mit Zwiebel zum Fisch geben. Außerdem Eier, Öl und alle anderen angegebenen Zutaten zufügen und daraus einen würzigen Fischteig kneten.

Aus dem Teig etwa 5 cm große Klöße drehen. Dabei ein wenig Semmelmehl benützen, damit die Klöße gut zusammenhalten. In kochendes Wasser legen, so daß sie bedeckt sind und 1/2 Stunde kochen lassen.

Variante
Man kann die Fischkugeln auch im schwimmenden Fett braten bzw. fritieren.

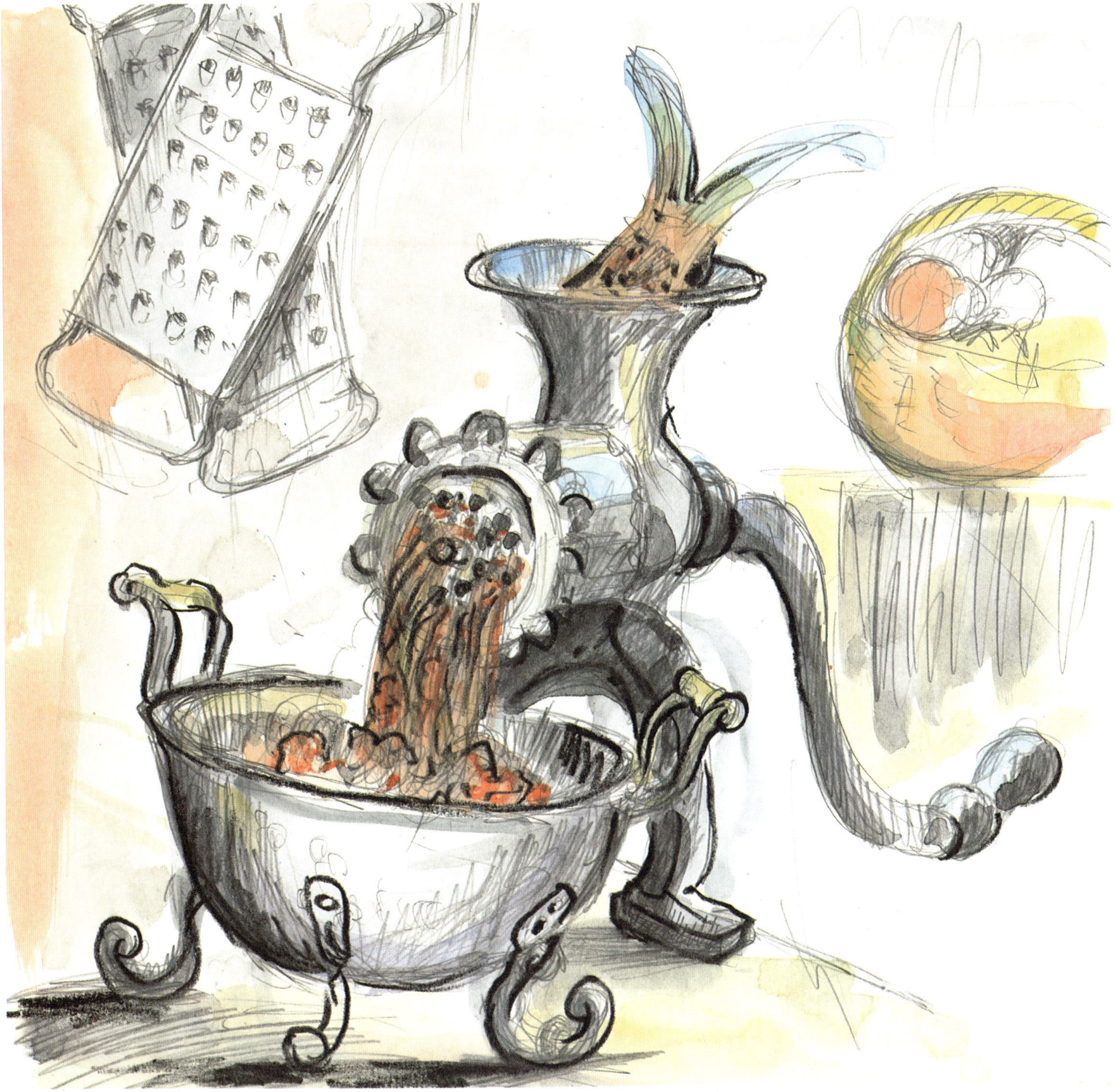

קרפיון אפוי — Gebackener Karpfen

Die Zutaten für 2 Personen
1 Karpfen (ca. 800 g), 2 EL Essig,
1 mittelgroße Zwiebel, 1 Prise gemahlener
Piment, Salz, 2 EL Rosinen, Pfeffer,
1 Prise Zucker, etwas Butter, 1 Zitrone,
1 EL Pinienkerne

Den küchenfertigen Karpfen waschen und trockentupfen. Essig, gehackte Zwiebel, Piment, Salz, 1 EL Rosinen zu einer Gewürzpaste vermischen: mit der Gabel zerdrücken oder – einfacher – im Mixer pürieren. Die Paste mit Pfeffer, Zucker, eventuell etwas Salz abschmecken. Den Karpfen mit der Paste sorgfältig innen und außen bestreichen, dann in eine mit Butter ausgestrichene, feuerfeste Form legen.
Zitrone in hauchdünnen Scheiben um den Fisch garnieren. Pinienkerne und restliche Rosinen über den Fisch streuen. Den Karpfen in den vorgeheizten Backofen schieben und bei 200 Grad etwa eine Stunde backen.

קרפיון עם פורי — Karpfen mit Lauch

Die Zutaten für 2 Personen
1 Karpfen (ca. 800 g), etwas Mehl,
etwas Öl oder Butter, 1 dicke Stange
Lauch, 2 Tassen Milch, 1/2 TL Salz,
einige Umdrehungen Pfeffer,
1/2 TL Paprika

Den küchenfertigen Karpfen waschen und trockentupfen. Fingerdicke Fischscheiben schneiden und diese in Mehl wenden. Eine feuerfeste Form üppig mit Fett einstreichen. Die Fischscheiben hineinlegen. Den Lauch gut reinigen, in Ringe schneiden und über den Fisch streuen. Salz, Pfeffer und Paprika in der Milch verquirlen, über den Fisch gießen. Achtung: nur so viel Milch verwenden, daß der Fisch halb bedeckt ist. Im vorgeheizten Backofen bei 250 Grad etwa 30 Minuten garen und gratinieren.

פשטידת דג עם ירקות — Fischauflauf mit Gemüse

Die Zutaten für 4 Portionen
800 g Fisch (Buri, Karpfen oder jeder
andere übliche Meerfisch, auch tiefgefroren), Zitronensaft, Salz, 4 mittelgroße
Kartoffeln, 4 mittelgroße Tomaten,
2 grüne Zwiebeln, einige Sellerieblätter,
1 Handvoll Petersilie, Salz, Pfeffer,
Aromat, Butter, 1/2 Tasse Tomatensauce
(Dose oder S. 110), 1/2 Tasse geriebener
Käse

Den küchenfertigen Fisch waschen und abtupfen, in Scheiben schneiden, mit Zitronensaft beträufeln und salzen. Kartoffeln schälen und in Scheiben schneiden. Tomaten in Scheiben schneiden, Zwiebeln in hauchdünne Ringe schneiden, Sellerieblätter und Petersilie hacken.
Eine feuerfeste Form einfetten. Gemüse lagenweise in die Form schichten: die Hälfte Kartoffeln (salzen, pfeffern, mit etwas Sellerieblättern bestreuen), Zwiebelringe, Tomatenscheiben (salzen, pfeffern, evtl. etwas Aromat). Den Vorgang wiederholen. Obenauf Petersilie streuen.
Auf dem Gemüse die Fischscheiben plazieren. Tomatensauce über alles gießen. Mit Butterflöckchen besetzen und mit Käse bestreuen.
Die Form in den vorgewärmten Ofen schieben. Bei zunächst 200 Grad, später bei 180 Grad, während 30 – 45 Minuten garen.

מרק דג שמך — Forellensuppe

Zutaten für 4–6 Portionen
1 Forelle (300–400 g), 1 kleiner Kopf
Sellerie mit Blättern, 1 Karotte, 1 große
Zwiebel, 2 EL Öl, 1/2 Tasse Reis,
4–5 Tassen Wasser, 1 Ei, Salz, Pfeffer,
1–2 EL Zitronensaft, 1 Handvoll Dill

Die Forelle waschen, Kopf und Flossen abschneiden, entgräten. Den Fisch in 2 cm dicke Scheiben schneiden. Sellerie würfeln, die Blätter hacken. Karotte und Zwiebel würfeln. Öl im Topf erhitzen, das Gemüse hineingeben, kurz schmoren. Sehr wenig Wasser hinzufügen, den Topf schließen und das Gemüse auf kleiner Hitze fünf Minuten köcheln lassen. Den gewaschenen Reis zum Gemüse geben, umrühren und fünf Minu-

ten schmoren lassen. Nun den Fisch in den Topf geben. Mit Wasser auffüllen, aufkochen lassen, einmal sachte umrühren, und die Suppe 20 Minuten zugedeckt kochen.
Den Topf vom Herd nehmen. Das Ei verschlagen und in die Suppe rühren. Würzen. Die Suppe nochmals aufkochen und sanft weiterkochen lassen, bis sie leicht dickt. Jetzt endgültig vom Herd nehmen und mit Zitronensaft abschmecken. Dill hacken und vor dem Servieren über die Suppe streuen.
Zur Suppe wird frisches Brot gegessen.

Forelle mit Olivenfüllung

דג שמך עם מלוי זיתים

Die küchenfertigen Forellen waschen und trockentupfen. Die Innenseiten mit Zitronensaft beträufeln und mit Salz bestreuen.
Petersilie und Dill hacken, Oliven winzig würfeln. Fleisch, Ei, Salz, Kräuter und Oliven gut mischen, abschmecken. Die Forellen mit der Farce füllen. Die Bauchöffnungen mit Holzspießchen zusammenstecken. Die Fische in Mehl wenden und im heißen Fett von jeder Seite etwa 10 Minuten, je nach Dicke, braten.

Die Zutaten für 4 Personen
4 Forellen, Saft von 1/2–1 Zitrone,
2 TL Salz, 1 Handvoll Petersilie, 1 Handvoll Dill, 1 Tasse entsteinte grüne Oliven,
200 g Hackfleisch vom Rind oder Kalb,
1 Ei, Mehl, Butter oder Öl

Matjessalat

סלט מטיאס

In der Küche Israels haben auch Leckerbissen aus Fischen eine Tradition, die importiert werden. So hat man beispielsweise aus der Türkei den *Lakerda* adoptiert, einen geräucherten Fisch, der vielerorts mariniert und in Fischsalaten wiederzufinden ist. Ein anderer für den Mittelmeerraum ungewöhnlicher Fisch ist der *Hering*. Er taucht bei jeder nur denkbaren Gelegenheit im jüdischen Speisezettel auf, wird zu Heringspasteten verarbeitet und zu Salaten, und vor oder nach kleinen Feierlichkeiten gegessen.

Salzheringe müssen zunächst einige Stunden bis einen Tag lang gewässert werden. Dann spült man sie unter kaltem Wasser ab, schneidet Kopf, Schwanz und Flossen ab und nimmt die Fische aus. Die Heringe werden aufgeklappt auf ein Brett gelegt und entgrätet. Matjesfilets werden je nach Geschmack 1/2–1 Stunde gewässert.
Die Gurken und den geschälten Apfel in sehr kleine Würfel schneiden. Alle Zutaten für die Fischmarinade anrühren und abschmecken. Die Fischfilets in Stücke schneiden und unter die Marinade mischen. Salat in den Kühlschrank stellen und einige Stunden durchziehen lassen.

Die Zutaten für 8 Portionen
4 Matjesfilets (oder 2 ganze Salzheringe),
2 eingelegte saure Gurken (Gewürzgurken), 1 großer säuerlicher Apfel,
1 1/2 Becher saurer Rahm,
2–3 EL Mayonnaise,
1 EL mittelscharfer Senf,
1 TL Zucker, Pfeffer

Variante
Gelegentlich werden für die Marinade anstelle von Senf etwas klein geschnittener Meerrettich oder hauchdünne Ingwerscheiben (aus einem Stück geschälter Ingwerwurzel) verwendet.

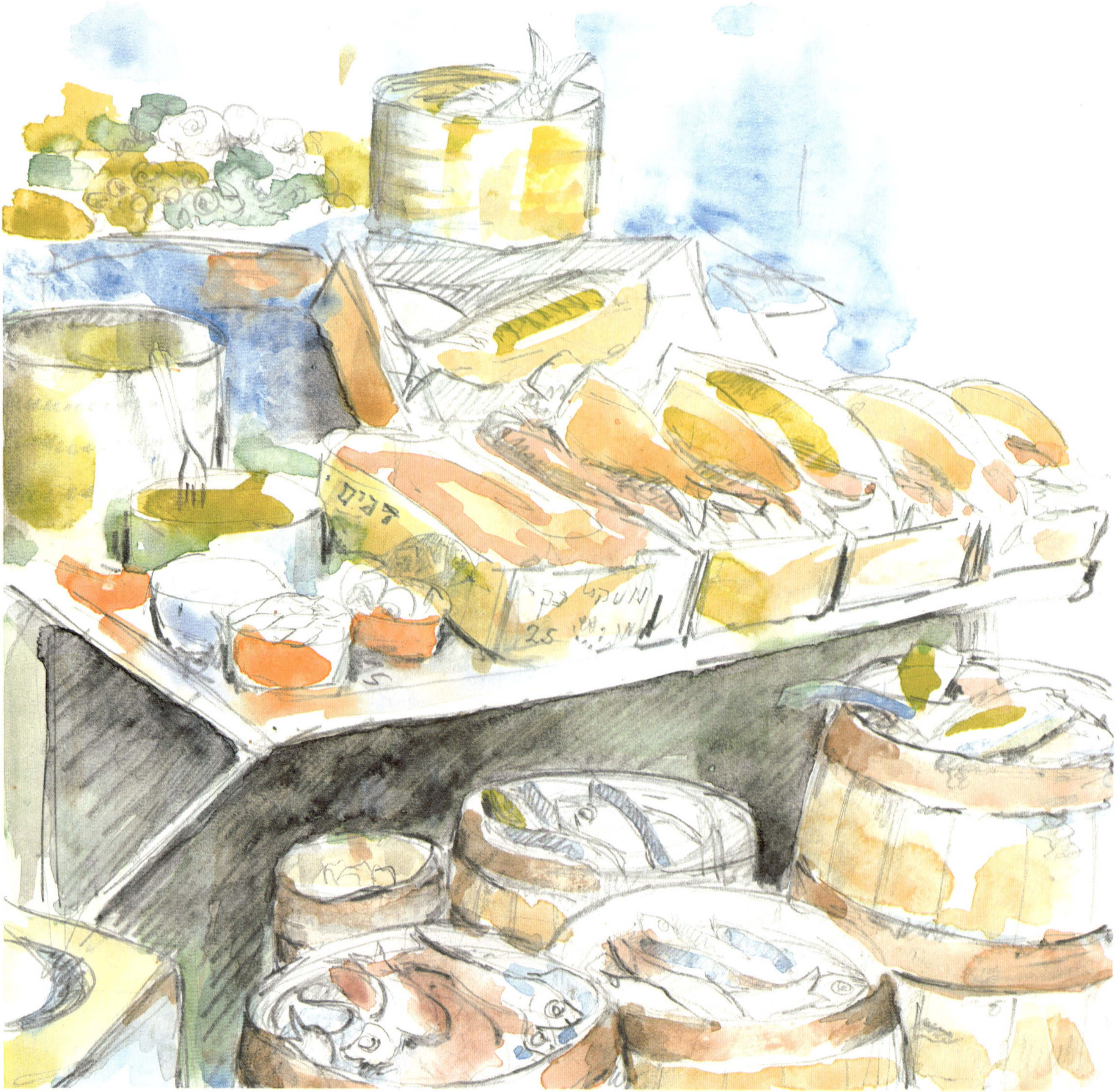

Saucen für gebratenen und gegrillten Fisch

Sellerie-Sauce
רוטב סלרי

Alle Zutaten gut mischen und eine Weile durchziehen lassen.

Auf 2 EL Olivenöl Saft von 1 Zitrone, 1 EL gehackter Bleichsellerie, Salz, Pfeffer, 1 Prise Zucker

Mango-Schaum
קציפת מנגו

Mango halbieren, Stein entfernen. Fruchthälften schälen, etwas zerkleinern. Zusammen mit allen Zutaten im Mixer schaumig schlagen. Die dickflüssige Sauce soll kräftig abgeschmeckt sein.

Auf 1 Päckchen Cottagekäse (250 g) 1 kleine weiche Mango, Salz, weißer Pfeffer, Cayennepfeffer

Meerrettich-Sauce
רוטב מרור

Alle Zutaten gut mischen und eine Weile durchziehen lassen.

Auf 1 Becher sauren Rahm 1 EL geriebener frischer Meerrettich, 1 EL Essig, 2–3 kleine gehackte saure Gurken, 1 kleine gehackte grüne Zwiebel, Salz, 1 Prise Zucker

Tahina-Sauce
רוטב טחינה

Man zerläßt die Butter in einem Topf, gibt Tahina dazu und würzt mit Salz, Pfeffer, Zwiebel und Knoblauch. Die warme Sauce wird über die gegrillten Fische gegossen. Darüber streut man gehackte Petersilie und serviert den Fisch mit frischer Zitrone.

Sauce für 2 Fische 1/2 Tasse Tahina, 1 Stückchen Butter, Salz, Pfeffer, 1 kleine grüne gehackte Zwiebel, 1 zerdrückte Knoblauchzehe

Hülsenfrüchte, Getreide und nahrhafte Gerichte

Das Land Kanaan, das heute teils zu Israel, teils zu Jordanien gehört, wird in der Bibel als ein Land mit Weizen, Gerste, Hirse und Sesam geschildert. Für die Römer galt das Gebiet als Kornkammer ihres Imperiums. Aus Gerste buken die Menschen ihr Brot. Mit Gerstenbrot und Fischen speiste Jesus die Fünftausend am See Genezareth, so berichtet Matthäus im Neuen Testament (Matthäus 14, 17 – 21):
„Die Jünger sprachen: Wir haben hier nichts als fünf Brote und zwei Fische. Und Jesus sprach: Bringt sie mir her. Und er hieß das Volk sich lagern auf das Gras und nahm die fünf Brote und die zwei Fische, sah auf gen Himmel und dankte und brach's und gab die Brote den Jüngern, und die Jünger gaben sie dem Volk. Und sie aßen alle und wurden satt und hoben auf, was übrig blieb von Brocken, zwölf Körbe voll. Die aber gegessen hatten, waren bei fünftausend Mann, ohne Frauen und Kinder."
Heute stehen in der Gegend des einstigen Kanaan die Ähren voll und kräftig wie in weit zurückliegender Zeit. Arabische und israelische Bauern ernten Getreide und Hülsenfrüchte, jeder auf seine Art. Während sich die Israelis modernster landwirtschaftlicher Geräte bedienen, bestellen die Araber ihren Boden auf mühselige, herkömmliche Weise.
Üppig beladen mit Hülsenfrüchten sind die Verkaufsstände der arabischen Händler auf ihren Märkten. Prall gefüllt stehen die Säcke mit Bohnen, Linsen, Erbsen, Mais und Hummus in ihren Lädchen; ein farbenprächtiges Bild.
Auf unseren Streifzügen über den Markt von Beer Sheva fiel uns die Notwendigkeit eines solchen Reichtums auf. Hausfrauen drängten mit ihren Taschen und Körben um die Säcke, prüften kritisch, ließen die Früchte zwischen ihren Fingern hindurchrieseln. Und wo rechts und links lautstarkes Feilschen vorherrschte, gab es hier nur feste Preise. Saadi oder wie immer der junge Händler hieß, wußte um den stabilen Wert seiner Ware.

שעועית Bohnen
Weiße, rote, grüne und braune Bohnen gehören zu den Grundnahrungsmitteln vieler Küchen: der jiddischen ebenso wie der arabischen, der jemenitischen und der marokkanischen oder türkischen. Bohnen werden ähnlich wie Linsen, überhaupt alle Hülsen-

früchte, für sättigende Mahlzeiten gekocht. Sie gehören in Eintöpfe und Suppen, werden als Beilage gegessen, aber auch als Vorspeise und in Salaten.

Linsen   עדשים
Daß die kleinen braunen, gelblichen und rötlichen Linsen schon im antiken Ägypten und in biblischen Zeiten kultiviert wurden, ist in manchen Schriften nachzulesen. So erzählt das Alte Testament die berühmte Geschichte von Esau, dem Sohn Isaaks, der eines köstlichen roten Linsenbreis wegen seine Vorzugsstellung als Erstgeborener dem jüngeren Bruder Jakob abtrat (1. Mose 25, 28 – 34). In Israel findet man vornehmlich die eleganten flachen, rötlichen Linsen. Man kocht sie als Hauptmahlzeit und ißt dazu Brot und Oliven, als Beilage zu Fleisch, für Suppen, Salate und Vorspeisen.

Reis   אורז
Reis wurde relativ spät im Vorderen Orient kultiviert und hat seine Reise von China über Persien in den Mittelmeerraum gemacht. Inzwischen ist Reis ein wichtiges Getreidenahrungsmittel geworden, wird jedoch in Israel selbst nicht angebaut. Insbesondere die arabische Küche und die orientalischen Juden kennen Reis als Beilage zu Fleisch und in interessanten Pilaw-Gerichten. Verwendet wird meist Langkornreis, der unter dem Namen Patna-Reis bekannt ist; für Süßspeisen und Pudding nimmt man Sorten, die stärker quellen.

Couscous   קוסקוס
Couscous ist eine krümelige Beilage aus Weizengrieß oder Hirse, die in den Dämpfen eines Stews oder einer Bouillon gegart wird. Es ist eine Spezialität Nordafrikas aus der Küche der Berber. Couscous wurde von den marokkanischen Juden nach Israel gebracht. Seine Zubereitung ist diffizil (S. 155), sein neutraler Geschmack beliebt.

Burghul   בורגול
Burghul ist ein wichtiges Grundnahrungsmittel im Vorderen Orient: Weizenkörner, die auf besondere Weise behandelt werden. Man überbrüht sie mit wenig heißem Wasser, läßt sie in der Sonne trocknen und zerstampft sie anschließend grob zwischen zwei Mahlsteinen.
Burghul ähnelt in seiner Verwendung dem Reis. Er ist einfach zu kochen, nahrhaft und hat einen eigenwilligen, dabei doch neutralen Geschmack. Bei uns ist Burghul wenig bekannt. Am ehesten bekommt man ihn in Reformhäusern oder in orientalisch orientierten Läden.

Hummus (Kichererbsen)   חומוס
(S. 69)

Mais   תירס
(S. 103)

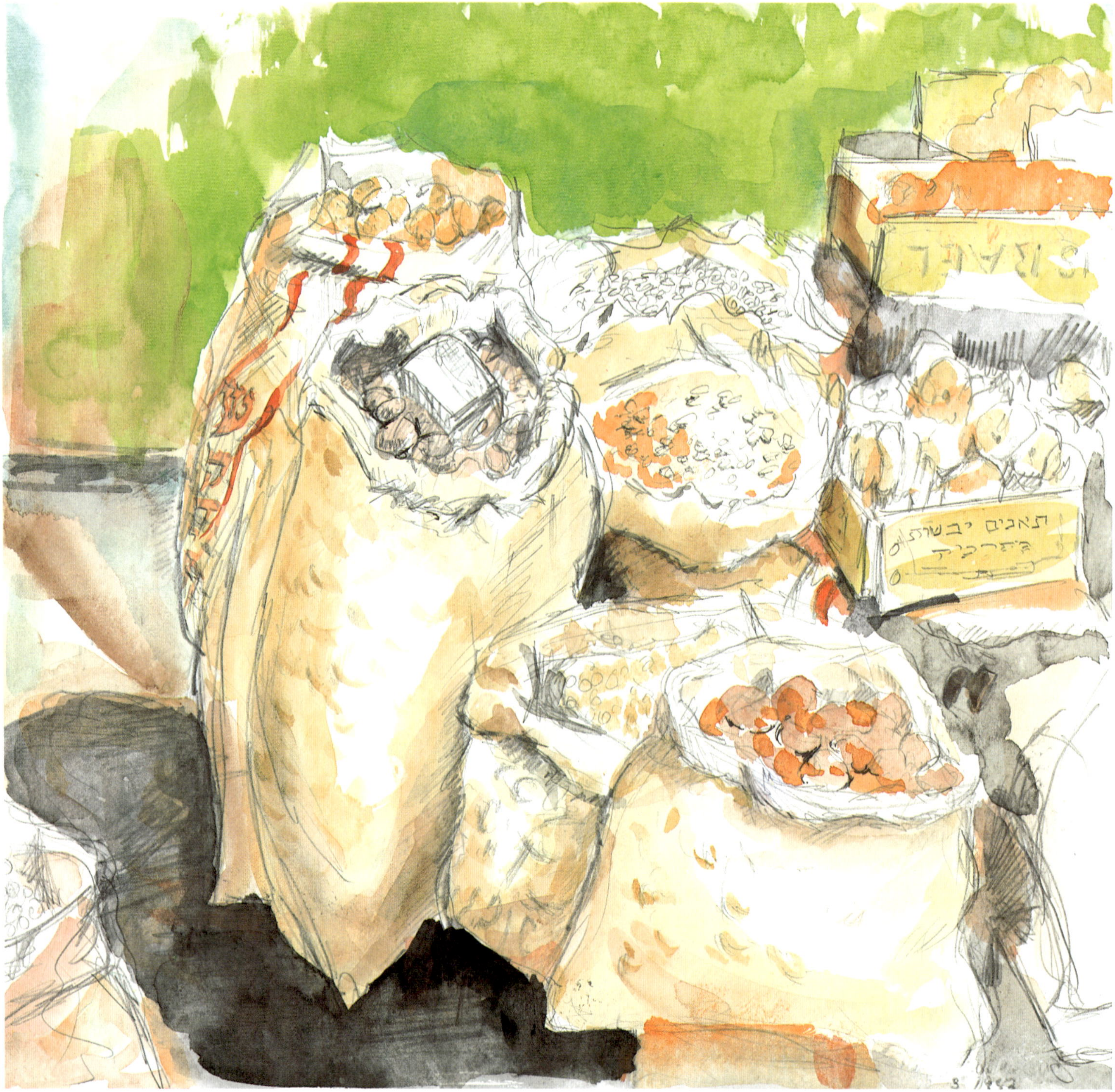
תאנים יבשות

Bohnensalat

Die Bohnen über Nacht einweichen, garkochen, aber nicht zu weich werden lassen.
Die Linsen ebenfalls garkochen. Beide Gemüse abkühlen lassen.
Aus Öl, Zitronensaft, Salz, Pfeffer eine Marinade rühren, kräftig abschmecken.
Bohnen, Linsen, Marinade vermischen. Den Salat einige Stunden im Kühlschrank durchziehen lassen. Vor dem Servieren Petersilie unterrühren, mit Oliven garnieren.

סלט שעועית

*250 g getrocknete weiße Bohnen
(oder aus der Dose),
125 g braune oder rote Linsen,
3 EL Olivenöl, 2 EL Zitronensaft,
Salz, Pfeffer, 2 EL gehackte Petersilie,
1 Handvoll schwarze Oliven*

Hülsenfrüchte-Salat

Aus Öl, Essig, Zucker, Salz, Pfeffer, Knoblauch die Marinade anrühren. Paprika und Gamba würfeln. Zwiebel in Ringe schneiden.
Die bereits weichen Hülsenfrüchte aus den Dosen und den Hummus abtropfen lassen.
Alle Zutaten mischen. Den Salat einige Stunden im Kühlschrank durchziehen lassen.
Mit Oliven garnieren.

סלט קיטניות

*1/2 Glas Olivenöl, 1/2 Glas Essig,
2 EL Zucker, 2 TL Salz, reichlich Pfeffer,
1 zerdrückte Knoblauchzehe, 1 grüne
Paprika, 1 Gamba (oder Tomate),
2 grüne Zwiebeln, 1 kleine Dose weiße
Bohnen im Tomatensaft, 1 kleine Dose
grüne Bohnen, 1/2 Dose bzw. 1 Tasse
Hummus, schwarze Oliven*

Bohnensuppe

Die Bohnen über Nacht einweichen.
Zwiebel in Ringe schneiden, in einem großen Topf in Öl goldgelb dünsten. Eingeweichte und abgetropfte Bohnen und Bouillon zufügen. Zum Kochen bringen und den Schaum abschöpfen. Tomatenmark, zerdrückten Knoblauch und Gewürze zur Suppe geben; diese 1 – 1 1/2 Stunden kochen, bis die Bohnen weich sind. Mit Pfeffer und Salz würzen und die gehackte Petersilie hineinstreuen. Noch einige Minuten kochen lassen.
Die Suppe wird warm gegessen und mit Pitah serviert.

מרק שעועית

*Die Zutaten für 8 Portionen
400 g weiße Bohnen, 1 große Zwiebel,
2 l Rindfleischbouillon (evtl. Würfel),
2 EL Öl, 1 kleine Dose Tomatenmark,
3 Knoblauchzehen, 1 TL getrocknete
Mittelmeerkräuter, schwarzer Pfeffer,
Salz, 1 Handvoll Petersilie*

Linsensuppe

Die gewaschenen Linsen in die Hühnerbouillon geben und zum Kochen bringen.
Zwiebel grob würfeln, Knoblauchzehen fein hacken, beides zur Suppe geben, ebenso die Tomaten in ihrem Saft. Bei kleiner Hitze kocht die Suppe in knapp einer Stunde weich. Mit Kümmel, Salz und Pfeffer abschmecken.
Die zweite Zwiebel in dünne Ringe schneiden, im Öl braun dünsten. Die Petersilie hacken. Beides vor dem Servieren in die Suppe rühren.
Die Zitronen in dünne Scheiben schneiden.
Die Suppe auf Teller schöpfen und jeden Teller mit 2 – 3 Zitronenscheiben garnieren.
Das sieht nicht nur erfrischend aus, es gibt der Suppe eine besondere, leicht säuerliche Note. Man drückt die Zitrone während des Essens mit dem Löffel in der Suppe aus.

מרק עדשים

*Die Zutaten für 8 Portionen
1 3/4–2 l Hühnerbouillon (evtl. Würfel),
400 g rote Linsen, 1 große Zwiebel,
2 Knoblauchzehen, 1 kleine Dose
geschälte Tomaten, etwas Öl,
2 TL gemahlener Kümmel,
1/2–1 TL Salz, Pfeffer,
1 weitere große Zwiebel,
1 Handvoll Petersilie, 2–3 Zitronen*

עדשים עם אורז Linsen mit Reis

Die Zutaten für 6 Portionen
1 Tasse rote Linsen, 3 Tassen Wasser,
3/4 Tasse Reis, gut 1 Tasse Wasser, Salz,
Pfeffer, gemahlener Kümmel, gemahlener
Koriander, 2 grüne Zwiebeln,
4 EL Olivenöl

Die Linsen waschen, 1/2 Stunde einweichen. Währenddessen den Reis kochen und abkühlen lassen. Die Linsen abtropfen lassen, in einen Topf geben, mit Wasser auffüllen, mit Salz und Pfeffer würzen. Aufkochen und 45 Minuten auf sehr kleiner Hitze weiterkochen lassen. Überflüssiges Kochwasser abgießen. Mit Kümmel und Koriander abschmecken.
Kurz bevor die Linsen gar sind, Zwiebeln in hauchdünne Ringe schneiden und in wenig Öl goldbraun rösten, dann zur Seite stellen.
Den Rest Öl in die Pfanne geben und die Linsen während einiger Minuten im Öl schwenken, so lange, bis sie ausgetrocknet sind und knusprig aussehen. Reis und die Hälfte Zwiebeln unter die Linsen mischen. Einige Minuten aufwärmen.
Das Gericht auf einer Platte servieren und mit der anderen Hälfte Zwiebeln garnieren.
Eine typische Beilage zu Schaschlik, Kabab und Sini'ye.

אורז עם צנוברים Reis mit Pinienkernen

Die Zutaten für 4 Portionen
2 EL Olivenöl, 3 Tassen Reis, 1 kleine
grüne Zwiebel, 3 Tassen Wasser, Salz,
weißer Pfeffer, 4 EL Pinienkerne

Den gewaschenen Reis in heißem Öl dünsten. Zwiebel hacken, zum Reis geben und kurz mitdünsten. Mit Wasser auffüllen, salzen. Den Reis auf kleiner Hitze garen. Kurz vor dem Servieren die Pinienkerne unter den trockenen Reis heben.
Eine gebräuchliche Beilage zu Fleisch- und Fischgerichten.

אורז עם אגוזים ותמרים Reis mit Nüssen und Datteln

Die Zutaten für 4 Portionen
3 Tassen Reis, 3 Tassen Wasser,
1/2 TL Salz, 1 Handvoll Erdnüsse oder
Pistazien, 1 Handvoll Datteln
(10–12 Früchte), 1 Handvoll Rosinen,
Butter, 1 Tasse Wasser

Den Reis mit Wasser aufstellen, leicht salzen, halbgar kochen und warm stellen.
Die Nüsse grob hacken; die Datteln entkernen und ebenfalls grob hacken. Nüsse in Butter goldbraun rösten, Rosinen und Datteln dazugeben, 2 – 3 Minuten miteinander schmoren. Das Wasser zugießen und rund 5 Minuten einkochen lassen, dabei rühren. In einer Auflaufform etwas Butter schmelzen und die Hälfte des Reises auf dem Boden verteilen. Darauf gleichmäßig den größten Teil der Früchte plazieren. Den Rest Reis über die Früchte geben, wiederum den Rest Früchte obenauf verteilen. Mit einigen Butterflocken abschließen. Die Form mit Deckel oder Alufolie schließen und den Reis im vorgeheizten Ofen 30 Minuten quellen lassen.
Eine Beilage zu Lammfleisch- und Geflügelgerichten.

אורז ירוק Grüner Reis

Die Zutaten für 4 Portionen
3 Tassen Langkornreis, 3 Tassen Wasser,
250 g frischer Spinat, 1 Knoblauchzehe,
3 Blätter frischer Salbei,
Öl oder Margarine, Salz, Pfeffer, Muskat

Den gewaschenen Reis in Salzwasser garen. Den Spinat gut reinigen, in wenig Wasser kurz aufwallen, dann abtropfen lassen und grob hacken. Knoblauch und Salbeiblätter fein hacken, beides im Fett bräunen. Den Spinat hinzufügen, einige Minuten mit den Gewürzen schmoren lassen. Reis zum Spinat geben. Beides sorgfältig miteinander mischen; mit Salz, Pfeffer und Muskat abschmecken und warm, als Beilage zu Fleischgerichten, servieren.

Pilaw aus Burghul

פילף בורגול

Diese Spezialität stammt aus der Türkei und wird als Beilage zu Lamm- und Hühnerfleisch sowie zu bestimmten Eintopfgerichten gekocht.

Die Zwiebel grob hacken. Ein Stückchen Butter in einem großen, schweren Topf auslassen. Zwiebel darin goldbraun rösten. Burghul waschen, gut abtropfen lassen und unter ständigem Rühren 10 Minuten im Topf dünsten. Bouillon zugießen, so daß der Burghul gut bedeckt ist. Gut umrühren, zum Kochen bringen und etwa 10 Minuten auf kleinster Hitze köcheln. Die Flüssigkeit soll aufgesaugt werden, der Burghul aber nicht trocken sein. Eventuell etwas Bouillon oder Wasser nachgießen.
Das zweite Stück Butter schmelzen und über den Burghul gießen. Den Topf mit einem weißen Tuch bedecken und mit einem Deckel schließen. Bei niedrigster Temperatur 1/2 Stunde quellen lassen. Gart der Burghul auf offenem Herdfeuer oder über einer Gasflamme, so sollten Sie eine Asbestplatte benützen, denn der Burghul backt leicht an. Er soll dick, weich und körnig zugleich sein.

2 Tassen Burghul (ca. 250 g),
1 große Zwiebel, 2 Stückchen Butter,
etwa 3 Tassen Hühnerbouillon oder Wasser
(dann salzen), Pfeffer

Varianten
Vor dem Quellen eine Handvoll Pinienkerne unter den Burghul mischen.
Köstlich ist er auch, wenn man den Burghul vor dem Quellen mit frischen oder getrockneten Apfelscheiben belegt.

Marokkanischer Couscous

קוסקוס מרוקאי

Couscous ist ein Eintopfgericht berberischen Ursprungs und das nationale Essen der nordafrikanischen Länder Marokko, Tunesien und Algerien. Ursprünglich hieß nur die Beispeise aus Hartweizengries Couscous, später nannte man das ganze Gericht so. Die Besonderheit des Couscouskochens liegt darin, daß er über den Dämpfen eines herzhaften Eintopfs, meist aus Fleisch und Gemüse, gegart wird. In den orientalischen Ländern wird das Gericht in einer *Couscousiere* gekocht: Der hohe Topf besteht aus zwei Teilen. Im unteren wird der Eintopf gekocht, im oberen Teil, der einem Sieb gleichkommt, gart der Couscous. Ich nehme stattdessen meinen Dampfkochtopf und hänge ein Metallsieb hinein, das genau in die Öffnung paßt. Das ist wichtig: Topf und Sieb müssen miteinander abschließen, damit die Kochdämpfe nicht an den Rändern abziehen. Eventuell muß man den Rand mit einem Küchenhandtuch abdichten.
Couscous wird immer auf die gleiche Weise zubereitet: Man nimmt meist 1 kg Couscous, der für 8 – 10 Personen oder 2 Mahlzeiten reicht, Wasser und Salz. Den Couscous füllt man in eine große Schale, gießt 1 Glas warmes, wenig gesalzenes Wasser darüber und läßt dieses während einiger Stunden aufsaugen. Hin und wieder wird der Couscous mit den Fingerspitzen gelockert, damit er keine Klumpen bildet. Später füllt man ihn in das oben erwähnte Sieb um, lockert ihn noch einmal mit den Händen und hängt das Sieb in den Topf. Der Eintopf, der inzwischen vorbereitet wurde (nachfolgend werden zwei

Rezepte beschrieben), muß nun bei starker Hitze aufkochen. In den Dämpfen quillt der Couscous etwa 30 Minuten. Dann füllt man ihn wieder in die Schüssel um, gießt 2 Gläser kaltes Wasser darüber und lockert ihn mit einem Holzlöffel oder mit den Händen. Die Kunst besteht darin, den Couscous quellen und weich werden zu lassen, zugleich körnig und locker zu belassen, damit er beim Essen auf der Zunge zergeht. Nachdem er aufgelockert wurde, schüttet man ihn ein zweites Mal ins Sieb und läßt ihn nochmals 30 Minuten in den Eintopf-Dämpfen quellen.

Das Rezept für die nachfolgende Suppe, die einem Eintopf oder Stew gleichkommt, und die bei den Berbern den Namen *Marga* trägt, habe ich von Anna, die aus Marokko nach Israel auswanderte.

1 kg mageres Lammfleisch, 2 mittelgroße Zwiebeln, gemahlener Koriander, Olivenöl, Salz, Pfeffer, 1 kg sehr kleine Artischocken, 2–3 Zucchini, 1 kg grüne Bohnen, 1 Glas Hummus (Kichererbsen, über Nacht eingeweicht), etwa 1/2 TL S'chug, evtl. 2–3 Tassen Fleischbouillon, 1 Handvoll Petersilie

Das Fleisch waschen, zusammen mit den gehackten Zwiebeln und einer guten Prise Koriander in den Topf legen. Mit Wasser bedecken; Öl, Pfeffer, wenig Salz hinzufügen. 2 – 3 Stunden sanft kochen lassen.
Jetzt den Couscous zum ersten Mal 30 Minuten in die Dämpfe hängen.
Währenddessen die Artischocken reinigen. Da bei uns die sehr jungen, kleinen Artischocken selten auftauchen, müssen Sie entsprechend mehr von einer größeren Sorte kaufen, diese von Stiel, Blättern und Bart befreien und nur die Herzen verwenden.
Die Zucchini in Röllchen schneiden, die Bohnen säubern, die Kichererbsen abgießen.
Bevor Sie das Sieb mit dem Couscous zum zweiten Mal in die Dämpfe hängen, alles Gemüse zum Fleisch geben, salzen, würzen; nach Bedarf etwas Fleischbouillon zufüllen. Gemüse und Fleisch sollen bedeckt sein. Die Suppe stark aufkochen. Die gehackte Petersilie zum Schluß hineingeben.
Anna richtet das Gericht auf einer flachen, großen Holzplatte an. Aber auch eine entsprechende Tonschüssel wird häufig verwendet. Ich habe einmal an einem Couscous-Essen teilgenommen, das auf einer Zinnplatte angerichtet war, wie man sie für Paella kennt. Eine gute Idee!
Anna häuft den Couscous in die Mitte der Platte. Rundherum arrangiert sie das Gemüse und gibt über alles einige Löffel Suppe. Das Fleisch zerschneidet sie in grobe Würfel. Suppe und Fleisch werden separat in einer Terrine auf den Tisch gebracht. Jeder Gast nimmt sich eine Kelle Couscous auf seinen Teller; dazu Gemüse, Suppe und Fleisch, je nach Appetit.

je 1/2 kg Hühner-, Lamm- und Rindfleisch, Öl zum Anbraten, 2 große Zwiebeln, 4–5 Karotten, 2 Kohlrabi, 2 Zucchini, 1/2 Glas Hummus, über Nacht eingeweicht, 1 Tasse weiße Bohnen, über Nacht eingeweicht, Salz, Pfeffer, Chilipulver, 2–3 TL S'chug oder Harissa, Wasser zum Auffüllen

Couscous-Rezepte gibt es in unendlich großer Vielfalt: scharf gewürzt oder exotisch mit Zimt und Rosenwasser, mit Fleisch oder mit Fisch oder nur mit Gemüse. auch als süßen Pudding mit frischen Früchten.
Typisch ist ein Eintopf aus drei Fleischsorten, der scharf gewürzt wird.
Die Gemüse würfeln. Den Eintopf nach den Angaben des vorangegangenen Rezeptes kochen. Mit S'chug oder Harissa vorsichtig würzen; beide Gewürzmischungen sind sehr scharf.

Die sieben symbolischen Früchte

Nachdem Mose die Kundschafter ausgeschickt hatte, das Land zu erforschen, in das er sein Volk geführt hatte, kamen sie mit einem großen Ast Trauben, mit Feigen und Granatäpfeln zurück. Der Traubenast war so groß, daß man ihn an einer Stange zu zweit tragen mußte. Die Kundschafter sprachen als erste davon, sie hätten ein Land von Milch und Honig gesehen. Der Reichtum an Früchten, den sie vorfanden, sollte das Volk darüber hinwegtrösten, daß die Männer auch große Angst vor den einheimischen Bewohnern des Landes hatten, die sie als Helden und Riesen schilderten (4. Mose 13,23).
Der Reichtum an Früchten stellte eine der wichtigsten positiven Elemente des versprochenen Landes dar. Früchte wurden zu Symbolen für Weisheit, Schönheit und die Beziehungen zwischen Gott und seinem Volk. Sie hatten rituelle Bedeutung im Tempel. Sie gewannen nicht zuletzt im Bereich der Volksmedizin ihren Niederschlag. In den Schriften findet man vielerlei Ratschläge, gegen welche Krankheit bestimmte Früchte wirken. Sieben Früchte galten als Träger von Reichtum und des damit verbundenen göttlichen Segens: die *Traube*, die *Dattel*, die *Olive*, die *Mandel*, der *Granatapfel*, das *Johannisbrot* und die *Feige*. Einige Überlieferungen sollen davon erzählen:

Als Jotham, der Sohn Gideons, versuchte, das Volk gegen den Usurpator Abimelech aufzuwiegeln, weil dieser seine 70 Geschwister umgebracht und die Macht an sich gerissen hatte, erzählte er die Fabel von den Bäumen. Die Bäume kamen zusammen, um einen König zu wählen. Sie sagten zur *Olive*: „Werde du unser König." Die Olive aber antwortete: „Ist denn mein Öl, mit dem man Gott und die Menschen segnet, ausgetrocknet, daß ich mich zu euch einfachen Bäumen gesellen soll?" Da sprachen die Bäume zur *Feige*: „Werde du unser König." Doch die Feige antwortete: „Sind denn mein süßer Saft und meine pralle Frucht ausgetrocknet, daß ich mich zu den einfachen Bäumen gesellen soll?" Da sagten die Bäume zur *Traube*: „Werde du unser König." Die Traube antwortete ihnen: „Habe ich denn nicht mehr meinen Wein, der Gott und die Menschen erfreut, daß ich mich zu den einfachen Bäumen gesellen soll?" So waren die Bäume am Ende gezwungen, sich an den Dornbusch zu wenden, um ihn zum König zu machen. Der

Dornbusch aber galt als ein minderwertiger Baum, weil er keine Früchte trug, und er symbolisierte den Usurpator. (Richter 9, 8 – 13).

Die *Olive* als ein Symbol des Friedens findet ihren Ursprung in der Geschichte der Taube, die Noah aus der Arche schickte. Als die Taube zurückkam, hatte sie ein Olivenblatt im Schnabel. Und Noah wußte, daß das Wasser auf der Erde zurückging.

Die *Feige* wird mit der Heiligen Schrift verglichen, in der es nichts Überflüssiges gibt. Alle Früchte haben etwas Ungenießbares an sich, erzählt die Legende. Die Dattel hat einen Kern, der Granatapfel hat eine bittere Schale, die Traube viele kleine Kerne, aber von der Feige kann man alles essen. – Der *Dattelbaum* hingegen wird als Symbol des Volkes dargestellt, an dem alle Schichten und Fähigkeiten eine wichtige Rolle spielen. Beim Dattelbaum, so erzählt die Legende, ist alles verwendbar: die Datteln zum Essen, die Palmenäste zum Dachdecken. Aus den Fasern macht man Stricke und der Ast gibt gutes Holz.

Im heutigen Israel ist der *Mandelbaum* ein Symbol für Erneuerung und Fruchtbarkeit. Am 15. Tag des 4. Monats nach der traditionellen Zählung wird in Israel ein Feiertag begangen, an dem alle Schulkinder einen Baum pflanzen. Der blühende Mandelbaum ist zum Symbol dieses Festes geworden, das auch als „Neujahr der Bäume" bezeichnet wird.

Als der Poet des Liedes von Salomon die Schönheit seiner Geliebten pries, verglich er ihre Schönheit mit der aufgeschnittenen Fläche eines Granatapfels. Der *Granatapfel* ist Symbol für Weisheit und Schönheit. Das einzelne Granatapfelkörnchen aber, durch dessen rotes Fleisch ein blasser Kern hindurchschimmert, wird mit einem Edelstein verglichen.

Das *Johannisbrot* wird heute nur noch als Viehfutter verwendet. In der Bibel betrachtete man es als eine besonders nahrhafte Frucht, und das hauptsächlich wegen seines hohen Zuckergehaltes und seiner Eigenschaft, auch nach sehr langer Lagerungszeit eßbar zu bleiben. Vom Rabbiner Simeon wird erzählt, daß er 12 Jahre in einer Höhle gelebt hat und sich ausschließlich von Johannisbrot ernährte, nachdem er vor den Römern geflüchtet war.

Das *Olivenöl* schließlich war als Heilmittel sehr geschätzt. Man rieb es in die Haut, damit sie geschmeidig bleibe, und man verwendete es bei Hautkrankheiten. Olivenöl galt zudem als Mittel gegen Magenkrankheiten. Und wer es täglich trank, konnte ein langes Leben erwarten.

Der *Wein* schließlich galt immer als etwas Wichtiges und Besonderes. Im Tempel fand er rituelle Verwendung bei Opferungen. Zahllos sind die Geschichten und Legenden, die davon erzählen, wie der Wein Gott und Menschen erfreue, wie aber übermäßiges Trinken den Menschen entwerte, so daß er sein göttliches Antlitz verlöre. Als Noah den ersten Weingarten anlegte, kam der Satan und goß das Blut eines Schafes, eines Löwen, eines Affen und eines Schweines auf den Boden des Gartens. Diese vier Tiere symbolisieren die vier Stufen der Entwertung durch zu viel Weingenuß. Zuerst wird der Mensch weich wie ein Schaf, dann heldenhaft wie ein Löwe, dann clownesk wie ein Affe, und zum Schluß balgt er sich wie ein Schwein im Dreck.

Früchte

Sabre-Frucht סברס

Süß ist die Frucht der wild wuchernden Kaktuspflanzen in der Wüste und erfrischend; für die Beduinen eine willkommene Erquickung während ihrer langen Wanderungen. Die arabischen Völker nennen sie *Sabre,* bei uns kennt man sie als *Kaktusfrucht* oder *Kaktusfeige,* und sie gedeiht in fast allen warmen Gegenden des Mittelmeerraumes. Oval, meist gelblich-rot bis dunkelrot gefärbt, drängen sich die prallen Sabre-Früchte an den Rändern der dornenreichen, flachen Kaktusarme. Doch Vorsicht beim Berühren! Ihre fast mikroskopisch kleinen, weichen Stacheln, die so goldfarben in der Sonne schimmern, hüllen die Früchte wie ein dichter Pelz ein. Unzählige Stacheln, die man kaum wieder entfernen kann, würden sich in die Hand einnisten. Die Beduinen pflücken die Sabres mit einem Tuch, dann reiben sie sie gründlich im Wüstensand ab, so daß die Stacheln verschwinden, und ziehen anschließend die Schalen ab.
Sabres werden meistens am Straßenrand verkauft, von jungen Arabern feilgeboten, von orientalischen Juden, vielerorts von Kindern. Man pflückt und schält sie in Israel mit Gummihandschuhen. Mit einem scharfen Messer schneidet man die beiden Enden ab, ritzt einen Längsstreifen in die Schale und zieht diese mit den behandschuhten Fingern nach beiden Seiten der Länge nach ab. Die Frucht fällt aus der Schale heraus und wird frisch gegessen.
Außen stachelig und innen süß, so ist die Frucht des Kaktus. Ihr Name „Sabre" bezeichnet auch die im Land geborenen Israelis. Sie sind die „Sabres".

Zitrusfrucht-Salat סלט פרי הדר

Grapefruit und Orangen schälen, von den bitteren weißen Häutchen befreien. Die Früchte zerlegen und in Würfel schneiden. Mischen. Honig mit Zitronensaft auflösen, über die Früchte gießen und durchziehen lassen.

Die Zutaten für 4 Portionen
1 Grapefruit, 2–3 Orangen,
Saft von 1 Zitrone, 2 EL Honig

אשכולית ממולאת   Gefüllte Grapefruits

Die Früchte halbieren, das Fruchtfleisch herausnehmen und in Würfel schneiden. Mit halbierten Erdbeeren und Kirschen oder mit Pfirsichen und Trauben mischen und in die Fruchtschalen verteilen.
Mit Mandelsplitter bestreuen oder mit Orangenblütenwasser beträufeln.

פרוסות תפוזים   Orangenscheiben

Die Zutaten für 4 Portionen
3 große Orangen, Schale von 1 Orange,
1 Gläschen Curaçao

Die Orangen sorgfältig waschen. In Israel habe ich gelernt, sie mit Seife und Nagelbürste zu reinigen und anschließend mit kochendem Wasser zu überbrühen. Dann die Orangen sehr dünn schälen und von der weißen Haut und ihren Äderchen befreien. Die Früchte in dünne Scheiben schneiden und in einer flachen Glasschale hübsch anrichten. Die Schale von einer Orange winzig klein würfeln und über die Orangenscheiben streuen. Mit Curaçao beträufeln. Die Orangenscheiben in den Kühlschrank stellen und eine Weile durchziehen lassen.

Variante
Anstelle von Curaçao die Orangen mit Orangenblütenwasser beträufeln.

קרם תפוזים בקצפת   Orangen-Sahne-Creme

Die Zutaten für 4 Portionen
1 große Orange, 3 EL Orangenlikör,
1 EL gehackte Orangenschale, Saft von
1/2 Zitrone oder Orange,
2 Becher Joghurt, 1 Becher süßer Rahm,
2–3 EL Zucker, 1 Handvoll Pistazien

Die Orange gut reinigen (wie oben beschrieben), schälen und von den weißen Häutchen befreien, in Filets teilen, diese in grobe Würfel schneiden. Die Früchte im Likör einweichen und eine Weile durchziehen lassen. Von der Orangenschale etwa die Menge von 1 EL sehr fein hacken und zusammen mit dem Zitronensaft unter den Joghurt rühren. Später auch die Orangenstücke unter den Joghurt rühren.
Den Rahm steif schlagen und süßen, behutsam unter den Früchte-Joghurt heben. Die Creme in Portionen verteilen und 2 – 3 Stunden in den Kühlschrank stellen. Vor dem Servieren mit den geschälten Pistazien garnieren.

מרק פירות   Fruchtsuppe

Die Zutaten für etwa 4–5 Portionen
1 l Wasser, Saft von 1/2–1 Zitrone,
4 EL Zucker (oder nach Geschmack),
2–3 Tassen frische Früchte (am besten
gemischt: Aprikosen, Apfel, Birne,
Pfirsich und Pflaumen), 1 Handvoll
Rosinen, 1 Prise gemahlene Gewürznelke,
1 Stückchen Vanille, 1–2 TL Maismehl
(Stärkemehl), etwas Wasser, 1 Zitrone

Die Früchte in kleine, mundgerechte Würfel schneiden. Wasser, Zitronensaft, Zucker in einen Topf geben; Früchte, Rosinen und Gewürze hinzufügen. Zum Kochen bringen und bei mäßiger Hitze etwa 30 Minuten garen. Die Früchte sollen weich sein, aber nicht zerfallen.
Das Stärkemehl mit etwas Wasser anrühren, in die kochende Suppe rühren, so daß sie leicht gebunden ist. Die Suppe abkühlen lassen und bis kurz vor dem Servieren in den Kühlschrank stellen. Die Zitrone in Scheiben schneiden und zum Garnieren verwenden.

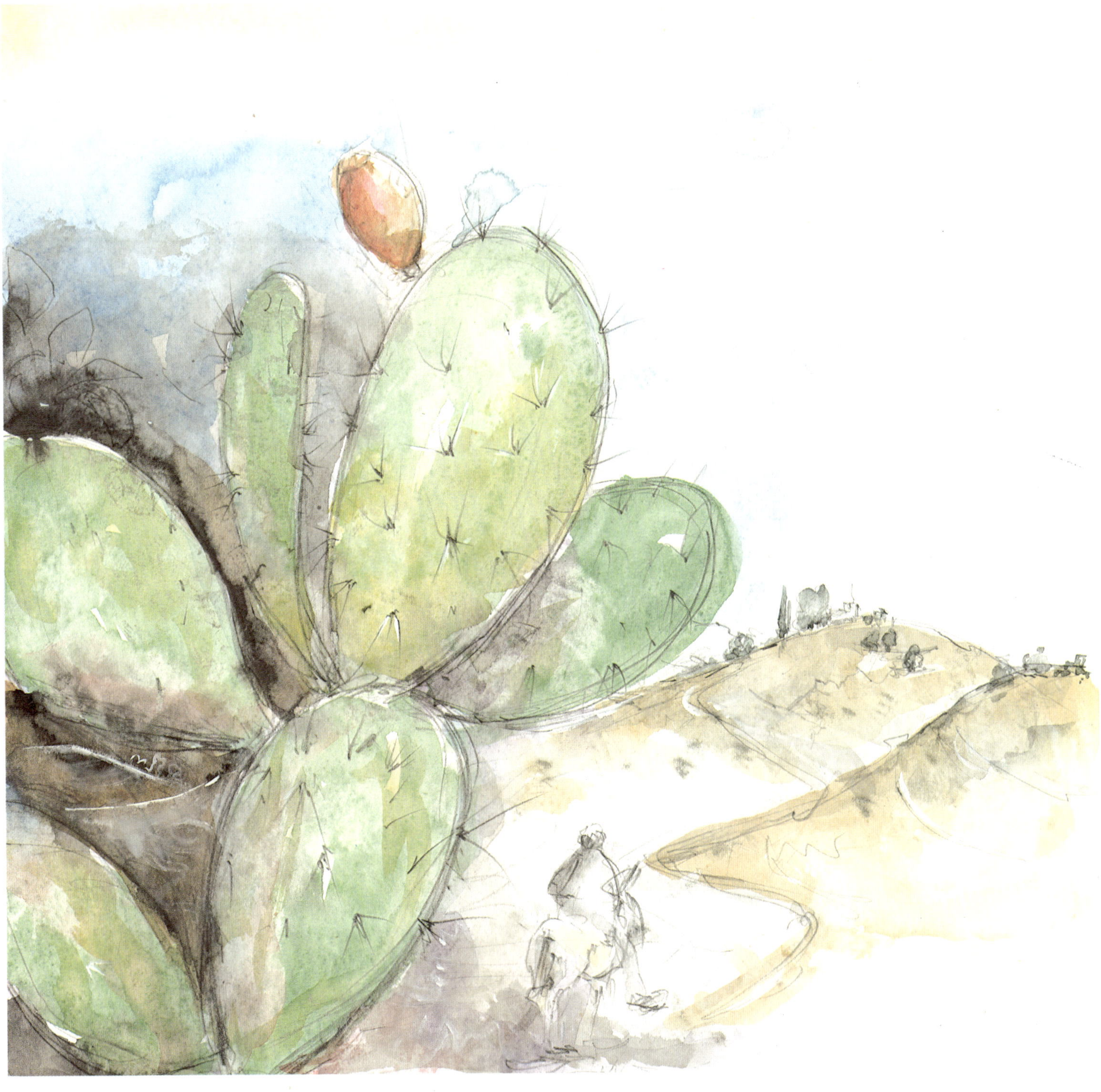

אבוקדו / Avocados

Die Avocado ist eine israelische Lieblingsfrucht geworden! Ursprünglich in Süd- und Mittelamerika beheimatet, wächst sie in Israel seit einigen Jahren auf großflächigen Plantagen, und sie gehört zu den wichtigsten Exportartikeln des Landes.

Wie alle Früchte, so ißt man auch Avocado am liebsten natürlich: Die Frucht wird der Länge nach halbiert, der Kern entnommen und das weiche Fruchtfleisch mit einem kleinen Löffel aus der Schale geschabt. Die israelische Küche setzt aber auch Akzente mit Avocadospezialitäten, die neu sind im Mittelmeerraum. Man kennt Avocados gefüllt mit Früchten, Kräutern, Gewürzen. Man serviert sie als Vorspeise, als Dip, in Salaten, zum kalten Buffet, in Suppen; man genießt sie sogar in Getränken.
(Weitere Rezepte mit Avocados siehe S. 18, 40, 42, 57, 86)

אבוקדו ממולא עם פירות / Avocados gefüllt mit Früchten

Die Zutaten für 4 Fruchthälften
2 reife, aber nicht zu weiche Avocados, Saft von 1/2 Zitrone, 1 Apfel, 1 Birne, 1 Orange, 1 Banane, 1 Handvoll frische oder eingelegte Kirschen, 1 Gläschen Orangen- oder Aprikosenlikör, evtl. etwas Puderzucker

Die Avocados halbieren, entkernen, das Fruchtfleisch vorsichtig entnehmen und in Würfel schneiden. Sogleich mit Zitronensaft beträufeln, damit es nicht schwarz wird. Die anderen Früchte schälen und ebenfalls würfeln. Alle Früchte mischen, den Likör darüber gießen und den Salat mindestens eine halbe Stunde durchziehen lassen. Die Früchte in die Avocadoschalen verteilen. Vor dem Servieren nach Geschmack mit Puderzucker bestäuben.

Varianten
Auch andere Früchte-Kompositionen entwickeln einen reizvollen Geschmack:
Bananen, Pfirsiche, Orangen und Mango
Erdbeeren, Kirschen und Pfirsiche
Trauben, Orangen, Aprikosen, Datteln und Nüsse

אבוקדו ממולא / Gefüllte Avocados

Die Zutaten für 4 Fruchthälften
2 reife, weiche Avocados, Zitronensaft, Salz, Pfeffer, Paprika, Curry, 2 grüne Zwiebeln, 1 Handvoll Petersilie, 2 EL Olivenöl, einige Tropfen Zitronensaft oder Essig

Die folgenden Füllungen werden in kleinen Mengen zubereitet und in das kleine Loch gefüllt, das der Fruchtkern hinterläßt.

Die Avocados halbieren, die Kerne entfernen. Das Fruchtfleisch mit Zitronensaft beträufeln. Die Früchte nach Belieben, aber doch schmackhaft mit Salz, Pfeffer, Paprika und Curry bestreuen.
Zwiebeln und Petersilie sehr fein hacken, miteinander mischen, Öl und Zitronensaft dazurühren; dann abschmecken, in die Fruchthälften verteilen. Das Fruchtfleisch, das die Schärfe der würzigen Kombination neutralisiert, wird aus der Avocado gelöffelt.
Varianten
Das Avocado-Fruchtfleisch mit Zitronensaft beträufeln. 2 Stangen Sellerie sehr fein würfeln, mit Tomatenketchup verrühren und mit wenigen Tropfen Tabasco würzen, dann in die kleinen Höhlen der Fruchthälften füllen.

Das Avocado-Fruchtfleisch mit Zitronensaft beträufeln. Aus 2 grünen, gehackten Zwiebeln, 1 Handvoll gehackter Petersilie, 1 EL Kapern, 1 zerdrückten Knoblauchzehe, Salz, Pfeffer, Öl, Essig, scharfem Paprika eine Marinade anrühren, kräftig abschmecken, in die kleinen Höhlen der Fruchthälften füllen.

Das Avocado-Fruchtfleisch mit Zitronensaft beträufeln. 1 Glas gekochtes, gewürfeltes Hühnerfleisch oder eingelegten Thunfisch mit wenig Mayonnaise (oder Joghurt) vermischen, mit Pfeffer, etwas Aromat und 1 kleinen, gehackten grünen Zwiebel würzen, dann in die kleinen Höhlen der Fruchthälften füllen.

Das Avocado-Fruchtfleisch mit Zitronensaft beträufeln. 2 Karotten raspeln, mit 1 Handvoll Rosinen und Saft von 1/2 – 1 Orange mischen. Mit je 1 Prise Cayennepfeffer und Ingwerpulver und mit Salz abschmecken. Eine halbe Stunde durchziehen lassen. Die süßlich-scharfe Füllung in die kleinen Höhlen der Fruchthälften verteilen.

Avocadopüree

רסק אבוקדו

Die nachfolgenden Füllungen werden aus dem Fruchtfleisch zubereitet: püriert und gewürzt. Avocadopüree ist auch ein beliebter Brotaufstrich: auf kleine Crackers gestrichen und als Appetithäppchen serviert. Man streicht es auch in Pitah, was einer köstlichen Kräuterbutter gleichkommt.

Das Avocadofleisch mit einem Löffel aus den Früchten schaben und in eine Schüssel geben. Zusammen mit feingehackten Zwiebeln, mit gehackten Eiern, Mayonnaise, Zitronensaft pürieren, mit Salz und Pfeffer abschmecken. Meist läßt sich das Avocadofleisch ausgezeichnet mit einer Gabel pürieren. Einfacher ist es im Mixer. Das Püree in die Avocadoschalen füllen und mit gehackten frischen Kräutern bestreuen.

Varianten
Das Avocadofleisch mit folgenden Zutaten pürieren und abschmecken: 2 EL Quark, 2 EL saurer Rahm, süßer und scharfer Paprika, Salz, Pfeffer, Dill oder Petersilie, etwas Zitronensaft, eine Handvoll gehackte Nüsse. Das Püree in die Avocadoschalen füllen und mit halben Nüssen garnieren.
Jossi würzt das Avocadopüree scharf und verwendet: 1 zerdrückte Knoblauchzehe, etwas frische, gehackte Petersilie, weißen Pfeffer, Chilipulver, Thymian, Basilikum, gemahlenen Kümmel, Salz, einige Tropfen Essig und wenig Öl, ein Quäntchen Senf und manchmal etwas Tabasco. Zum Verdünnen des Pürees verwendet er Milch. Auch Tomatenketchup eignet sich gut zum Abschmecken.

Die Zutaten für 4 Fruchthälften
2 reife, weiche Avocados,
2 grüne Zwiebeln, 2 hartgekochte Eier,
2 EL Mayonnaise (oder
1 EL Mayonnaise, 1 EL Joghurt),
Saft von 1/2 – 1 Zitrone, Salz, Pfeffer,
frische Kräuter

מילונים Melonen

An der großen Autostraße Tel-Aviv-Haifa-Nahariya haben sich nicht nur Tankstellen etabliert, sondern auch zahlreiche Melonenstände. Zu riesigen Bergen aufgeschichtet lagern die dicken dunkelgrünen Wassermelonen gleich neben der Straße und werden den ganzen Sommer über angeboten. Auch auf den Märkten und in den Geschäften gehören die prachtvollen runden Früchte zum alltäglichen Bild. In der Sonne voll ausgereift, schmecken sie in ihrem südlichen Heimatland am besten. Die *Wassermelonen* sind so alt wie der Durst, und sie sind auch vor allem als Durstlöscher beliebt. Zu Hause liegen sie an einem möglichst kühlen Ort, meist sogar im Kühlschrank, und man schneidet sie zum Essen in Schnitze oder in Scheiben. Mit einer Gabel werden die harten Kerne aus dem saftigen roten Fleisch gepickt. Wassermelonen ißt man entweder mit der Hand oder mit Messer und Gabel.

Neben den Wassermelonen sind die kleineren gelben *Honigmelonen* in Israel zu Hause. Ihr Fruchtfleisch ist süß, und die voll ausgereiften Früchte strömen einen intensiven Duft aus. Auch Honigmelonen werden mit Vorliebe frisch und kühl gegessen. Man schneidet sie in Schnitze oder in Hälften, man verwendet sie auch für erfrischende Salate und für Mixgetränke.

קוביות מילון קרות Gekühlte Melonenwürfel

Wassermelonen sind meist groß, sie können sogar bis zu 15 kg schwer werden. Nicht jede Melone wird während einer Mahlzeit verzehrt. So schneidet man sich meist ein Stück Melone aus der Frucht heraus: so groß, wie es dem Bedarf und Appetit entspricht. Der andere Teil wird im Kühlschrank aufgehoben.

Das rote Melonenfleisch schält man aus der Schale heraus und schneidet es in grobe Würfel. Zu kernige Partien werden weggeschnitten. Die Melonenwürfel werden in eine große Schüssel gehäuft und in den Kühlschrank gestellt, bis man sie als Nachtisch ißt. Diese Art der Melonenzubereitung ist sehr populär.

Variante
Sie können das Melonenfleisch auch mit einem Kugelausstecher ausstechen und es mit reifen grünen Trauben kombinieren.

מילון עם גלידה Melone mit Eiscreme

Die Zutaten für 4 Fruchthälften
2 Honigmelonen, 4 Kugeln oder
Portionen Fruchteis, 1/2 Zitrone,
250 g Erdbeeren, evtl. etwas Puderzucker

Die Melonen halbieren und entkernen. Das Fruchtfleisch herausnehmen und würfeln (oder einen Kugelausstecher benützen). Die Melonenwürfel mit dem leicht getauten, also weichem Eis und etwas Zitronensaft mischen. Evtl. mit Puderzucker süßen. Die Mischung in die Melonenschalen füllen.

Die reifen, süßen Erdbeeren zerkleinern und obenauf verteilen. Oder: Mit ein paar Tropfen Zitronensaft im Mixer pürieren. Das Erdbeerfleisch über die gefüllten Melonen verteilen.

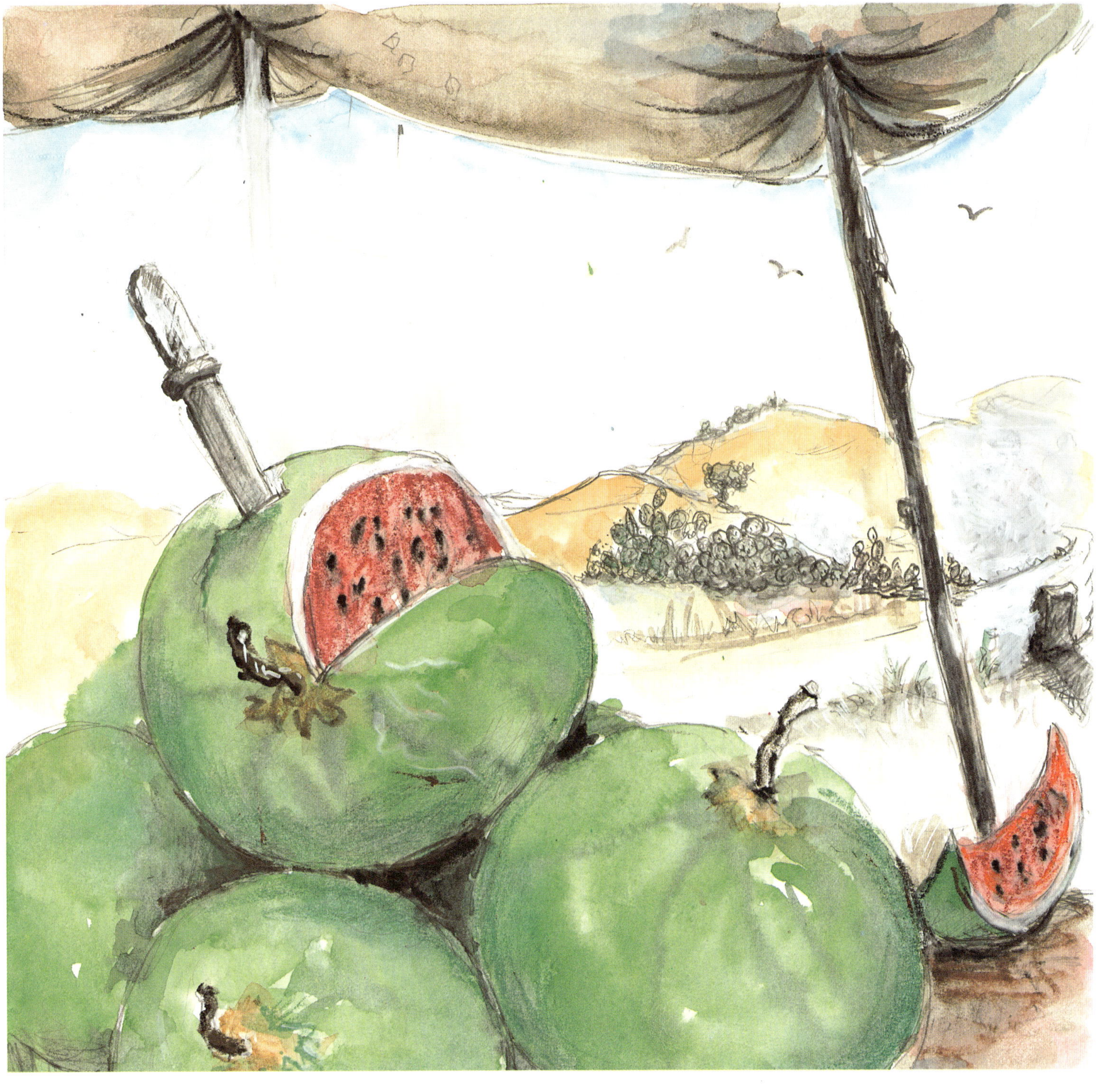

מילון ממולא   Gefüllte Melone

Die Zutaten für 4 Fruchthälften
2 kleine Honigmelonen, 2 Bananen,
1 Handvoll Kirschen,
4–6 EL Orangenlikör, 1/2 Kokosnuß,
1 Becher süßer Rahm

Die Melonen halbieren und entkernen. Das Fruchtfleisch aus der Schale schälen und in Würfel schneiden. Die Bananen in Scheiben schneiden. Melonenwürfel, Kirschen und Bananen mischen, den Likör hinzugießen und eine Zeitlang einwirken lassen. Die Früchte in die Melonenschalen füllen.
Die Kokosnuß fein raspeln, den Rahm steif schlagen. Beides mischen, über die Früchte verteilen. Die Nachspeise wird kühl serviert.

Variante
Auch Rum oder Arrak schmecken als würziges Aroma. Je nach Geschmack werden die Früchte dann mit Puderzucker gesüßt.

תמרים   Datteln

Mit dem *Honig* im Bibelwort vom Land, in dem Milch und Honig fließen, ist die Dattel gemeint. Dattelpalmen kennzeichnen die grünen Oasen am Toten Meer. Sie sind im Süden so markant wie die Bananenplantagen im Norden des Landes.

תמרים ממולאים   Gefüllte Datteln

Große, frische Datteln, geschälte Mandeln,
1–2 Päckchen geraspelte Kokosnuß
(Kokosflocken), Lebensmittelfarbe in
verschiedenen Tönen

Die Datteln mit einem scharfen Messer aufschlitzen, jedoch nicht durchschneiden, und entkernen. In die Öffnungen je eine Mandel schieben und die Früchte wieder zusammendrücken.
Die Kokosflocken nach Anweisung auf den Farb-Päckchen verschieden färben: rosa, blau, grün. Ein Teil Kokosflocken bleibt naturfarben. Die Datteln in den Kokosflocken wälzen und, bunt gemischt, auf einer Platte anrichten.

סלט בננות עם תמרים   Bananen-Dattel-Salat

Die Zutaten für 4–6 Portionen
3 große, feste Bananen, 250 g oder ca.
20 Datteln, 1 Becher (oder 1/4 l oder 2 dl)
süßer Rahm

Die Bananen in Scheiben schneiden, die Datteln halbieren und entkernen. Die Früchte in eine Glasschüssel schichten: eine Lage Bananen, eine Lage Datteln, usw. Den Rahm schlagen, so daß er leicht flüssig bleibt. Über die Früchte gießen. Zwei bis drei Stunden in den Kühlschrank stellen. Der Rahm zieht langsam durch die Früchte und gibt dem Nachtisch eine weiche, unwiderstehliche Konsistenz.

תאנים ממולאים   Gefüllte Feigen

Die Zutaten für 4 Portionen
8 frische hellgrüne bis violette Feigen,
3/4 Glas gehackte Walnüsse,
1 Becher süßer Rahm, 2 Gläser Cointreau

Die Feigen einige Stunden im Cointreau einweichen. Hin und wieder wenden, damit sie sich von allen Seiten vollsaugen. Die Feigen halbieren, doch nicht ganz durchschneiden. Jede Frucht mit einem TL Walnüsse füllen, zusammendrücken und in einer hübschen Schüssel anrichten. Den Rahm halbsteif schlagen, mit Cointreau aromatisieren und über die Feigen gießen. Bis zum Servieren kalt stellen.

Pfirsichsalat

Die Pfirsiche mit kochendem Wasser überbrühen, nach wenigen Minuten ins kalte Wasser tauchen. So läßt sich die Haut leicht mit einem spitzen Messer abziehen. Die Früchte halbieren, Kerne herausnehmen, in dünne Schnitze schneiden und in einer Schüssel anrichten. Mit Zitronensaft beträufeln, mit Kristallzucker bestreuen. Früchte und Zugaben einmal vorsichtig mischen, dann mindestens eine Stunde in den Kühlschrank stellen und durchziehen lassen.
Etwa eine halbe Stunde vor dem Servieren Grandmarnier oder einen beliebigen Fruchtlikör über die Pfirsiche träufeln.

סלט אפרסקים

Die Zutaten für 4–5 Portionen
etwa 1 kg reife, saftige Pfirsiche,
Saft von 1 großen Zitrone,
einige EL Kristallzucker,
1/2 Glas Grandmarnier oder Fruchtlikör

Gefüllte Aprikosen

Die gewaschenen Aprikosen aufschlitzen, ohne die Früchte zu teilen, die Steine herausnehmen. Die Früchte zusammen mit Zitronensaft und Zucker in einen Topf geben, langsam zum Kochen bringen und im eigenen Saft dünsten. Eventuell etwas Wasser hinzugießen. Die Früchte hin und wieder mit einem Löffel vorsichtig wenden, damit sie von allen Seiten weich werden. Die Früchte einzeln aus dem Saft löffeln, und zwar kurz bevor sie zerfallen.
Den Saft einkochen lassen, bis er dickflüssig und zu einem Sirup geworden ist.
Aus Mandeln, evtl. etwas Zucker und Rosenwasser einen dicken Mandelbrei kneten und damit die Aprikosen füllen. Man verteilt die Früchte auf kleine Teller oder richtet sie in einer flachen Schüssel an, gießt den Sirup darüber und stellt das Dessert eine Weile kühl.

מישמיש ממולא

Für die sehr süße Nachspeise rechnet man
3–4 Aprikosen pro Person.
12 frische, nicht zu weiche Aprikosen,
Saft von 1 Zitrone, 1 Glas Zucker,
1/2 Glas gemahlene Mandeln, evtl.
nochmals 1 EL Zucker, 2 EL Rosenwasser, etwas Wasser

Pflaumen in Honigsahne

Die Pflaumen halbieren, entkernen und in kleine Stücke schneiden. Den Rahm steif schlagen, währenddessen nach und nach den Honig hinzufügen, mit der Prise Salz und mit Rosenwasser abschmecken. Der süße, aromatische Rahm wird unter die Pflaumen gerührt, das Dessert bis zum Servieren kalt gestellt.
Man kann dieses Pflaumenkompott auch leicht anfrieren lassen und es später in Scheiben schneiden.

שזיפים בקצפת דבש

Die Zutaten für 4–6 Portionen
500 g Sankta Rosa-Pflaumen (entspricht den Renekloden), 1 Becher süßer Rahm,
2 EL Honig, 1 Prise Salz,
2 EL Rosenwasser

Quittenkompott

Die Quitten mit einem rauhen Tuch gut abreiben, damit sich der haarige Flaum löst. Jede Quitte in 8 Scheiben schneiden und vom nicht genießbaren Kerngehäuse befreien.
Die Quittenscheiben in eine feuerfeste Glasform schichten. Zucker in Wasser auflösen und über die Quitten gießen. Auch die anderen Zutaten hinzufügen. Die Form schließen (evtl. mit einer Alufolie). 2 Stunden im Ofen bei mittlerer Hitze garen. Abkühlen lassen.

לפתן חבושים

Die Zutaten für 4–6 Portionen
5–6 Quitten (ca. 1 kg), 1 1/4 Gläser
Zucker, 1 Glas Wasser,
3/4 Glas Weißwein, Saft von 1 Zitrone,
1/2 TL Ingwerpulver, 1/2 Stange Vanille

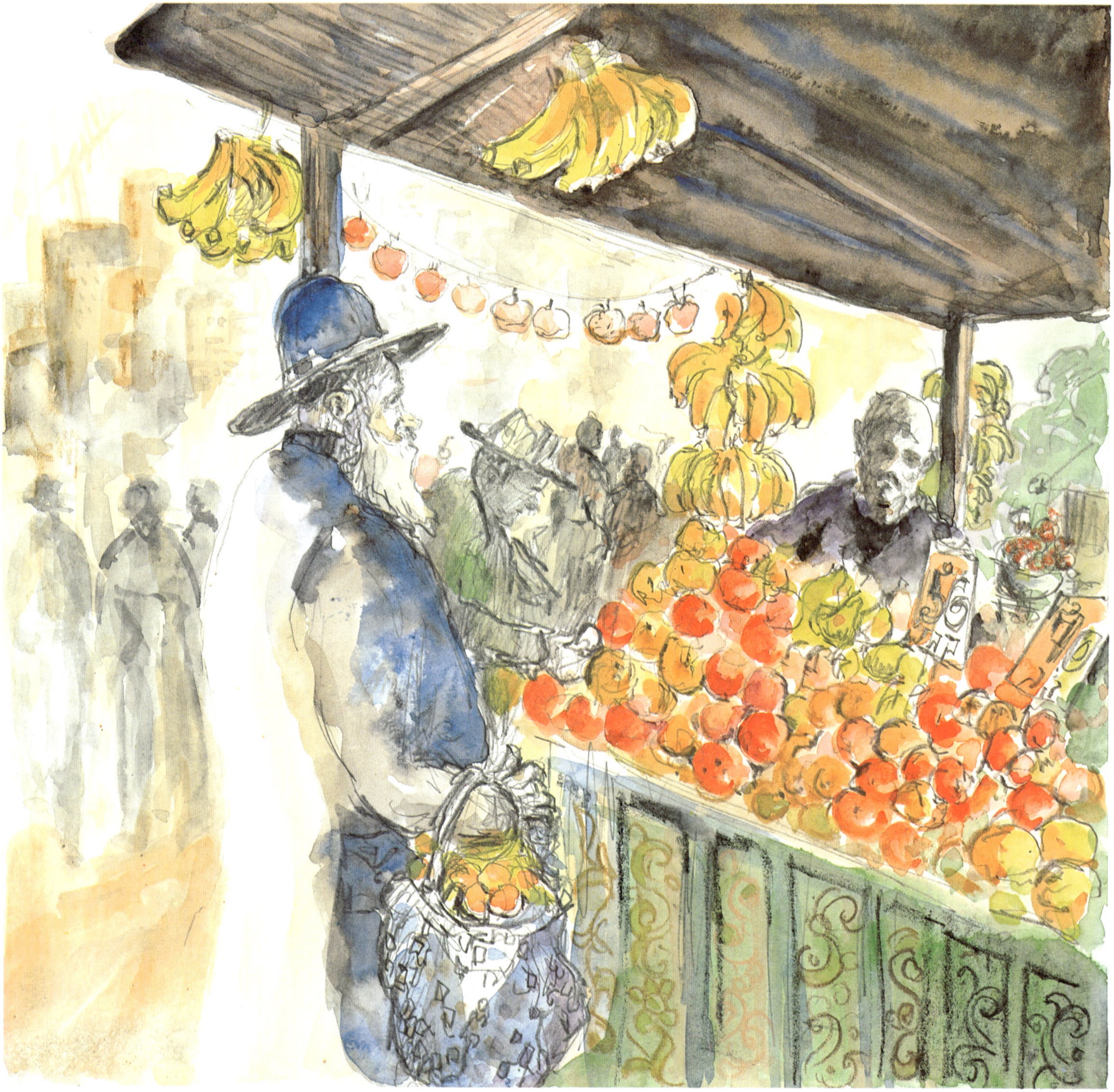

Erdbeeren-Eiscreme

Die Erdbeeren im Mixer pürieren. Den Rahm steif schlagen und süßen. Beide Zutaten miteinander verrühren und in eine flache Form gießen. Im Eisfach des Kühlschrankes einige Stunden gefrieren lassen.

Mango mit Eiscreme

Die Mangofrucht dünn schälen und in grobe Würfel schneiden. Zucker in einem Topf karamelisieren, mit Wasser ablöschen, aufkochen lassen.
Maismehl im Wein anrühren und rasch in das Zuckerwasser einrühren. Etwas eindicken lassen. Den Topf vom Herd nehmen und den Likör in die Weinsauce rühren.
Das Eis in Schalen verteilen. Die Mangowürfel obenauf verteilen und die warme Sauce über Eis und Früchte gießen. Das delikate Dessert wird sofort serviert.

Süß-sauer eingelegter Kürbis

In Souk Hacarmel, auf dem Tel Aviver Gemüsemarkt, sah ich einen Kürbis, der mich an die Puppenwiege meiner Kinderstube erinnerte. Er war groß wie eine Wiege, oval und sicher sehr schwer. Ein oberes Viertel war säuberlich herausgeschnitten und die ganze Frucht ausgehöhlt. – Man konnte sich die gewünschte Menge Kürbis abschneiden lassen.

Den frischen Kürbis schälen und in mundgerechte Würfel schneiden. Kürbiswürfel, Wein, Wasser und Essig in eine Schüssel geben. Zugedeckt über Nacht kühl stellen. Am nächsten Tag die Kürbiswürfel aus dem Saft nehmen und abtropfen lassen. Den Saft mit Zucker aufkochen. Die Gewürze (am besten in einem Gazebeutel) und den Kürbis zum Saft geben. Aufkochen und kurz weiterkochen lassen. Die Fruchtwürfel sollen glasig, aber nicht weich sein. Mit einem Schaumlöffel aus dem Saft nehmen und in einen Steinguttopf, in ein großes oder in zwei kleine Gläser umfüllen. Den Saft etwas einkochen lassen. Gewürzbeutel herausnehmen. Den heißen Saft über die Früchte gießen. Abkühlen lassen. Das Gefäß bzw. die Gläser mit Cellophan luftdicht verschließen (oder den Kürbis einwecken).
Die Früchte sollen mindestens eine Woche durchziehen, bevor sie gegessen werden: als Beilage zu Fleisch oder als Dessert.

Varianten
Auf gleiche Weise kann man Zucchini, Melone, Pfirsiche, Birnen und frische Feigen einlegen.

גלידה תות שדה

1/2 kg Erdbeeren, 1 Becher süßer Rahm, 1 TL Zucker

מנגו עם גלידה

*Die Zutaten für 4 Portionen
1 reife Mangofrucht, 4 EL Zucker, 1 Glas Wasser, 1 TL Mais- bzw. Stärkemehl, 3/4 Glas Weißwein, 1 Gläschen Aprikosen- oder anderen Likör, 4 Kugeln bzw. Scheiben Eiscreme*

דלעת כבושה חמוץ מתוק

*Auf 1 kg Kürbiswürfel:
3 dl herber Weißwein, 2 dl Wasser, 2 dl Weinessig, 500 g Zucker, etwas Zimtrinde, 1 Stück Ingwerwurzel, 2 Gewürznelken, Schale von 1 Zitrone*

Orientalische Süßigkeiten

Zur Krönung einer abgerundeten Mahlzeit gehören in allen Ländern des Vorderen Orients allerlei süße bis sehr süße, erstaunlich einfach zu bereitende und auch sehr raffinierte Desserts.
Kaum ein moslemisches Fest, das nicht mit einem speziellen, in Sirup schwimmendem Pudding endet, mit Gebäck oder Konfekt. Süßigkeiten und Konfekt werden gerne und in großen Mengen gegessen. Sie sind vielfach ein Zeichen von Großzügigkeit und Freundschaft, Symbol für Glück, Freude und Erfolg.
Chalva, Rachat Laqum und *Sesam-Konfekt* sind typische Süßigkeiten in Israel. In ihrer Beliebtheit spiegeln sie orientalische und europäische Naschlust wieder. Und man tut gut daran, sie nicht selber herstellen zu wollen, sondern lieber an Ort und Stelle zu kaufen und zu naschen.

Chalva
Chalva ist eine türkische Spezialität. Die Hauptbestandteile sind gemahlene Sesamkörner, Zucker und Mandelmehl oder Nüsse. Der Zuckerbäcker stellt verschiedene Sorten her: mit Schokolade durchzogen oder überzogen, mit ganzen Pistazien und mit ganzen Haselnüssen.
Chalva ist eine feste, dabei poröse, sehr süße Masse. Sie läßt sich in Scheiben und Würfel schneiden und ist deshalb eine beliebte Nascherei für Kinder, wird aber auch gerne als Dessert oder als kleine Honigkuchen zum Kaffee gereicht. Die orientalischen Juden verwenden sie zum Füllen der Hamantaschen (S. 35).

Rachat Laqum
Auch diese Zuckerbonbons kommen aus der Türkei. Sie bestehen in ihrer Grundsubstanz aus Traubenzucker, Zitronensaft, Rosenwasser, Nüssen oder Pistazien und Maismehl. Die Zutaten ergeben eine gummiartige Masse, aus der große, rechteckige, federleichte Bonbons geschnitten werden. Meist kauft man sie an einem arabischen Verkaufsstand oder in einem der kleinen Läden in schmalen Altstadtgassen – weiß bestäubt mit Puderzucker.

Sesam-Honig-Konfekt

Auch dieses süße Konfekt schmeckt am besten direkt von einem der zahlreichen Verkaufsstände kleiner arabischer Händler. Sesam-Konfekt besteht aus einem klebrigen Teig von Sesamkörnern, Nüssen und Honig. Die flüssige Masse wird auf einer feuerfesten Platte getrocknet, dann in Scheiben, Rauten oder kleine Rechtecke geschnitten.

Baklava   בקלבה

Baklava ist das beliebteste Gebäck aus den orientalischen Feinbäckereien in Israel: ein süßer Blätterteigkuchen aus Nüssen und Honig, der gerne als Dessert gegessen wird. Original entsteht er aus *Fila-Teig*, den man allerdings bei uns selten kaufen kann. Fila ist ein papierdünner Teig aus Mehl und Wasser, der lagenweise in Folie gerollt und aufbewahrt und später auch lagenweise verwendet wird. Anstelle von Fila können Sie einen sehr dünn ausgerollten Blätterteig verwenden. Außerdem benötigen Sie eine quadratische Backform.

Die Butter schmelzen. Die Backform mit Butter ausstreichen. Den Fila-Teig ausrollen und die Hälfte in Lagen in die Form legen: Jede Lage mit Butter bestreichen. Nüsse, Mandeln, Zucker und Gewürze mischen und gleichmäßig auf dem Teig verteilen. Die Füllung mit der zweiten Hälfte Teig lagenweise bedecken: Wieder jede Lage mit Butter bepinseln. Die Oberfläche mit einem scharfen Messer diagonal einritzen, d.h. die quadratischen Baklava-Stücke vorzeichnen. Im vorgeheizten Ofen bei 180 Grad 30 Minuten backen, dann weitere 15 Minuten bei 220 Grad backen. Die Oberfläche soll goldbraun sein. Für selbst ausgerollten Blätterteig dauert die Backzeit etwas länger. Während der Backzeit bereiten Sie den Sirup zu: Zucker in Wasser und Zitronensaft auflösen und etwa 15 Minuten einkochen. Die Flüssigkeit soll am Holzlöffel kleben bleiben. Zum Schluß Orangenblütenwasser und Honig zugeben, kurz aufkochen lassen. Den Sirup abkühlen lassen und in den Kühlschrank stellen. Der kalte Sirup wird über das heiße Baklava gegossen. Das Gebäck abkühlen lassen und in Stücke schneiden.

Die Zutaten für 16–20 Stücke
250 g Butter, 500 g Fila-Teig (oder Blätterteig), 1 Tasse grob gehackte Nüsse oder Pistazien, 1/2 Tasse gemahlene Mandeln, 2 EL Zucker, 1 TL gemahlenen Kardamom, 1/2 TL gemahlener Muskat, 1 Prise gemahlene Gewürznelke

Für den Sirup
1 Tasse Zucker, 1 Tasse Wasser, 1 EL Zitronensaft, 1 EL Orangenblütenwasser, 1 EL Honig

Schirkurma   פודינג איטריות עם אגוזים

Wenn der islamische Fastenmonat *Ramadan* vorüber ist, feiern die moslemischen Araber das *Id al-Fitr*-Fest. Traditionell ißt man in fröhlicher Runde nach einem reichlichen Mal einen Pudding aus Nudeln und Nüssen, der auch jedem nicht arabischen Feinschmecker zum Genuß wird.

Die Nudeln in Wasser weichkochen, dann abgießen und abtropfen lassen. Darauf in Butter kurz braten. Zur Seite stellen.

Die Datteln entkernen, sehr fein hacken. Mandeln mahlen, Pistazien hacken. Die Milch aufkochen; Datteln, Mandeln sowie Pistazien hineinrühren. 15 Minuten auf schwacher Hitze ziehen lassen, dabei ständig rühren, damit die Milch nicht ansetzt. Die Nudeln dazugeben, nach Geschmack süßen. Den Pudding 10 Minuten leise kochen, derweil häufig umrühren. Der Pudding wird warm bis abgekühlt gegessen, wie fast alle Speisen im Vorderen Orient.

1 Handvoll Fadennudeln, 1 Stückchen Butter, 1 Handvoll Datteln, 1 Tasse Mandeln, 1/2 Tasse Pistazien, 1/2 l Milch, etwa 1 EL Zucker

פודינג אורז Muhalabiyah

Eine arabische Spezialität: ein Pudding aus Reis, Milch und Rosenwasser.

Die Zutaten für 4–5 Portionen
3 EL Maismehl (Stärkemehl),
3 EL gemahlener Reis, 1 l Milch,
1 Tasse Zucker (oder nach Geschmack),
1/2 TL gemahlener Zimt,
3–4 EL Rosenwasser,
100 g gemahlene Mandeln

Für den Sirup
1 Tasse Wasser, 3 EL Honig,
1–2 EL Rosenwasser

Maismehl und Reis mischen, mit wenig Milch zu einer glatten Masse rühren. Milch mit Zucker aufkochen, die Reis-Mischung langsam einrühren. Würzen. Auf kleiner Hitze kochen, dabei ständig rühren, damit die Milch nicht ansetzt. Sobald der Pudding am Holzlöffel kleben bleibt, ist er dick genug.
Rosenwasser zufügen, einmal aufkochen lassen. Pudding vom Herd nehmen. Jetzt die Mandeln unterziehen. Den Pudding in eine Schüssel oder in Schälchen füllen und abkühlen lassen.
Den Sirup zubereiten: Wasser mit Honig einkochen lassen, das Rosenwasser zugeben. Abgekühlt über den Pudding gießen.

Varianten
Statt mit Zimt wird der Pudding auch mit Anis und einer Prise gemahlenem Ingwer gewürzt.
Anstelle von Sirup garnieren Sie mit Nüssen, Pistazien oder gerösteten Pinienkernen.

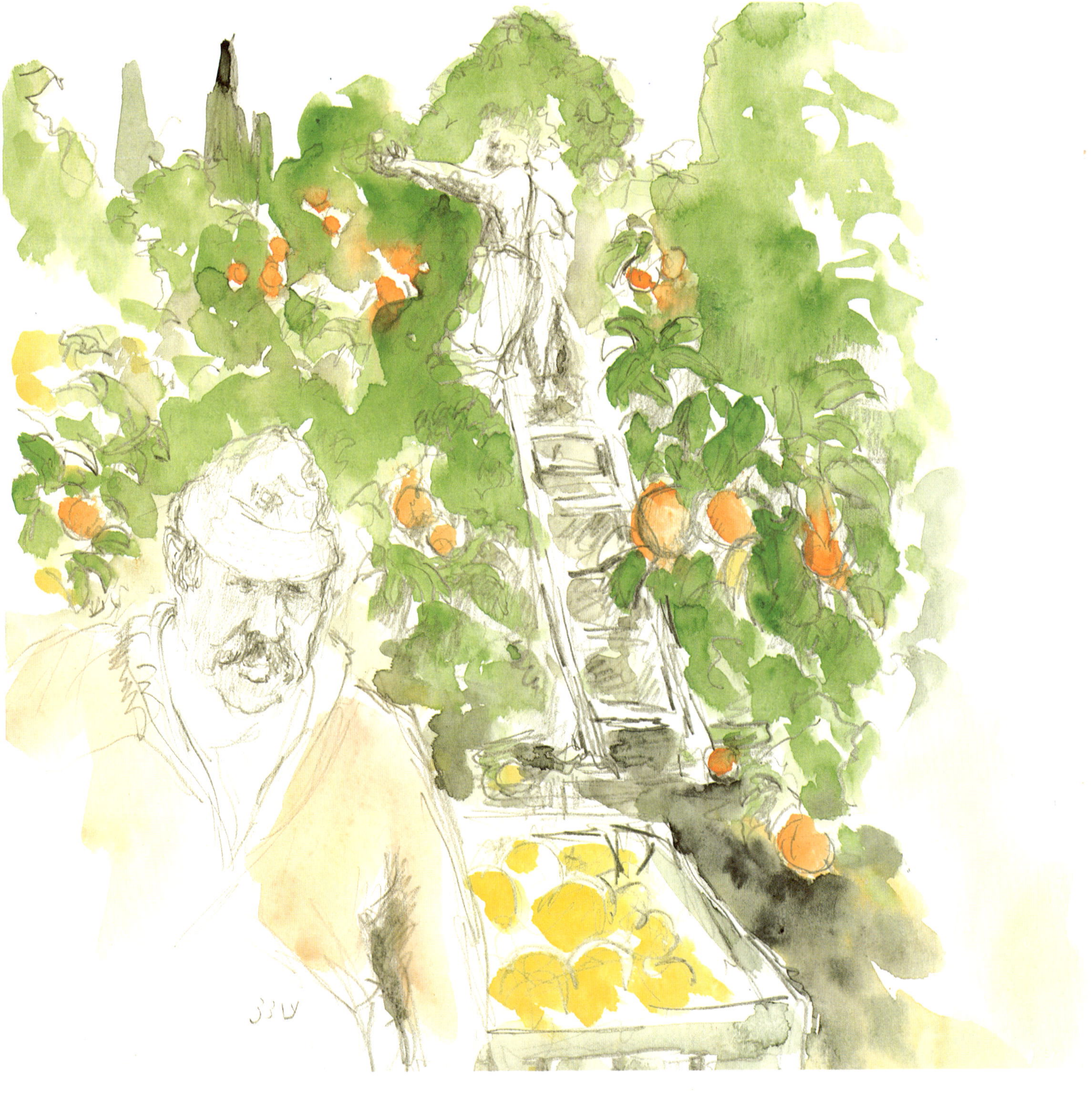

Gebäck, Kuchen und Torten

Auch jüdische Festessen enden mit köstlichen Süßspeisen, mit Fruchtkompott oder mit Eiscreme, mit Gebäck oder Torte. Häufig schreibt die koschere Küche vor, wie ein Dessert zu sein hat, da nämlich nach einem Fleischgericht kein Nachtisch auf Milchbasis folgen darf. Für alle Fälle gibt es *parve* Desserts, was heißt, daß sie neutral in ihren Zutaten sind, nicht mit Fleisch und nicht aus Milch. Desserts, die man nach jedem Menü essen darf.

Neben frischem und zubereitetem Obst lieben die Israelis *Blintzen* oder *Apfelstrudel*, die der osteuropäischen Küche entstammen, zu Wein oder Branntwein genossen. Halbgefrorene Torten werden gebacken und Spezialitäten aus Mandeln, Honig und vielen Eiern. Fragt man jedoch die moderne israelische Hausfrau nach dem Lieblings-Dessert in ihrer Familie, so bekommt man fast einhellig *Mousse au chocolate* zu hören, originalgetreu nach französischem Vorbild zubereitet.

Channukakrapfen

סופגניות חנוכה

15 g frische Hefe, 2 dl warmes Wasser, 1 TL Zucker, 250 g Mehl, 1/2 TL Salz, 1 Stück Margarine oder 2 EL Öl, 1 Ei, 1/2 Tasse Milch
1 Eiweiß, Konfitüre, Öl zum Ausbacken, Puderzucker

Channuka (S. 33) ist ein schönes Fest für Kinder. Aus Freude über das Lichtwunder im Tempel von Jerusalem erhalten sie Geschenke, Süßigkeiten und Channuka-Geld. Die dazugehörigen Krapfen sind das, was wir „Berliner" nennen, und sie sind jedem jüdischen Kind bestens bekannt.

Aus den ersten 8 Zutaten einen Hefeteig anrühren (S. 26), gut durchkneten und 1 Stunde gehen lassen.
Den Teig wieder durchkneten und auf einer bemehlten Tischplatte ausrollen. Die Hälfte des Teiges mit Eiweiß bepinseln. Darauf in gleichmäßigen Abständen mit einem Teelöffel kleine Konfitürehäufchen setzen. Die andere Teighälfte locker darüber legen.
Mit einem Glas runde Krapfen ausdrücken. Die Teigränder fest zusammendrücken.
Die Krapfen nochmals eine Weile gehen lassen. Im heißen Öl schwimmend etwa 10 Minuten ausbacken.
Die Krapfen auf Küchenkrepp abtropfen lassen. Noch warm in Puderzucker wälzen.

Biskuchos

Biskuchos sind kleine Kuchen aus Eierteig, die aus der spanischen Küche stammen. Jede jüdische Hausfrau sephardischer Herkunft hat eine Dose mit Biskuchos in ihrem Vorrat, und sie bietet das Gebäck zum Tee oder Kaffee, auch zu einem Glas kalter Milch an. Die Eier locker schlagen, einige TL davon abfüllen und zur Seite stellen. Öl und Zucker zu den Eiern geben. Nach und nach Mehl und Backpulver unter die Masse mischen und einen glatten Teig rühren.

Den Teig ausrollen und in fingerdicke Streifen schneiden. Die Streifen in 10 cm lange Stücke teilen. Diese Teigstreifen werden nach freier Fantasie verschiedenartig geformt: zu Ringen, Kringeln, Zöpfen usw. Das zurückbehaltene, verschlagene Ei süßen, mit ihm die Biskuchos bestreichen. Diese anschließend reichlich in Sesam wälzen; dann auf ein eingefettetes Backblech legen und im vorgewärmten Ofen bei 180 Grad 20 – 25 Minuten backen. Den Ofen abstellen und das Gebäck weitere 30 Minuten austrocknen lassen. Dann abkühlen lassen und sogleich in eine Dose oder in ein Glas legen. Gut verschließen.

Varianten
Biskuchos werden verschieden gewürzt. Man kann ihnen Anis beigeben oder Rosenwasser oder Mandelextrakt. Sie werden teils mit Nüssen oder mit Mandeln gebacken; manchmal mit Kristallzucker bestreut oder auch mit harten gehackten Eiern.

ביסקוצוס

Die Zutaten für mindestens 30 Stück
5 Eier, 1/4 Glas Öl, 1 Glas Zucker,
4 Gläser Mehl, 3 TL Backpulver,
evtl. 1 TL Zucker, 1 Glas Sesam

Sesam-Gebäck

Eier und Zucker verrühren, die weiche Margarine dazugeben, schaumig schlagen. Die Hälfte des Sesams unter die Masse rühren. Nach und nach das Mehl, vermengt mit Backpulver, darunter geben und zu einem festen Teig rühren.

Mit den Händen kleine Teigstückchen abzupfen und zu Gebäck formen bzw. rollen (Plätzchen, Kringel, Brezel usw). Anschließend in Sesam wälzen. Ein großes Backblech ölen; das Gebäck darauf legen und etwa eine halbe Stunde bei mittlerer Hitze backen.

מאפה שומשום

3 Eier, 1 1/2 Tassen Zucker,
200 g Margarine, 500 g Sesam,
4 Tassen Mehl, 1 Päckchen Backpulver,
etwas Öl

Dattelgebäck

Die Walnüsse sehr fein hacken, die Datteln entkernen und in kleine Stücke schneiden. Eigelb und Zucker in einer großen Schüssel verrühren. Die weiche Butter, Orangenschale und -saft, Rosenwasser unter die Eimasse rühren. Mehl, Backpulver, Salz mischen und ebenfalls zur Masse geben. Einen glatten Teig mengen; er läßt sich mit der Zeit schwer rühren. Das Eiweiß steif schlagen und unter den Teig heben.

Teig in die gefettete Backform füllen und gleichmäßig verteilen. Der Dattelkuchen soll im vorgeheizten Ofen bei 180 Grad etwa 40 Minuten backen. Anschließend eine Stunde auskühlen lassen. Der Kuchen ist recht trocken und wird in kleinen Portionen gegessen. Man schneidet ihn wie Gebäck in rechteckige Stückchen oder in Streifen.

עוגת תמרים

Die Zutaten für eine normalgroße, runde Springform
100 g Walnüsse, 250 g Datteln, 2 Eigelb,
4 EL brauner Zucker, 2 EL weißer Zucker, 2 EL Butter, geriebene Schale von 2 Orangen, 2 EL Orangensaft,
1 EL Rosenwasser, 1 1/4 Tassen Mehl,
1 TL Backpulver, 1/4 TL Salz, 2 Eiweiß

עוגת תפוזים ספרדית

Die Zutaten für eine normalgroße, runde Springform
2 große Orangen, 4 Eier, 200 g gemahlene Mandeln, 2 EL Mazzamehl,
200 g Zucker, 1/2 TL Backpulver,
etwas Butter

Sephardischer Orangenkuchen

Die Orangen waschen und ungeschält in wenig Wasser rund 2 Stunden kochen. Hin und wieder im Kochwasser wälzen. Abkühlen lassen und durch ein Sieb streichen. Das ist eine zeitaufwendige Arbeit, doch inzwischen riecht die Wohnung so eindringlich angenehm nach Orangen, daß sich die Mühe lohnt.
Die Eier in einer großen Schüssel schaumig schlagen. Mandeln, Mazzamehl, Zucker, Backpulver sowie die passierten Orangen zu einem Teig rühren.
Die Springform einfetten, den Teig in die Form gießen und im vorgeheizten Ofen bei 200 Grad knapp eine Stunde backen. Der Kuchen soll feucht bleiben. Man läßt ihn abkühlen und stürzt ihn auf eine Platte. Er eignet sich vorzüglich als Dessert.

עוגת שוקולד עם ריבת מישמיש

Die Zutaten für eine normalgroße, runde Backform
6 Eidotter, 100 g gemahlene Mandeln,
2 EL Kakao (oder flüssige Schokolade),
2 EL Zucker, 2–3 EL Mazzamehl,
Saft und geriebene Schale von 1 Zitrone,
1/2 Gläschen Cognac, 6 Eiweiß,
1 Glas Aprikosenkonfitüre
Für die Glasur
2 Rippen dunkle Schokolade (oder flüssige Schokolade), 1 Stückchen Butter,
2 EL Wasser, 2 Eidotter

Schokoladentorte mit Aprikosenkonfitüre

Eidotter, Mandeln, Kakao und Zucker cremig rühren und das Mazzamehl hinzufügen. Mit Zitrone und Cognac abschmecken. Eiweiß steif schlagen, unter die Masse ziehen. Die Masse in die gefettete Kuchenform füllen und im vorgeheizten Ofen ca. 50 Minuten backen. Die Torte auskühlen lassen, mit Konfitüre dick bestreichen.

Sie bereiten die Glasur zu:
Schokolade, Butter, Wasser aufkochen und cremig rühren. Vom Herd nehmen, die Eidotter unterrühren. Die warme Glasur über die Konfitüre verstreichen.

עוגת שוקולד של אמנון

Die Zutaten für den Tortenboden
3 Eiweiß, 3/4 Tasse Zucker,

Für die Füllung
4 EL Wasser, 4 EL Zucker, 3 EL Kakao,
100 g Bitterschokolade, 200 g Margarine,
1–2 TL Branntwein, 2 Eigelb, 2 Eiweiß,
2 EL Zucker

Für den Belag
1 Becher (1/4 l) süßer Rahm,
nach Geschmack Zucker, geriebene Schokolade

Amnons Schokoladentorte

Für diese Torte benützt Edja eine quadratische, flache, feuerfeste Glasform.
Eiweiß steif schlagen, süßen. In die Kuchenform gießen und 15 Minuten im vorgeheizten Ofen bei mittlerer Hitze backen. Weitere 30 Minuten im Ofen austrocknen und abkühlen lassen.
Wasser, Zucker, Kakao, geriebene Schokolade in einen Topf geben, aufkochen lassen, umrühren, vom Herd nehmen. Margarine, Branntwein und Eigelb in die Schokoladenmasse rühren. Abkühlen lassen. Eiweiß steif schlagen, süßen, unter die Schokoladenmasse heben. Die Füllung auf dem Meringue-Boden verteilen. Einige Stunden in den Kühlschrank stellen. Später den Rahm steif schlagen, eventuell süßen und auf der Torte verteilen. Mit Schokoladen-Streuseln garnieren.
Die Torte bleibt in der Glasform. Das ist nicht nur praktisch, sondern sieht auch ästhetisch aus. Sie eignet sich vorzüglich als Dessert anläßlich eines festlichen Menüs.

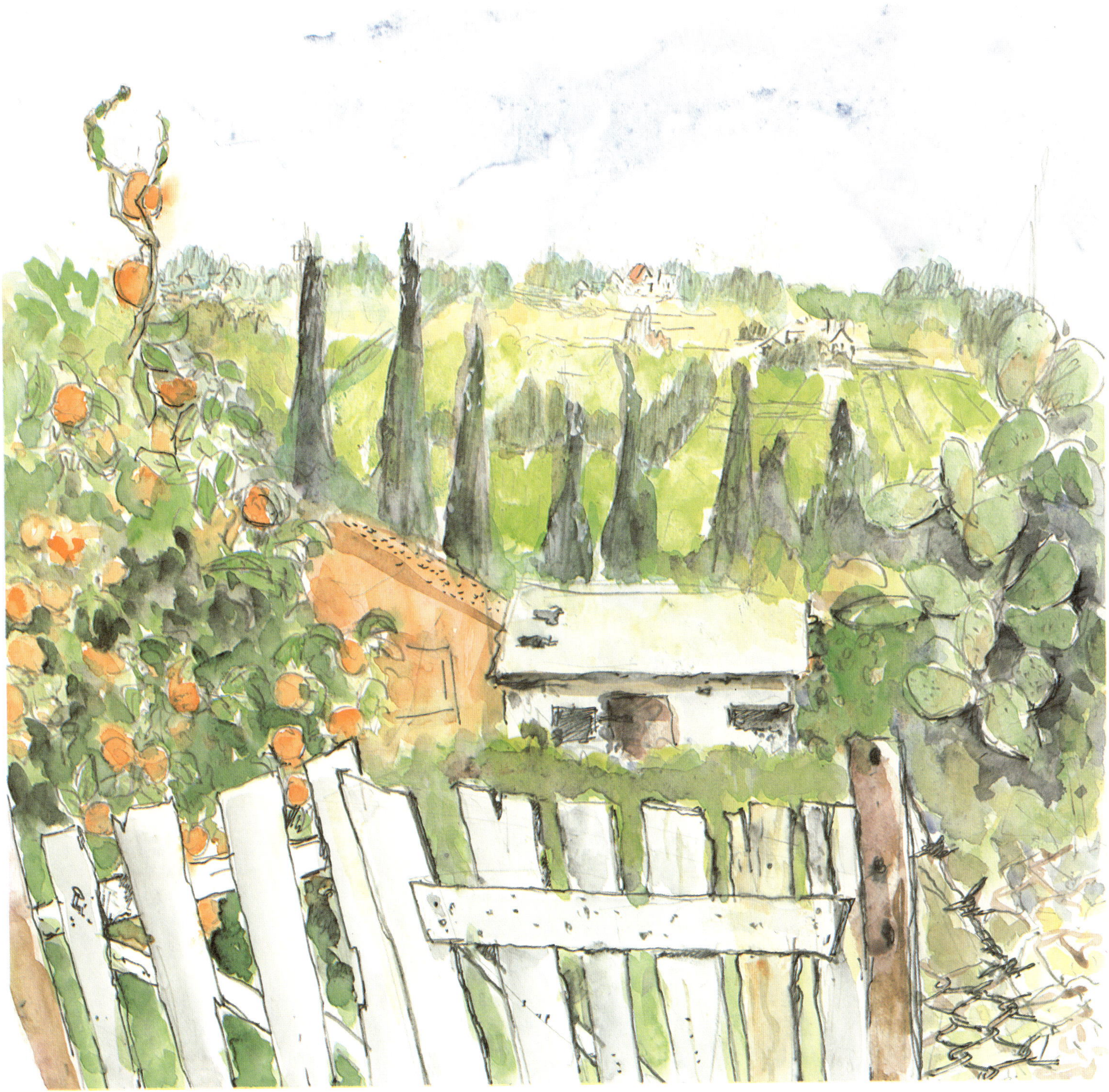

מיקצפת עם אגוזים
Meringue-Nuß-Kuchen

Für diesen Kuchen werden zwei quadratische Glasformen benötigt.

Die Zutaten für den Teig
200 g Margarine, 1 Tasse Zucker,
4 Eigelb, 1 1/2 Tassen Mehl,
1 TL Vanillezucker, 2–3 EL Milch,
Öl zum Einfetten der Formen

Für den Belag
5 Eiweiß, 3/4 Tasse Zucker, 100 g Nüsse

Für die Füllung
1 Eigelb, 4 EL Zucker, 2 EL Maismehl (Stärkemehl), 2 Becher saurer Rahm, etwas Vanille, 2 EL Butter

Margarine, Zucker und Eigelb schaumig rühren. Mehl, Vanillezucker hinzufügen und einen glatten Teig rühren; evtl. etwas Milch verwenden. Eine Backform einfetten; die andere Form mit Alufolie auslegen, diese einfetten. Den Teig auf beide Formen gleichmäßig verteilen.
Eiweiß steif schlagen und süßen. In beiden Formen gleichmäßig verteilen.
Nüsse grob hacken, über die Eiweißmasse streuen. Die Formen in den vorgeheizten Ofen schieben, Teige 45 Minuten backen.
Eigelb, Zucker, Maismehl, sauren Rahm in einen Topf geben, gut mischen, zum Kochen bringen, dabei stets rühren. Topf vom Herd nehmen. Vanille und Butter zur Masse geben, gut verrühren. Die Füllung abkühlen lassen. Erst jetzt wird sie auf einem Teil des Kuchens (demjenigen, der in der Form bleibt) verteilt. Den anderen Teil des Kuchens (mit Alufolie) aus seiner Form nehmen, von der Folie lösen und ihn über die Füllung decken. Die Eiweißschicht liegt obenauf. Mit den Händen leicht andrücken.
Der Kuchen bleibt in seiner Glasform. So kann er nicht zerbröckeln, und ein Rest ist mühelos im Kühlschrank aufzubewahren.

עוגת תפוחים לחג
Fluden

Fluden ist ein Hochzeits- und Feiertagskuchen der osteuropäischen jüdischen Küche, eigentlich eine Apfeltorte, die warm als Dessert oder ausgekühlt zu Wein serviert wird.

Die Zutaten für eine normalgroße, runde Kuchenform
600 g Mehl, 250 g Butter oder Margarine, 250 g Zucker, 4 Eier, 1 Prise Salz

Für die Füllung
1 1/2 kg saftige Äpfel, 125 g Rosinen,
1 Handvoll gehackte Nüsse,
2–3 EL Zucker-Zimt-Mischung,
etwas Öl, Mazza- oder Semmelmehl,
1 Eigelb

Aus Mehl, weicher Butter, Zucker, Eiern und einer Prise Salz einen Mürbeteig rühren und kneten. Den Teig in vier Portionen teilen.
Die Äpfel schälen und grob raspeln; mit Rosinen, Nüssen und Zucker-Zimt vermischen.
Ein Viertel des Teiges ausrollen und in die gefettete Backform drücken. Darauf ein Drittel Füllung verteilen. Ein paar Tropfen Öl sorgen für die Geschmeidigkeit des Teigs, wenig darüber gestreutes Mazzamehl hält alles gut beieinander.
Den Vorgang zweimal wiederholen. Mit dem vierten Teigteil wird der Kuchen abgedeckt. Am besten jetzt schon mit einem Messer kreuzweise in Stücke schneiden, weil sich der Kuchen nach dem Backen schwer schneiden läßt. Mit Eigelb bestreichen, mit Zucker-Zimt bestreuen, in den vorgeheizten Ofen schieben. Bei 180 Grad backt der Kuchen knapp eine Stunde.

Mandeltorte

Eine Mandeltorte gehört zu jedem Pessachfest. Sie kann in einer runden Kuchen- oder in einer kastenförmigen Cakeform gebacken werden. Meist ist sie recht mächtig und wird mit der doppelten Menge von Zutaten hergestellt als in diesem Rezept angegeben.

Eigelb und Eiweiß trennen. Eigelb, Zucker, Salz, Zitronensaft und -schale verrühren, die Mandeln untermengen. Das Eiweiß sehr steif schlagen und behutsam unter die Masse heben. Die Kuchenform einfetten, mit Mazzamehl bestreuen, damit sich die Torte gut vom Boden löst. Den Teig in die Form füllen, im vorgeheizten Ofen bei 180 Grad 45 Minuten backen. Die Torte ist trocken, wenn an der Probestricknadel kein Teig haften bleibt. Die Mandeltorte muß sanft behandelt werden, damit das zarte Gebilde nicht zusammenfällt.

Variante
3/4 des Teiges in die Springform geben, darauf Erdbeer- oder Aprikosenkonfitüre verteilen, den Rest Mandelteig obenauf verteilen.

עוגת שקדים

Die Zutaten für eine normalgroße, runde Springform
8 Eier, 150 g Zucker, 1 Prise Salz,
Saft und Schale von einer kleinen Zitrone,
150 g gemahlene Mandeln,
etwas Margarine, 1–2 EL Mazzamehl

Jeden Freitag stahl ich Krapfen für die alte Sultana. Ich lernte zu stehlen, ohne daß man den Diebstahl entdeckte. Ich lernte an der Farbe der Krapfen die Füllung erkennen, denn die Alte konnte Spinat nicht ausstehen, dagegen schwelgte sie bei der Kartoffel-Käse-Mischung, und auch die Kürbiskrapfen mundeten ihr. Sobald ich ihr die Krapfen brachte, stürzte sie sich darauf, als hätte sie tagelang nichts gegessen. Wenn ich nun morgens zur Backstube kam, erwiderte sie meinen Gruß, und manchmal, an den langen Sommerabenden, ließ sie mich neben sich auf der Schwelle sitzen. Schweigend hockte sie vor den langsam ersterbenden Geräuschen des Abends, bis die Stille Dämmerung hereinbrach. In der Dunkelheit verschwammen ihre Runzeln, und auch die dünne, krumme Linie ihres Mundes wurde verwischt. Ihre stumme Gestalt glich einer düsteren Statue aus Stein.[11]

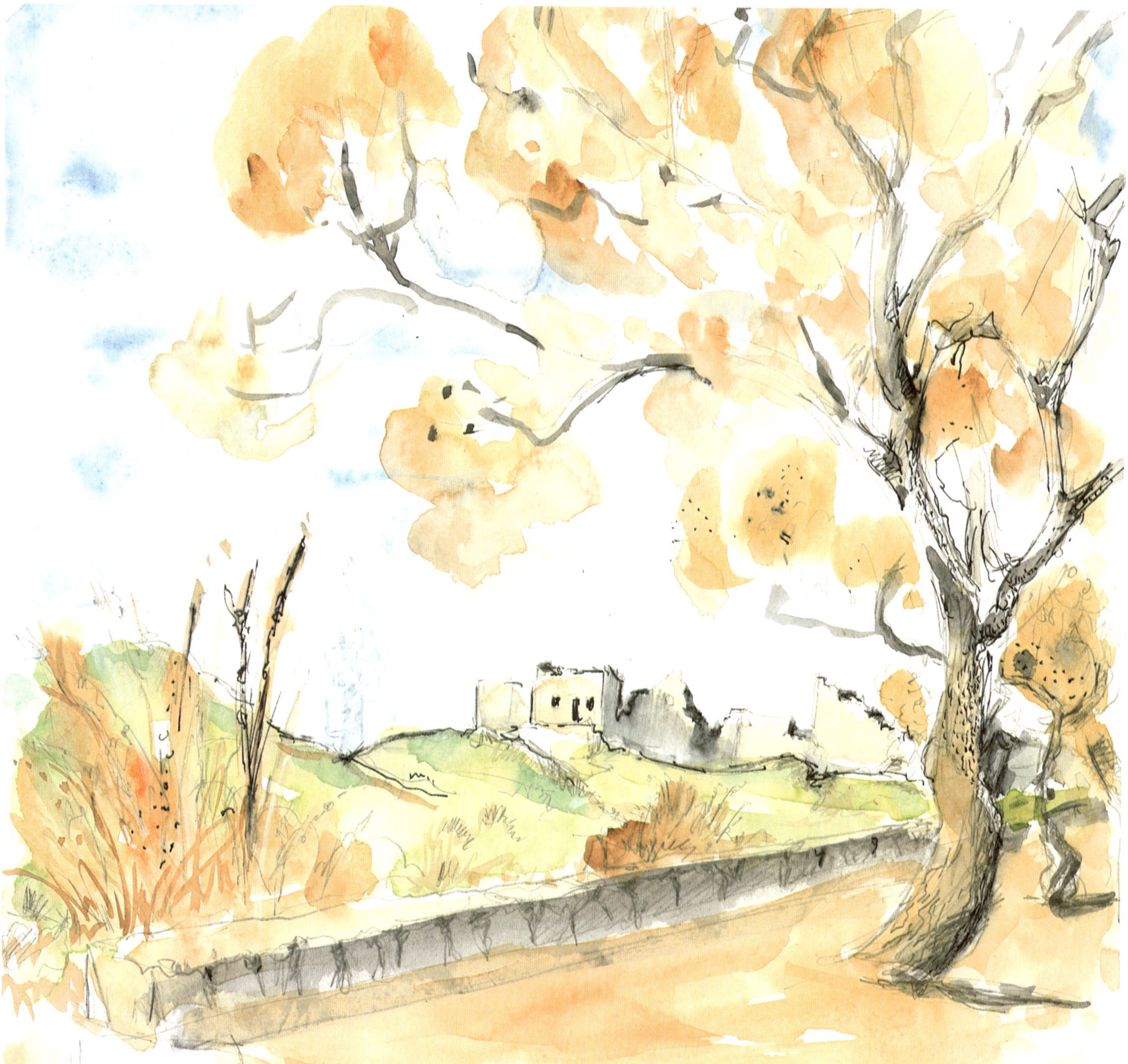

Kaffee und Tee

Im *Ramadan*, dem islamischen Fastenmonat, wirken die arabischen Dörfer in ganz Israel tagsüber verschlafen. Wie der jüdische Kalender, so ist auch der islamische ein Mondkalender, und Ramadan fällt zwischen August und Oktober. Jeden Tag wird von Sonnenaufgang bis Sonnenuntergang gefastet. Es darf weder gegessen noch getrunken, auch nicht geraucht werden. Vier Wochen scheinen Tag und Nacht vertauscht, denn erst nach Sonnenuntergang beginnt das Leben. Dann wird wieder gegessen: traditionelle Suppen oder Eintöpfe, dazu Fladenbrot und viele verschiedene Süßigkeiten. Die Straßen beleben sich. Man sitzt zusammen, unterhält sich, raucht und trinkt Minzetee. Die Kinder spielen laut, Autos hupen, die Läden und Verkaufsstände sind geöffnet, mit Melonen, Gemüse und Nüssen bestückt. Erst nach Mitternacht gibt es ein *Mittagessen*, danach werden die Straßen langsam leer.

Türkischer Kaffee   קפה טורקי

Wasser, Kaffee und Zucker im *Finjan* aufkochen, dem typischen zylinderförmigen Kaffeetopf mit langem Handstiel für türkischen Kaffee. Achtung, der Kaffee quillt plötzlich und kocht gerne über! Den Topf vom Herd nehmen, Schaum setzen lassen. Den Vorgang einige Male wiederholen. Kleine Tassen in heißem Wasser spülen. In jede Tasse einen Teelöffel Schaum geben, dann den süßen, schwarzen Kaffee in die Tassen gießen.

3 Tassen Wasser, 6 TL pulverisiert gemahlener Kaffee, am besten speziell dunkel gerösteten, 6 TL Zucker

Beduinen Kaffee   קפה בדואי

Der Kaffee wird zubereitet wie der türkische Kaffee: Man fügt Wasser, Kaffee, Zucker und Kardamom in den *Finjan* und kocht das Ganze ein paar Mal auf. Die Kardamom-Schoten werden beim Einschenken des Kaffees in die Täßchen zurückbehalten.

3 kleine Tassen Wasser, 2 TL pulverisiert gemahlener, schwarzer Kaffee, 2 TL Zucker, 2 aufgeschlitzte Schoten Kardamom

קפה תימני Jemenitischer Kaffee

3 kleine Tassen Wasser, 2 TL sehr fein gemahlener, dunkel gerösteter Kaffee, 2 TL Zucker, 1/4 TL gemahlener Ingwer

Das Wasser mit dem Ingwer im *Finjan* zum Kochen bringen. Vom Herd nehmen, Kaffeemehl und Zucker ins Wasser rühren, wieder zum Kochen bringen. Den Topf vom Herd nehmen, bis sich der Schaum gesetzt hat. Den Vorgang einige Male wiederholen, bis der Kaffee ohne Hochgehen kocht.

תה מרוקאי Marokkanischer Tee

3 TL grüner Chinatee, 2 TL Zucker, 1 Handvoll frische Minzeblätter

Diese aus Marokko kommende Teezubereitung wird mit grünem Chinatee gebrüht. Man kann genausogut eine andere Teesorte verwenden.
Die Minzeblätter zerkleinern. Tee, Zucker und Minze in eine vorgewärmte Teekanne geben. Mit kochendem Wasser überbrühen; reichlich für 4 Tassen Tee. 5 Minuten ziehen lassen. Probieren, ob der Tee wirklich sehr süß ist. Dann in kleine Gläser füllen.

תה עירקי Irakischer Tee

Das Geheimnis dieses Teegenusses liegt in seiner Zubereitung. Man gibt die Teeblätter (grünen Chinatee oder schwarzen Tee) in einen Teebehälter und hängt diesen in die Mündung einer mit kochend heißem Wasser gefüllten Teekanne. Die Kanne muß selbstverständlich feuerfest sein.
Der Tee wird auf kleiner Hitze mehrere Stunden gekocht, und er verbreitet in dieser Zeit einen angenehmen Duft im ganzen Haus. Nach Stunden entsteht eine Tee-Essenz, die traditionsgemäß sehr süß und in kleinsten Portionen getrunken wird. Die irakischen Juden essen kleine grüne Gurken dazu.

Eine knappe Autostunde von Jerusalem entfernt, mitten in der Jordanebene, liegt die Oase Jericho. Wir saßen dort immer wieder gerne in einem der üppigen Blumengärten mit ihren Kaffeetischen, bedient von einem braunen, kräftigen Jungen, der uns bereitwillig die geheimen Rezepte der arabischen Küche verriet. Was man mit Lauch, Lattich, Zwiebeln und einer langen Galerie von Gewürzen alles machen könne, wenn man, das gehöre natürlich dazu, am schönsten Punkt der Welt wohne. Er sei noch nirgends gewesen als in Jericho, aber das wisse er sicher: Es gebe auf der Welt keinen schöneren Platz.[12]

Kräuter, Gewürze, Gewürzmischungen
und womit man noch in der israelischen Küche würzt

Anis אניסון
Die kleinen Samenkörner der Anispflanze, die ihre Urheimat in Ägypten haben, werden vornehmlich für orientalisches Gebäck verwendet, für Zuckerwerk, Konfekt, Kompott.

Basilikum ריחן
Das wild wachsende Mittelmeerkraut wird ähnlich wie bei uns verwendet, meist getrocknet und in Gewürzmischungen. Bevorzugt benutzt man es für Tomaten, Auberginen, Gemüsesuppen und Lammfleischgerichte.

Cayennepfeffer פלפל אדום
Die kleinen Schoten des Cayenne sehen den grünen und roten Pfefferschoten ähnlich, sind aber zwanzigmal schärfer als diese. Sie werden meist als Bestandteil scharfer Würzsaucen verwendet, z.B. in Chilisauce. Cayennepfeffer wird für Fleischgerichte orientalischer Prägung verwendet, für Grillsaucen und andere Fleischgerichte.

Chilipulver צילי
Chilipulver, eine Mischung aus Cayenne, Oregano, scharfem Paprika, Kümmel, Knoblauch, Nelken, Piment und Zwiebelpulver, hat seinen Weg nach Israel von Amerika aus gemacht. Es wird für Saucen, Dips und Marinaden verwendet, in Quark, zu Fleisch und für Gemüsesalate.

Curry קורי
Curry basiert auf einer Gewürzmischung aus Ingwer, Kardamom, Koriander, Kurkuma, Kümmel, Muskatblüte, Nelke, Pfeffer, Zimt. Je nach Schärfe sind Mengen und Gewürzsorten verschieden. Farbbestimmendes Element ist Kurkuma. Currypulver wird selten, und wenn zum Würzen von Reisgerichten, für Lamm-, Geflügel- und Fischgerichte verwendet.

שמיר   Dill

Dieses feine Küchenkraut ist sehr beliebt in der israelischen Küche. In üppigen Sträussen wird es auf jedem Gemüsemarkt zwischen Naharya und Eliat angeboten. Dill verfeinert alle frischen Salate. Er würzt Saucen, Quark, eingelegte Gemüse. Man verwendet ihn zu Gemüse, zu gekochtem Rindfleisch und Fisch. Er ziert und garniert Sandwiche, Appetithäppchen und kalte Buffets.

לענה דרקונית   Estragon

Estragon wird ähnlich wie bei uns verwendet: getrocknet und gekerbelt oder gemahlen, meist in Kräutermischungen; in Salaten, Omeletten, zu Geflügel, Lamm- und Kalbfleisch.

חריסה   Harissa

Die sehr scharfe Gewürzpaste aus Nordafrika fand ihren Einzug nach Israel durch die marokkanischen Juden. Harissa wird aus roten Pfefferschoten, verschiedenen anderen Pfeffersorten, Tomatenmark, Knoblauch, Koriander, Kümmel, Salz, Kurkuma, Maisstärke und Öl zusammengestellt. Es würzt Fleischgerichte und Eintöpfe mit Lammfleisch, insbesondere Couscous.

זנגביל   Ingwer

Die Wurzel einer Gewürzlilie aus Indien findet man in vielen Varianten: getrocknet und gemahlen als Streuwürze, als frische Knolle, in Sirup eingelegt, in Zucker kandiert. Ingwer würzt eingelegte Früchte und Gemüse, Füllungen für Geflügel, orientalisch geprägte Fleisch- und Fischgerichte, warme und kalte Getränke.

יוגורט   Joghurt

Joghurt ist ein wichtiger Bestandteil des Essens im Vorderen Orient. Nicht selten schreibt man ihm sogar medizinische Heilkraft zu. So glauben die Jemeniten daran, daß sie ihre körperlichen Kräfte und ihr häufig biblisches Alter nicht zuletzt einem regelmäßigen Genuß von Joghurt zu verdanken haben.
Naturjoghurt, Joghurt also ohne Frucht- oder Zuckerzusätze, wird vor allem als Beilage gegessen: zu Burghul, Salaten und Fleisch. Viele Gerichte werden mit Joghurt verfeinert, Saucen mit ihm angerührt, Suppen und Desserts erhalten eine köstlich erfrischende Note.

צלף   Kapern

Kapern, in Salzwasser, Essig oder Öl eingelegt, verfeinern pikante Saucen, Fleischgerichte und Salate. Sie werden gern zum Dekorieren von Sandwiches und Appetithäppchen verwendet.

הל   Kardamom

Die getrockneten Fruchtkapseln der Kardamompflanze ähneln in Geruch und Geschmack ein wenig dem Ingwer. Kardamom spielt in der orientalischen Küche eine dominante Gewürzrolle und wird als ganzer Samen oder gemahlen verwendet. Zahlreiche Fleischgerichte aus Lamm oder Geflügel erhalten erst durch Kardamom ihren typischen Geschmack. Eintöpfe, Marinaden werden mit ihm abgeschmeckt. In allerlei Backwerk und in Obstsalaten wird er verwendet. Heißer Punsch und Kaffeezubereitungen erhalten eine Prise Kardamom.

Knoblauch שום

Als der Knoblauch vor rund 5000 Jahren seinen Weg von Vorderasien nach Ägypten und Griechenland machte, breitete er sich rasch über den ganzen Mittelmeerraum aus. Heute gehört Israel neben anderen Ländern zu den größten Exportländern dieses „geselligen" Gewürzes. Selbstverständlich, daß er im Lande selbst kaum aus dem Speisezettel wegzudenken ist. Knoblauch darf nicht fehlen in Saucen, Dips, Kräuterquark und -käse. Er gehört zu den Basisgewürzen für Lammfleisch, Geflügel, Steaks, Fisch. Er würzt Gemüse und Salate, Schmorgerichte und Aufläufe. In Israel angebotene Sorten haben meistens wesentlich größere Zehen als bei uns. Sie sind saftig und werden vielfach grob gehackt verwendet. Vielerorts ißt man sie sogar roh, wie grüne Zwiebeln und andere Gemüse.

Koriander קוסברה

Koriander gehört zu den ältesten Gewürzen der Menschheit, über den wir in der Bibel mehrfach nachlesen können. Als die Kinder Israels in der Wüste fast verhungerten, schickte der Herr ihnen das Manna, und es heißt weiter: „Es war wie Koriandersamen weiß und hatte einen Geschmack wie Semmel mit Honig" (2.Mose 16,31). Gemahlener Koriander wird zum Würzen für Brot und Gebäck, für Pudding und Fruchtdessert verwendet. Er ist unentbehrlich in Falafel, Hackfleisch-Mischungen und Linsengerichten, und er verfeinert Saucen.

Kreuzkümmel, Kümmel קימל

Kreuzkümmel ähnelt dem bei uns heimischen Kümmel, schmeckt und riecht jedoch aromatischer. Er wird vielseitig verwendet: beim Backen für Kümmelstangen, -brötchen und -brezeln. In Salaten, Suppen und Saucen, zu Roter Bete, in Quark und Käsespeisen.

Kurkuma כרכום

Kurkuma, bei uns unter dem Namen *Gelbwurzel* bekannt, ähnelt der Ingwerknolle. Man spricht deshalb auch manchmal vom gelben Ingwer. In der orientalischen Küche wird dem Kurkuma ein besonderer Platz eingeräumt. Lammgerichte und Eintöpfe werden vielfach dominant mit Kurkuma gewürzt. Er würzt Saucen, Suppen und Omeletten.

Lorbeer דפנה

Der edle Lorbeerbaum spielte im Altertum eine wichtige Rolle. Lorbeerzweige trugen die Propheten mit sich, wenn sie in eine Stadt einzogen. Mit Lorbeer wurden Sportler,

Sänger und Dichter geehrt. Lorbeerbäume gedeihen überall in Mittelmeerländern. Die Blätter werden sparsam verwendet zum Würzen von Suppen, für Fisch- und Fleischmarinaden, für Fleischspezialitäten und eingelegte Gemüse.

מרור Meerrettich
Meerrettich gehört zur traditionellen jüdischen Küche. Überall auf den großen Gemüsemärkten in Israel sind die länglichen Meerrettichwurzeln zu kaufen. Meerrettich wird mit Vorliebe roh gegessen: in Scheiben geschnitten, gerieben in pikanten Saucen, in Dips, als Brotaufstrich, in Salaten. In Marinaden für eingelegte Gemüse gilt ein Stück Meerrettich als Geheimtip. Beliebt ist Salat aus Roter Bete mit geriebenem Meerrettich als koschere Beilage zu Fleischgerichten.

מנטה Minze
Zu den schönsten Gerüchen auf dem Gemüsemarkt von Haifa zähle ich den der frischen Minze bzw. Pfefferminze. Häufig ist es ein altes Weiblein, vielleicht ein Kräuterweiblein, das neben Petersilie und Dill auch prächtige Minzesträußchen anbietet. Minze ist überaus populär und wird frisch verwendet. Fein gehackt verleiht sie Salaten und Salatsaucen exotisches Aroma. Sie gibt Saucen für Lamm- und Kalbfleischgerichte eine besondere Note. Sie würzt Fruchtsäfte und Fruchtsalate, Eis, Tee und Kaffee.

פרג Mohn
Nicht nur in Südwestindien, auch im Vorderen Orient wird Mohn seit jeher angebaut. Einerseits seiner Samen wegen, zum anderen wird in verschiedenen Ländern aus dem Saft der Mohnkapseln Opium gewonnen. Mohn benötigt man vorzugsweise zum Backen: für Brote, Brötchen, Kuchen und Kuchenfüllungen. Auch Fruchtsalate, Reisgerichte und einige Gemüsegerichte erhalten durch Mohn einen nuancierten Geschmack.

פלפל ריחני Muskat, Muskatblüte
Muskat wird sparsam und vor allem gemahlen verwendet: in verschiedenem Gebäck, für Pudding, für Hackfleischmischungen, Geflügel und Saucen. Als ganze Früchte verwendet man Muskatnüsse in Milch- und anderen würzigen Getränken. Muskat ist außerdem wichtiger Bestandteil von Gewürzmischungen.

צפורן Nelken, Gewürznelken
Nelkenblüten, die vor allem auf den Spice Islands gedeihen, auf Sansibar und Pemba, werden ähnlich verwendet wie in der europäischen Küche.

אגוזים וגרעינים Nüsse und Kerne
Der Reichtum an Nüssen bringt es mit sich, daß Nüsse auch als Gewürz und als aromatische Bereicherung verwendet werden: Walnüsse, Mandeln, Pinienkerne und Pistazien sind die am häufigsten gebrauchten Sorten. Oft werden sie gehackt, vielfach gemahlen: für Reis, Pilaw, Fleischgerichte, Saucen, in Salaten, für Süßigkeiten und Gebäck.

Öl שמן

Olivenöl ist in der orientalischen Küche unentbehrlich. Es wird zum Kochen, zum Konservieren, für Salate, aber auch zum Trinken und als Heilmittel verwendet.
In der israelischen Küche wird Olivenöl vorwiegend dann gebraucht, wenn sein Geschmack, sein spezielles Aroma gewünscht ist. Als Speiseöle verwendet man außerdem *Sesamöl* und *Sonnenblumenöl*.

Orangen תפוזים

Die saftigen, hocharomatischen Jaffa-Orangen enthalten außer wohlschmeckendem Fruchtfleisch und vitaminreichem Saft auch gewürzhaltige Werte. Orangenscheiben garnieren gebratenes Geflügel. Gehackte Orangenschalen oder Orangenschalen-Extrakt würzen Geflügel und Kalbsbraten, Reis und Pilaw, aromatisieren Pudding, Gebäck und Torten. Orangenblütenwasser wird vornehmlich zum Backen und für Süßspeisen verwendet.

Oregano אזובית

Oregano wächst, wie vielerorts in Mittelmeerländern, an Hängen, so auch auf dem Höhenzug des Carmels wild und reichlich. Oregano wird vornehmlich gekerbelt in Gewürzmischungen verwendet, darf nicht fehlen zu Pizza und Spaghettigerichten, in Tomatensaucen. Man würzt Auberginen und Zucchini mit Oregano sowie Hackfleischgerichte.
In Hebräisch heißt er *Zaàtar* und wird, zu Pulver gemahlen, auf Sesambrote gestreut. So sieht man es auch bei den Händlern mit ihren schmalen Brotkarren in der Altstadt von Jerusalem, die neben dem hoch aufgetürmten Sesamgebäck ein kleines Säckchen mit Zaàtar liegen haben.

Paprika פפריקה

Gemahlener süßer und scharfer Paprika wird gerne und reichlich verwendet. Man würzt Salate, Fleisch- und Fischgerichte mit Paprika, Suppen, Saucen, Quark- und Eierspeisen.

Petersilie פטרוסילון

Petersilie ist auch in Israel das meistgebrauchte Küchenkraut. Allerdings ist sie glattblättrig und hat einen wesentlich ausgeprägteren Geschmack als die hiesige krause Petersilie. Petersilie wird immer frisch verwendet und würzt alle Arten von Gemüsen und Salaten, Saucen, Suppen und Fleischfüllungen. Außerdem wird sie zum Garnieren benützt.

Piment ערער

Nachdem Kolumbus den Piment in Mittelamerika entdeckt hatte, trat auch dieses Gewürz seinen Siegeszug über Europa bis in den Orient an. Piment gibt orientalischen Gerichten eine fein abgewogene Nuance: Eintöpfen mit Fleisch, Fischmarinaden, Fleischsuppen und Braten. Piment wird häufig zusammen mit Lorbeer verkauft.

פלפל Pfeffer
Während schwarzer Pfeffer aus den grünen Beeren der Pfefferpflanze entsteht, pflückt man für die Herstellung von weißem Pfeffer die fast reifen Beeren. Beide Sorten stammen von der gleichen Pflanze, wobei schwarzer Pfeffer der schärfere ist. Im Küchengebrauch übernimmt Pfeffer eine unerläßliche Gewürzrolle. Körner werden für Marinaden und Suppen gebraucht. Gemahlenen Pfeffer verwendet die israelische Hausfrau für Salate, Gemüse, Fleisch, Fisch, Suppen und Saucen.

פלפל Pfefferschoten
Grüne, rote und gelbe Pfefferschoten sind meist sehr scharf schmeckende Früchte verschiedener Zuchtformen der Paprikapflanze. Bei uns sind sie vielfach als Peperoni bekannt. Pfefferschoten sind in der arabischen Küche sehr beliebt. Je schärfer um so köstlicher, das meinen auch die Jemeniten und die Marokkaner. Frisch verwendet man sie, meist in feine Ringe geschnitten, zum Würzen von Salaten. Getrocknet und zwischen den Fingerspitzen zerrieben würzen sie Fleisch- und Gemüsegerichte. Populär sind eingelegte Pfefferschoten, und als „Saures" ißt man sie als Vorspeise, zu gegrilltem Fisch, zu Hummus und Tahina.

מי שושנים Rosenwasser
Rosenwasser gewinnt man aus Rosenblättern, die einige Zeit in Zuckerwasser getränkt werden. Es wird vorwiegend zum Aromatisieren verwendet. Man findet es in Rezepten für Geflügel, Süßspeisen, für Fruchtsalate und Gebäck.

כרכום Safran
Das wohl teuerste Gewürz der Welt wird in mühseliger Kleinarbeit aus den getrockneten Blütennarben einer Krokuspflanze gewonnen. Das Wort Safran ist vom arabischen *za fran* hergeleitet und bedeutet *gelb sein*. Mit Safran färbt man nicht nur auf natürliche Art, sondern würzt Reisgerichte, Lamm- und Kalbfleischgerichte, Geflügel, Fleischbrühen, Saucen. Safran wird immer sparsam, in kleinsten Mengen verwendet. Die Farbwirkung ist dominanter Charakterzug.

מרוה Salbei
Salbei wird dosiert bis großzügig verwendet: in Suppen und Fleischfüllungen, Auberginengemüse, Tomatensaucen und -gemüse, zu gebratenem Fleisch.

שמנת חמוצה Saurer Rahm
Was für die orientalische Küche der Joghurt, ist für die osteuropäische jüdische Küche der saure Rahm. Die jüdischen Emigranten haben diese Leidenschaft mit sich genommen. Saurer Rahm fließt über Pirogen und Blintzen. Man verwendet ihn für Salat- und andere Saucen, für Kugel, Aufläufe, Gebäck und feine Desserts.

סחוג S'chug
S'chug ist eine scharfe jemenitische Gewürzmischung, die hauptsächlich für Fleisch-

gerichte verwendet wird, aber auch zum Eintunken von Pitah und anderem Fladenbrot. Die Mengen der Gewürze stehen etwa in folgendem Verhältnis, wobei jede jemenitische Hausfrau ihr eigenes Rezept hat:
4 rote, scharfe Pfefferschoten, je 1 Teelöffel schwarzer Pfeffer, Pfefferkümmelsamen, 4 kleine Schoten Kardamom, 1 Teelöffel Koriander, 1/2 Teelöffel Oregano, 1 Knoblauchzehe, Salz. Alle Zutaten werden gemahlen, gut vermischt und in einem dicken Tongefäß aufbewahrt. Zum Tunken oder auch zum Konservieren mischt man S'chug mit Olivenöl.

Sellerie · סלרי
In Israel wird in erster Linie Stengel- oder Bleichsellerie kultiviert und verwendet. Der Stengelsellerie hat nur eine kleine Knolle, wichtig sind die langen Stiele und die Blätter. Sowohl die Stengel als auch die krausen grünen Blätter dienen als aromatische Küchenkräuter. Sie werden vielfach fein gehackt und frisch für Salate und kalte Saucen verwendet. Sellerie würzt Suppen, Pickles und Gemüsegerichte. Knollensellerie wird eher als Gemüse verarbeitet oder er gehört ins Bouquet zum Suppengemüse.

Sesam · שומשום
Sesam, auf Hebräisch *sumsum*, ist eine der ältesten Kulturpflanzen der Welt, seit urdenklichen Zeiten wegen ihres Ölgehaltes angebaut. An Euphrat und Tigris gediehen schon vor 3500 Jahren Sesamkulturen, von denen Herodes berichtet: „In Assyrien und Babylonien hat man kein Olivenöl, dagegen gebrauchet man dort das Öl, das man von Sesam gewinnt, der dort baumhoch wird." Die arabischen Märchenerzähler bedienten sich des Wortes *Sesam* im Sinne von *Schatzkammer*. „Sesam, öffne dich!" war das Zauberwort in den Geschichten aus Tausendundeiner Nacht; und tatsächlich öffnete sich der Berg, in dem Ali Baba und seine 40 Räuber die schönsten Schätze verborgen hielten.
In den islamischen Ländern bereitete man allerdings nicht nur Öl aus den kleinen Fruchtkapseln. Wohlbekannt sind die köstlichen Sesamkuchen, die nußartigen Sesampasten und das berühmte *Chalva*-Konfekt.
Sesam wird heute vor allem als Brotgewürz und für Gebäck verwendet; für Konfekt, Pasteten, Teigfüllungen und *Baklava*, dem bekanntesten Gebäck des Vorderen Orients.

Sojasauce · רוטב סויה
Die berühmteste Sauce der Chinesen und Japaner aus Sojabohnen dient in der israelischen Kochkunst zur Geschmacksverbesserung von Rezepten, die ihren Ursprung in der fernöstlichen Küche haben: meist für dunkle Fleischsaucen und Fleischgerichte.

Thymian · קורנית
Den aromatischen Blättern des Thymians sagte man im Altertum stimulierende Wirkung nach. Heute werden sie getrocknet und gekerbelt vor allem in klassischen Gewürzmischungen verwendet. Thymian gehört in Gemüsesuppen, in Tomatensaft und -salate und zu Geflügel.

שנף Vanille
Kostbar ist die Vanilleorchidee und von kurzer Schönheit, denn sie blüht nur wenige Stunden. Aus ihren fast ausgewachsenen Kapselfrüchten wird in mühevoller Arbeit die Vanille gewonnen, mit der Backwerk vieler Art gewürzt wird, süße Saucen, Pudding, Früchte und Eis.

יין Wein
Rotwein und Weißwein, Liköre, Branntwein und Cognac sind neue Würzelemente in der israelischen Küche. Vornehmlich erprobt die junge, moderne Hausfrau, die sich nach der europäischen Küche orientiert, ein wenig Alkohol in ihrem Speisezettel. Die „haute cuisine", die fein und mit Wein kocht, spielt eine unbedeutende Rolle.

קינמון Zimt
Unter den hunderten von Zimtsorten spielen vor allem zwei eine wichtige Rolle: *Ceylon-Zimt* oder *Kaneel, Kassia* oder *Chinazimt*. Zimt wird häufig bei der Zubereitung von Tee und Kaffee verwendet. Er verleiht manchem Lammfleisch- und Rindfleischgericht sowie Eintöpfen eine besondere Note.

לימון Zitronen
Die am häufigsten verwendeten Zitronen zum Würzen sind eher klein und rund. Sie haben eine dünne Schale und geben viel Saft. Ihre Wunderkraft ist keine Entdeckung der modernen Küche. Der hohe Vitamingehalt, der saure Saft, das ätherische Zitronenöl der Schalen haben seit langem weltweite Bedeutung. Zitronensaft und -schalen würzen Fleischgerichte und Fisch, Salate und -saucen, Gebäck, Eis und Getränke. Eine Spezialität sind eingelegte Zitronen als Beilage oder zum Würzen. Die letzteren werden folgendermaßen zubereitet: Man viertelt reife Zitronen so, daß die Frucht beim Stielansatz noch zusammenhält. Das Fruchtfleisch reibt man kräftig mit Salz ein, fügt die Zitronen wieder zusammen, schichtet sie in ein schließbares Glas und füllt mit lauwarmem Wasser auf. Die Früchte werden mit einem Stein beschwert. Das Gefäß stellt man kühl. Nach zwei bis drei Wochen sind die Zitronen gebrauchsfertig. Meist werden nur die Schalen verwertet, und zwar zum Mitkochen oder zum Garnieren in Fleischgerichten.

בצל Zwiebeln
Neben der verbreitetsten, bei uns geläufigen Sommerzwiebel mit ihrer braunen Schale spielt in Israel die *grüne Zwiebel* eine maßgebende Rolle. Die grüne Zwiebel hat eine kleine weiße Knolle und lange, hohle, grüne Zwiebelschläuche. Sie wird gerne roh gegessen, schon zum Frühstück, und bei jeglicher Mahlzeit bis in den späten Abend hinein. Im Kücheneinmaleins verwendet man sie für Salate, Gemüse, Fisch und Fleisch. Man schneidet die Knollen meist in grobe Würfel, die Schläuche in Röllchen. Zwiebeln werden reichlich und vielseitig verwendet: roh, geschnitten, gehackt, geröstet, als Zwiebelpulver und als Zwiebelsalz.

Mengen, Maße, Küchengeräte und Einkaufsmöglichkeiten

Die Mengen und Maße bei den Rezepten in diesem Buch sind in der Regel Standardmaße, es sei denn, ich weise auf persönliche Eigenwilligkeiten hin.
Ich schlage vor, ein Rezept, das gefällt, zunächst auszuprobieren und es dann nach eigenem Geschmack und Gefühl abzuschmecken und eventuell nach eigenem Gutdünken abzuändern.
In einem Teil der Rezepte werden die Maße nach typisch israelischer Art in *Gläsern,* in einem anderen in *Tassen* angegeben. Das ist einerseits eine sympathische Form, die dem Kochenden Freiheit läßt für eigene Vorlieben; andererseits entspricht sie praktischen Erfahrungen, vor allem da, wo das Volumen wichtiger ist als das Gewicht.

1 Glas entspricht etwa 200 g Zucker
                              100 g Mehl
                              100 g gemahlener Mandeln
                              100 g Mazzamehl
                              100 g Puderzucker

1 Tasse entspricht etwa 125 g Reis
                      oder 2,5 dl oder 1/4 l Flüssigkeit

Andere regelmäßig genannte Maße
         EL = Eßlöffel
         TL = Teelöffel
     eine Handvoll = eine großzügige Dosierung nach eigenem Gutdünken

Als Kochgefäße werden Töpfe und Pfannen aus *Email, Gußeisen* und *schwerem Aluminium* verwendet. Für Gerichte, die im Ofen garen, werden vorzugsweise auch *gläserne Auflaufformen* benutzt: quadratische, rechteckige, ovale, runde. Für Backwerk benutzt die israelische Hausfrau *Aluminium-* oder *Glasformen*. Spezielle Gerichte schmecken natürlich am besten aus speziellen Kochgeräten. Ich denke z.B. an Couscous, in einer

Couscousiere gegart, oder an türkischen Kaffee, im *Finjan* aufgekocht. Wenn Sie Freude an solch originellen Eß- und Trinkgewohnheiten haben, lohnt es sich, entsprechende Kochgeräte von einer Reise mit nach Hause zu bringen.

Manchmal weise ich auf ein elektrisches Handgerät, vor allem auf den *Mixer,* hin. Er erleichtert manche Arbeit, die Zeit und Geduld braucht. Im allgemeinen aber reichen ein Minimum an einfachen Geräten und der Gebrauch von Händen und Fingern, wie es in der einfachen, guten Küche üblich ist. Hinweisen möchte ich noch auf den altbewährten *Fleischwolf.* Er ist hin und wieder so gut wie unentbehrlich und gehört zu *gefiltem Fisch* wie die einfache Hand-Fruchtpresse zu Orangen- und Grapefruitsaft.

Die empfohlenen jüdischen Zutaten sind in vielen Lebensmittelabteilungen der Kaufhäuser und Supermärkte, auch in Delikatessengeschäften erhältlich; die orientalischen Lebensmittel und Gewürze ebenfalls. Diese findet man außerdem in griechischen, türkischen, orientalischen Läden, in Dritte-Welt-Läden, teilweise auch in Reformhäusern.

Zur Schreibweise

Hebräische Namen lassen sich in höchst unterschiedlicher Weise schreiben. So kann man beispielsweise für das Wort Mazza folgende Schreibweisen finden:
Mazza, Mazze, Matze (singular) und Mazzot, Matzen (plural). Der Unterschied liegt einerseits in Ursprung und Herkunft der Worte sowie der Menschen, die an ihren alten Sprach- und Schreibweisen festhalten. Andererseits spielt der amerikanische Spracheinfluß in der hebräischen Umgangssprache sowie in der übersetzten Literatur eine große Rolle.

Mit der Besiedlung der jüdischen Bevölkerung in Palästina wurde auch die Sprache erneuert. Dabei hat man sich bewußt für eine hebräisch-sephardische Phonetik entschieden. Dies nicht zuletzt einer reinen Sprache wegen, die sich vor allem vom Jiddischen distanziert.

Ich habe mich in meinem Buch an die hebräisch-sephardische Ausdrucksweise gehalten und sie dort, wo sie ins Deutsche übertragen wurde, phonetisch wiedergegeben.

Biographische Notizen

Jutta Radel
wurde 1941 in Hamburg geboren. Sie ist nicht nur Kochbuchautorin, sondern auch Buchhändlerin und Lektorin, Fachfrau für Kinderliteratur, Herausgeberin mehrerer Anthologien und Rezensentin. Ihr erstes Kochbuch erschien 1975: „Suppen, die man nicht vergißt". Es folgten „Heut zeig ich dir Schlaraffenland", „Hausgemacht und mitgebracht – Geschenke zum Anbeißen schön". Über ihren zeitweiligen Nebenberuf entstand das Buch „Erstes Turnen und Spielen mit Kindern". Zusammen mit ihrem Mann Joseph Auslaender erarbeitete sie zwei ihr am Herzen liegende Themen: „Liebe Mutter – liebe Tochter", eine Briefeanthologie; „Kinder sind wir alle" – über die Dynamik der Beziehungen zwischen den Generationen. Ihm, dessen Heimat Israel ist, verdankt sie auch die Anregung für ihr neues Buch „Zu Gast in Israel".
Jutta Radel lebt mit ihrer Familie an der Peripherie von Zürich.

Dan Rubinstein,
1940 in Nathanya (Israel) geboren, begann im Alter von 25 Jahren zu malen. 1964 kam er in die Schweiz, wo er sich an der Zürcher Kunstgewerbeschule und an der ETH aus- und weiterbilden ließ. Kein Geringerer als Oskar Kokoschka bestärkte den jungen Maler darin, den eingeschlagenen Weg weiterzuverfolgen. 1968 konnte Rubinstein seine Werke erstmals in der Galerie Max Bollag in Zürich ausstellen. Bald folgten Ausstellungen u.a. in Stockholm, New York, St. Louis, San Francisco, Minneapolis, Indianapolis, Long Beach, Paris, Monte Carlo, Antwerpen, London, Gstaad und Zürich, wo Dan Rubinstein mit seiner Familie lebt. Rubinsteins Malerei findet Ursprung und Prägung in einem harten Schicksal, das ihn in seiner Jugend ereilte und ihn schon früh zu eingehender Auseinandersetzung mit dem Sinn des Daseins zwang. Zu den größeren Arbeiten Rubinsteins gehören der Zyklus über das Buch Esther mit 13 Farbradierungen und der Zyklus „Hommage au Festival Yehudi Menuhin".
Die Aquarelle und Zeichnungen entstanden eigens für dieses Buch in Israel.
Dan Rubinstein lebt mit seiner Familie in Zürich.

Verzeichnis der Abbildungen

Traubenernte in Giv'at Ada am Fuß des Carmel	13
Medaillon an der Klagemauer	17
Orangenpresse	20
Ähren	22
An der Via Dolorosa in Jerusalem	24
Traditioneller, festlich gedeckter Tisch für den Schabbat-Abend	28
Bensamim-Büchse	29
Gebet an der Klagemauer	32
Ein Gedi am Toten Meer	36
Stilleben mit Auberginen und Tomaten	41
Ein alter Jemenit beim Orangenverkauf	44
Tiberias am See Genezareth, im Hintergrund die Golan-Höhen	48
Olivenbaum	50
Marktszene in Netanya	53
Im Gebet	55
Schawarma, eine Lammfleischspezialität am Drehspieß	56
Der Aquädukt von Caesarea	60
Beduinen im Negev	65
„Meah Schearim" – Viertel in Jerusalem	68
Der Strand von Netanya	72
Jaffa von Tel Aviv aus gesehen	75
Blick auf den Ölberg, vom Zionsberg aus gesehen	78
Israeltal, mit dem Berg Tabor	83
Ziegen im Carmelgebirge	90
Der See Genezareth und das Jordantal mit dem ältesten Kibbuzim des Landes	94
Granatapfelzweig	98
Marktstand mit frischem Gemüse	101
Die Oase Jericho mit dem Kloster der Versuchung	105
Ein griechisch-orthodoxer Priester in den Straßen Jerusalems	113
Granatäpfel im Jerusalemer Gebirge	117
Der Metzger	120
Armenisches Viertel in Jerusalem	125
Banyas, eine der drei Quellen des Jordan im Norden des Golan	128
Silhouette von Akko	132
Zionsberg mit Dormitionskirche	137
Chamsa – Die fünf Finger des Glücks	142
Der Fleischwolf wird bis heute gern bei der Zubereitung des „Gefilten Fisches" gebraucht	145
Fischstand auf dem Markt	148
Nüsse und Dörrfrüchte	152
Sabre, die Frucht des Kaktus, ist außen stachelig und innen süß	161
Wassermelonen	165
Ein Rabbiner auf dem Markt	168
Orangenernte in der Scharon-Ebene	173
Orangenhaine in der Cheffer-Ebene	177
Ruinen in Caesarea	180

Literatur

Veröffentlichungen, aus denen im vorliegenden Buch Zitate entnommen wurden. Autorin und Verlag danken den Rechtsinhabern für die freundlichen Genehmigungen.

1 *Koscher Kostproben* von Salcia Landmann. Albert Müller, Rüschlikon. 1964
2 *Ich führte ihn zum Wasserhahn...* Aus: *Sinkende Schatten* von Jizchak Schenhar, entnommen aus: *Schalom*. Deutsch von Eva Rottenberg; © 1981 by Diogenes Verlag AG, Zürich
3 *Einer stand da...* Aus: *Märchen aus Israel*. Herausgegeben von Heda Jason, übersetzt von Schoschana Gassmann. Copyright © 1976 by Eugen Diederichs Verlag, Köln
4 *Anders als die alten Bewohner...* Aus: *Der Spätgeborene* von Jehoschua Bar-Josef, entnommen aus: *Schalom*. Deutsch von Eva Rottenberg; © 1981 by Diogenes Verlag AG, Zürich
5 *Als Sanherib das Königtum Israel vernichtete...* Aus: *Märchen aus Israel*. Herausgegeben von Heda Jason, übersetzt von Schoschana Gassmann. Copyright © 1976 by Eugen Diederichs Verlag Köln
6 *Ein Rätsel der Königin von Saba*. Aus: *Ein Land von Weizen und Gerste*. Hrsg. v.d. Freunden des Schweizer Kinderdorfes Kirjath Jearim, Zürich. 1979
7 *Sie brauchen hierfür ein fettes Stück Fleisch...* Aus: *Gepfeffert und gesalzen* von Salcia Landmann. © F. A. Herbig Verlagsbuchhandlung, München
8 *Die Bohnenschalen...* Aus: *Märchen aus Israel*. Herausgegeben von Heda Jason, übersetzt von Schoschana Gassmann. Copyright © 1976 by Eugen Diederichs Verlag, Köln
9 *Zum Maggid von Kasnitz kommt einst ein reicher Mann...* von Martin Buber. Aus: *Erzählungen der Chassidim*. Manesse, Zürich. 1949
10 *Jeden Tag ein Huhn...* Aus: *Arabic Folk Tales* von Asher Barash. Aus dem Englischen übertragen von Joseph Auslaender. Massada, Givatayin/Israel. 1982
11 *Jeden Freitag stahl ich Krapfen...* Aus: *Der Ferienbäcker* von Nissim Aloni, entnommen aus: *Schalom*. Deutsch von Eva Rottenberg; © 1981 by Diogenes Verlag AG, Zürich
12 *Eine knappe Autostunde...* von Jörg Zink. Aus: *Was wird aus diesem Land. Begegnungen in Israel*. Kreuz Verlag, Stuttgart. 1975

Die folgenden Veröffentlichungen enthalten für einzelne Rezepte und Aspekte wesentliche Ideen und Gedankengänge.

Benardin, Martin M., *Kochen bis einhundertzwanzig*. Martin Weigert, München. o.J.
Bruhns, Wibke / Schliack, Amos, *Mein Jerusalem*. Gruner + Jahr, Hamburg. 1982
Goller, Karl, *Israel*. Novalis, Schaffhausen. 1981
Jeder, der hungrig ist, komme und esse... Hrsg. Die Freunde des Schweizer Kinderdorfes Kirjath Jearim, Zürich. o.J.
Merian-Heft: *Israel*. Hoffmann & Campe, Hamburg. 1978
Roden, Claudia, *A book of middle eastern food*. Bayit Va-Gan, Tel Aviv. 1980
Rosenam, Naftali, *Das jüdische Jahr*. Hrsg. Die Freunde des Schweizer Kinderdorfes Kirjath Jearim, Zürich. 1976
Russo, Nira, *Haaretz* (Tageszeitung), Tel Aviv. Jahrgänge 1981 und 1982
Scott, David, *Middle Eastern Vegetarian Cookery*. Rider, London. 1981
Sirkis, Ruth. *Cooking with love*. Zmora, Bitan, Modan-Tel Aviv. 1975

Die Bibelzitate und Legenden sind entnommen aus

Das Alte Testament, Hebräische Ausgabe, Hrsg. M. Leteris. Lowe and Brydone, London. 1952
Die Bibel oder die ganze Heilige Schrift des Alten und Neuen Testaments. Nach der deutschen Übersetzung Martin Luthers. Württembergische Bibelanstalt, Stuttgart. 1962
Sefer Haagada. Sammlung von Ch. Bialik und J. Ravnitzki. Dvir, Tel Aviv. 1952

Register

Amnons Schokoladentorte 176
Anis 183
Anschovis-Aufstrich 59
Apfelscheiben mit Honig 31
Aprikosen, gefüllt 167
Armenische Hackfleischbällchen 139
Artischockenböden 58
Aschenbrot 22
Auberginen 99 ff
–, gefüllt 109
–, gefüllt und überbacken 110
–, mariniert 51
–, pikant eingelegt 52
Auberginenauflauf mit Hummus 100
Auberginenpüree mit Tahina 70
Auberginensalat 31, 57
–, mit Eiern 40
–, mit Mais 39
–, mit Tahina 62
–, mit Tomatenmark 40
–, türkischer 39
Auberginenscheiben, gebacken 100
–, in Ei paniert 62
–, in Joghurt 71
Avocados 98, 162 f
–, gefüllt 162
–, gefüllt mit Früchten 162
Avocadocremesuppe 86
Avocadodip 42
Avocadogetränk mit Eis 18
Avocadopüree 163
Avocadosalat 40
Avocadowürfel 57

Bamia 104
–, jemenitische Art 106
–, mit Tomaten 104
Baklava 171
Bananen-Dattel-Salat 166
Basilikum 183
Beduinen-Kaffee 181
Berber-Huhn 122
Biskuchos 175
Blumenkohl mit Fleisch 107
Blintzen 74
–, herzhafte Füllungen 31, 37, 74
–, süße Füllungen 62, 74
Bohnen 150
–, weiß, mit Tomaten 108
Bohneneintopf mit Lamm 93
–, marokkanisch 93
Bohnensalat 31, 153
Bohnensuppe 153
Borschtsch 19
Brot und Brotsorten 21 ff, 27
Buffet, zum Frühstück 27
–, kaltes 57 ff
–, koscheres 62
Burekas 76
Burghul 151
Burghul-Pilaw mit Lamm 96
Burghulsalat 43

Cayennepfeffer 183
Challah 25, 29
Chalva 170
Chaminados 57, 80
Champignon, gefüllt 58
Channukkakrapfen 33, 174
Charoset 37
Chilipulver 183
Couscous 151
–, marokkanisch 155
Curry 183

Datteln 27, 157, 158, 166
–, gefüllt 166
Dattelgebäck 175
Dill 184
Dips 39 ff

Eggah mit Zucchini 81
Eier, pochiert mit Joghurt 82
Eierspeisen 27, 79
Eingehacktes 58

Eintöpfe, orientalisch 91 ff
Eis-Tee 18
Ente mit Mango 126
Erdbeeren 98
–, Eiscreme 169
–, Shake 19
Estragon 184

Falafel 57, 73
Feigen 27, 157
–, gefüllt 166
Fétakäse-Bällchen 61
Fisch 27, 141 ff, 143 ff
–, gebraten 143
–, gefüllter 37, 143, 144
–, gegrillt mit Tahina 143
–, mariniert 27, 57
Fischauflauf mit Gemüse 146
Fisch-Saucen 149
Fleisch 118 ff
Fleischbällchen mit Minze 139
Fleischsuppe 85
Fluden 178
Forelle mit Olivenfüllung 147
Forellensuppe 146
Fritathas 77
Früchte 157 ff
Fruchtsuppe 160
Frühstücksbuffet 27

Gebäck 174 ff
Gamba 104
Gefilte Fisch 144
Geflügel 121 ff
Gefüllter Fisch 143
Gemüse 99 ff
–, eingelegt 50 ff
–, gefüllt 109 ff
Gemüsefüllungen 115 f
Gemüse-Omelette 81
Gerichte, milchige 38
Getränke, kalte 18 ff
Goldene Joich 84
Granatäpfel 157 f
Gewürze 183
Gewürzmischungen 183
Grapefruit 27, 98
–, gefüllt 160
Gurken 27, 98
–, eingelegt 51
–, in Joghurtsauce 62

Gurkensuppe, warm 87
Gurken-Tomatensalat 46, 62

Hackfleisch 138 ff
Hackfleischbällchen, armenisch 139
Hackfleischfüllungen 115
Hackfleisch-Reis-Füllungen 115
Hamantaschen 35
Harissa 184
Hollischkes 114
Honigmelonen 164
Huhn, berber Art 122
–, gefüllt mit Früchten 123
–, gefüllt mit Reis und Joghurt 123
–, in Orangensauce 124
Hühnerbrust-Schnitzel 122
Hühnereintopf mit Spinat 92
Hühnerleber, gehackt 121
–, in Weinsauce 122
Hühnermägen 59
Hühnerschenkel in Sojasauce 122
Hühnersuppe 29, 37, 84, 85
Hummus 57, 69, 95, 151
–, mit Tahina 70
Hummus-Reis-Füllung 115
Hülsenfrüchte 150 ff
Hülsenfrüchte-Salat 153

Ingwer 184
Irakischer Tee 182
Israelischer Salat 42
Israelisches Steak 131

Jemenitischer Kaffee 181
Joghurt 27, 62, 71, 123, 184
Joghurtsauce 49
Joghurtsuppe, kalt 86
Johannisbrot 157 f

Kabab 57, 138
Kaffee 27, 62, 181 f
–, nach Art der Beduinen 181
–, jemenitischer 181
–, kalter 20
–, türkischer 181
Kalbfleisch 129 ff
Kalbbraten mit Orangen 130
Kalbsleber, mariniert 129
Kalbslenden-Topf 96
Kalbsschulter, gefüllt 130
Kapern 184

Kardamon 184
Karottengemüse 31, 106
Karottensalat 62
–, marokkanischer 45
Karotten-Sellerie-Salat 45
Karpfen 141
–, gebacken 146
–, mit Lauch 146
Katschkaval 80
Katschkaval-Omelette 80
Kefirsauce 49
Ketchupsauce 47
Kichererbsen siehe unter Hummus
Knoblauch 185
Kohlsuppe, süß-sauer 85
Koriander 185
Kräuter 183
Kräutersauce 47
Kubeh in der Form 140
Kuchen 174 ff
Kugel 31, 37, 76
Kümmel, Kreuzkümmel 185
Kürbis, süß-sauer 169
Kürbiseintopf 107
Kurkuma 185

Labane 46
Lammbrust, gefüllt 136
Lammfleisch 57, 93, 119, 134 ff, 138 ff
–, mit Nudeln 136
Lammhirn mit Minzesauce 135
Lammkoteletts, gegrillt 135
–, in Tomatensauce 135
Lamm-Pilaw 93
Latkes 33 f, 62
Lauch mit Knoblauch 107
Lauchauflauf 106
Lebercreme 59
Leberstückchen, gebraten 58
Linsen 151
Linsen mit Reis 154
Linsensuppe 153
Lorbeer 185

Mais 103, 151
Maisauflauf 103
Maiskolben, gebacken 103
–, gegrillt 103
Maissalat mit Auberginen 39
Maissuppe 86
Mandeln 46, 157

Mandeltorte 179
Mango zu Ente 126
–, mit Eiscreme 169
Mango-Schaum 149
Matjessalat 147
Marokkanischer Couscous 155
Marokkanische Zigarren 57, 61
Mazza, Mazzot 22, 25, 35
Meerrettich 186
Meerrettichsauce 149
Meringue-Nuß-Kuchen 178
Melonen 98, 164
Melone mit Eiscreme 164
–, gefüllt 166
Melonenwürfel, gekühlt 164
Milchkaffee, kalt 20
Milchkalb 129
Milchkalbsteak in Wein 129
Minze 186
Minzesauce 135
Muhalabiyah 172
Mohn 183
Mohnfüllung 35
Muskat, Muskatblüte 186
Mussaka 102

Nelken, Gewürznelken 186
Nuß-Creme 59
Nüsse und Kerne 186

Öl 187
Oliven 27, 50 f, 147, 157 f
Olivenöl 158
Omelette à la Jossi 80
Oregano 187
Orientalische Süßigkeiten 170 ff
Orangen 27, 98, 123, 130, 187
Orangenkuchen, sephardisch 176
Orangenmilch 19
Orangensaft 27, 31, 124
Orangenscheiben 160
Orangen-Eier-Salat 43
Orangen-Radieschen-Salat 45
Orangen-Sahne-Creme 160

Paprika 187
Paprikaschoten, gefüllt mit Fleisch 110
–, gefüllt mit Reis 110
Pessachtorte 37
Petersilie 187
Pfefferminze siehe unter Minze

Pfirsichsalat 167
Pickles 50, 57
Pilaw 31
–, aus Burghul 155
–, mit Huhn 95
Piment 187
Pirogen 71
Pitah 22, 23, 62
–, jemenitisch 25
Pitah-Füllungen 73
Pfeffer 188
Pfefferschoten 98, 188
–, grüne, eingelegte 62
Pflaumen mit Honigsahne 167
Pflaumenfüllung 35

Quark, gewürzt und gesalzen 27, 46, 102
Quittenkompott 167

Rachat Laqum 170
Radieschensalat 45, 62
Reis 153
–, grüner 154
– mit Linsen 154
– mit Nüssen und Datteln 154
– mit Pinienkernen 154
Rindfleisch 131 f
Rindfleischeintopf mit Hummus 95
Rinderbraten in Weinaspik, kalt 133
Rinderzunge, kalt 133
–, in Weinsauce 131
Rosenwasser 188
Rote-Bete-Salat 43

Sabre-Frucht 159
Sabre-Küche 15
Safran 188
Salate 39 ff
Salat, israelischer 42
– mit Mandelscheiben 46
–, türkischer 27
– aus weißen Bohnen 46
– aus Zucchinischalen 42
Salatsaucen 47 ff
Salbei 188
Sardinen-Aufstrich 61
Sardinen-Omelette 81
Sardinen mit Zwiebelringen 72
Saucen für Fisch 149
Schakschouka 79
Schaschlik 34, 57

–, jemenitisch 134
Schawarma 57, 119
Schirkuma 171
Schokoladentorte mit Aprikosenkonfitüre 176
–, Amnons 31
S'chug 188
Sellerie 189
Sellerie-Sauce 149
Selleriescheiben, gefüllt 112
Sephardischer Orangenkuchen 176
Sesam 189
Sesam-Gebäck 175
Sesam-Honig-Konfekt 171
Sesam-Ringe 26
Sini'ye 138
Sojasauce 189
Spinat mit Pinienkernen 106
Steak, israelisches 131
Suppen 84 ff

Tahina 62, 69, 112, 138, 143
Tahina-Sauce 149
Tee 18, 62, 181 f
Thymian 189
Tomaten 27, 98
–, gefüllt mit Fleisch 111
–, gefüllt mit Reis 110
Tomaten- und Gurkensalat 46, 62
Torten 174 ff
Trauben 157
Truthahnschnitzel mit Pfirsichen 124
–, mit Pilzsauce 124
Tscholent 29, 31, 91
–, mit Hühnermägen 92
Türkischer Kaffee 181
Türkischer Salat 40, 62

Vanille 190

Wasser 16 f, 31, 37, 62
Wassermelonen 164
Wein 158, 190
Weinblätter, gefüllt 114
Weißkohl, eingelegt 52
Weißkohlsalat 45

Zimmet aus Karotten 106
Zimt 190
Zitronen 27, 190
Zitronenscheiben, eingelegt 52
Zitrusfrucht-Salat 159

Zitrusmilch 19
Zucchini, gefüllt und mit Käse 112
–, gefüllt mit Fleisch und Reis 112
–, gefüllt mit Tahina 112
–, gefüllt, marokkanisch 111
Zucchiniauflauf mit Quark 102
Zucchini-Salat 42
Zwiebeldip 46
Zwiebeln 190